FRANCISCO F. CARVAJAL

Meditationen für jeden Tag

7

19. bis 23. Woche im Jahreskreis

Übersetzt und bearbeitet von Josef Arquer

1

AUF GOTT HÖREN UND SEINE HAND ERGREIFEN

Wer Gott hören will, braucht Stille.
Die Not des ersten Papstes.
Jesu rettende Hand.

I. Der Prophet Elija hat in seinem Kampf gegen die Propheten des Baal den Zorn der Königin Isebel herausgefordert. Jetzt zieht er – geängstigt, entmutigt, ermattet – durch die Wüste bis zum Berg Horeb und sucht dort in einer Höhle Zuflucht. Aber *das Wort des Herrn erging an ihn: Komm heraus, und stell dich auf den Berg vor den Herrn!* Auf dem Berg, wo Gott sich Mose geoffenbart hatte, erhält jetzt Elija eine Offenbarung, die ihn stärken und auch belehren soll. In der ersten Lesung der heutigen Messe[1] hören wir davon.

Da zog der Herr vorüber. Nicht wie beim Bundesschluß mit Mose, *als der ganze Sinai in Rauch gehüllt war, denn der Herr war im Feuer auf ihn herabgestiegen*, und *das ganze Volk im Lager begann zu zittern. (...) Mose redete, und Gott antwortete im Donner*[2]. Diesmal kam zuerst *ein starker, heftiger Sturm, der die Berge zerriß und die Felsen zerbrach*, dann *ein Erdbeben*, dann *ein Feuer*. Jedesmal heißt es: *Doch der Herr war nicht im*

Sturm... nicht im Erdbeben... nicht im Feuer. Aber *nach dem Feuer kam ein sanftes, leises Säuseln.* Da ahnte der Prophet, dies sei Gottes Vorübergang. Er *hüllte sein Gesicht in den Mantel, trat hinaus und stellte sich an den Eingang der Höhle.*

Ein sanftes, leises Säuseln ist die göttliche Antwort auf den ungestümen Eifer des Propheten Elija, der die Vertreter der heidnischen Religion ausgerottet hatte. Gott macht kund, daß die Naturgewalten »nicht der wahre Ausdruck seines göttlichen Wesens sind und daß daher auch das gewaltsame Vorgehen des Elijas nicht die dem göttlichen Wesen entsprechende Verehrung darstellt. Gott ist im sanften Säuseln des Windes, offenbart sich dadurch als milder Gott, dem deswegen auch der Prophet durch weise Selbstbeherrschung dienen muß.«[3] Elija erfährt, daß Gott tiefere Dimension hat als furchterregende Majestät.

Es ist anregend, das Bild vom sich leise mitteilenden Gott zu betrachten. Uns wird klar, daß es Menschen gibt, »die auf der Wellenlänge Gottes gar keinen Empfang mehr haben, weil der Lärm der Welt zu laut geworden ist, als daß sie noch durchhören könnten auf das Ewige, das in der Stille spricht; die im Lärm der Zeit kein Ohr mehr haben für Gottes Ewigkeit«[4]. Wer Gott hören will, braucht Stille. Sie ist mehr als nur äußeres Schweigen, sie ist Innerlichkeit, Lauschen auf Gottes Wort, ein »Suchen und Sprechen: ›Du, Gott‹, das macht das Innere lebendig und fest. Eine solche Innerlichkeit ist das Gegengewicht gegen die Masse der Dinge, die Menge der Menschen und das Getriebe des äußeren Geschehens; gegen Öffentlichkeit, Mode und Reklame.«[5] Schon Augustinus kennt diese Erfahrung: »Schwierig ist es, im Menschengewühl Christus zu schauen; eine gewisse Zurückgezogenheit ist für das Herz nötig. In dieser Art von Einsamkeit des Blickes zeigt sich Gott.«[6] Und er, ein Meister der gewandten Rede, bittet: »Befreie mich, Herr, von der Vielrederei, an der ich drinnen in meiner Seele leide; sie ist erbarmungswürdig vor deinen Augen und flieht hin zu deinem Erbarmen. Ich schweige ja nicht in meinen Gedanken, selbst wenn ich mit dem Munde schweige. (...) Möge mein Urteilen und Werten vor ihnen sicher sein! Möge mein Gewissen vor ihnen sicher sein, indem du mir sicheren Schutz gewährst.«[7]

Hören wir die bedenkenswerten Worte eines Beters: »Als mein Gebet immer andächtiger und innerlicher wurde, da hatte ich immer weniger zu sagen. Zuletzt wurde ich ganz still. Ich wurde, was womöglich noch ein größerer Gegensatz zum Reden ist: Ich wurde ein Hörer. Ich meinte erst, Beten sei Reden. Ich lernte aber: daß Beten nicht bloß Schweigen ist; sondern Hören. So ist es: Beten heißt nicht, sich selbst reden hören. Beten heißt: still werden und still sein und warten, bis der Betende Gott hört.«[8]

II. Das heutige Evangelium[9] fügt sich in das bisher Betrachtete gut ein. Nach der Speisung der Fünftausend hatte Jesus die Jünger mit dem Boot zum anderen Ufer fortgeschickt, während er selber *auf einen Berg stieg*, um zu beten. »*Für sich allein*, heißt es bei Matthäus. Wie wunderbar ein solcher kurzer Satz. Unwillkürlich fragt man sich: Hast du schon einmal in deinem Leben nachts einen Berg bestiegen, um in der Einsamkeit zu beten? Und es erwacht die Sehnsucht danach, es wenigstens einmal zu tun. Wir wissen nicht, wie Jesus betete, was der Inhalt seines Gebetes war, aber daß es immer auch Gebet für die Seinen, für die Apostel und Jünger, gewesen ist, kann nicht zweifelhaft sein.«[10]

Indessen hatten die Jünger mit einem heftigen Gegenwind zu kämpfen; ihr Boot wurde *von den Wellen hin und her geworfen*. Der Evangelist sagt nicht, daß sie in Not geraten waren; eher muß es das Gefühl der Vergeblichkeit gewesen sein, denn *das Boot war schon viele Stadien vom Land entfernt* und das andere Ufer noch weit. *In der vierten Nachtwache* sahen sie eine Gestalt sich dem Boot nähern. Die Jünger erschraken und schrien vor Angst; sie meinten, es sei ein Gespenst. Aber es war Jesus, der ihnen zu Hilfe kam – *er ging auf dem See. Habt Vertrauen, ich bin es; fürchtet euch nicht!* sagte er zu ihnen.

Petrus ist überrascht und verwirrt. Er muß den Herrn an der Stimme erkannt haben, aber was da geschieht, ist ihm so unfaßlich, daß ihm Hören und Sehen nicht genügen: *Herr, wenn du es bist, so befiehl, daß ich auf dem Wasser zu dir komme.* Er »fordert hier also ein zweites Wunder, um das erste glauben zu können. (...) Jesus weiß, daß Petrus das Geheimnis seiner Gott-Menschlichkeit noch nicht tragen kann, daß er es aber ahnt und sich immerfort nach neuen Offenbarungen dieser Göttlichkeit sehnt.«[11] Also sagt er zu ihm: *Komm! Da stieg Petrus aus dem Boot und ging über das Wasser auf Jesus zu. Als er aber sah, wie heftig der Wind war, bekam er Angst und begann unterzugehen. Er schrie: Herr, rette mich! Jesus streckte sofort die Hand aus, ergriff ihn und sagte zu ihm: Du Kleingläubiger, warum hast du gezweifelt?*

Petrus sollte zum Felsen der Kirche werden und die Brüder stärken.[12] Aber zuerst muß er erfahren, wie schwach er ist. Vor diesem Hintergrund soll »voll offenkundig werden, daß sein besonderes Amt in der Kirche vollständig seinen Ursprung aus der Gnade hat; es ist, als würde sich der Meister ganz besonders seiner Bekehrung widmen, um ihn auf die Aufgabe vorzubereiten, die er sich anschickt, ihm in seiner Kirche anzuvertrauen, und ihm gegenüber sehr anspruchsvoll sein.«[13]

Im rettenden Gestus des Herrn, der Petrus seine Hand entgegenstreckt, ist die Geschichte aller Nachfolger des Petrus vorgebildet, ob stark oder schwach, glaubend oder kleinmütig. »Das Unproportioniertsein der Menschen zu solcher Funktion ist so schreiend, so eklatant, daß gerade in der Beauftragung des Menschen mit der Felsfunktion sichtbar wird, daß es nicht diese Menschen sind, die die Kirche halten, sondern er allein, der dies mehr trotz der Menschen als durch die Menschen tut. Das Geheimnis des Kreuzes ist vielleicht nirgends so greifbar anwesend wie in der kirchengeschichtlichen Realität des Primats. (...) Wenn die Kirche im Glauben an diesen Worten festhält, ist dies nicht Triumphalismus, sondern die Demut, die staunend und dankbar den Sieg Gottes über die menschliche Schwachheit und durch sie hindurch erkennt. Wer den Worten aus Furcht vor Triumphalismus oder vor menschlicher Eigenmacht ihre Kraft nimmt, verkündet nicht den größeren Gott, sondern verkleinert ihn, der gerade im Paradox menschlicher Ohnmacht die Macht seiner Liebe zeigt und damit dem Gesetz der Heilsgeschichte treu bleibt.«[14]

Gerade die Schwachheit des Petrus macht offenbar, »daß die Kirche auf der unendlichen Macht der Gnade gründet. (...) Als Erbe der Sendung des Petrus in der vom Blut der Apostelfürsten befruchteten Kirche übt der Bischof von Rom ein Amt aus, das seinen Ursprung in der vielgestaltigen Barmherzigkeit Gottes hat, die die Herzen bekehrt und mit der Kraft der Gnade erfüllt, während der Jünger den bitteren Geschmack seiner Schwachheit und seines Elends wahrnimmt. Die diesem Amt eigene Autorität steht ganz im Dienst des barmherzigen Planes Gottes und muß immer in dieser Perspektive gesehen werden. Aus ihm erklärt sich die Vollmacht dieses Amtes.«[15]

Hören wir Papst Johannes Paul I.: »Das erste, was ich tat, kaum daß ich Papst war – ich ging in die Privatkapelle des päpstlichen Hauses. Dort hat Papst Paul an der Rückwand zwei Mosaiken anbringen lassen: Petrus und Paulus. Petrus, wie er stirbt, und Paulus, wie er stirbt. Unter dem heiligen Petrus stehen die Worte Jesu: *Ich werde für dich beten, Petrus, damit dein Glaube nicht wanke.* Unter dem heiligen Paulus, der den Schwerthieb empfängt: *Ich habe meinen Lauf vollendet und den Glauben bewahrt.*«[16] Und Papst Johannes Paul II. charakterisierte in einer Ansprache an die vatikanischen Mitarbeiter den Petrusdienst so: »Wir werden in der Arbeit für die Gesamtkirche, die meine und eure tägliche Aufgabe ist, wenig tun können, wenn wir nicht zur Vertrautheit mit dem Herrn Jesus gelangt sind: wenn wir nicht wirklich mit ihm und wie er in der Wahrheit geheiligt sind; wenn wir nicht sein Wort in uns bewahren und jeden Tag seinen verborgenen Reichtum zu entdecken versuchen; wenn nicht die Liebe Gottes zu seinem Gesalbten tief in uns Wurzel faßt.«[17]

III. Es war sicher nicht das erste Mal, daß die Jünger auf heftigen Gegenwind stießen. Aber diesmal scheinen sie verunsichert trotz langjähriger Erfahrung. Ähnlich kann es uns im geistlichen Leben ergehen. Es kann sein, daß wir uns einmal überfordert fühlen oder uns ausgelaugt vorkommen. Der heilige Franz von Sales schreibt dazu: »Gewiß, wir sollen über unsere Fehler trauern, sollen sie tief und innig bereuen, uns jedoch ihretwegen nicht der Unruhe und Mutlosigkeit überlassen. Demütigen wir uns vor Gott, flehen wir seine Barmherzigkeit an, bekennen wir unsere Schuld dem Priester. Dann aber bleiben wir im Frieden und nehmen wir die Demütigung an, die in unserem Versagen liegt. Warten wir geduldig, bis Gott uns zum Fortschritt verhilft; und statt uns zu grämen, daß wir in der Vergangenheit so wenig getan haben, streben wir lieber eifrig danach, künftig mehr zu tun.«[18]

Herr rette mich! ist der Ruf vieler Heiligen gewesen, die, sich ihrer Schwachheit bewußt, um die Kraft zum Ausharren baten. Thomas Morus weiß, daß Christus ihn in seiner Bedrängnis aufrechterhält. Und er weiß ebenso, daß er ihn wieder aufrichten wird, falls ihn die Kräfte verlassen sollten: »Sollte ich plötzlich doch noch zum Nachgeben bereit sein, wenn meine Furchtsamkeit mich den falschen Weg gehen ließe, so will ich daran denken, wie der heilige Petrus bei einem Windstoß Christus anrief und ihn bat, ihm doch zu helfen. Ich bin überzeugt, er wird mir seine heilige Hand reichen und mich vor dem Ertrinken in stürmischer See erretten.«[19] Es ist die Tugend der Hoffnung.

Erst als Petrus seinen Blick von Jesus abwendet, beginnt er zu sinken. Er merkt, wie gefährlich Wind und Wellen sind, er vergißt, daß die Kraft, die ihn auf dem Wasser hält, vom

Herrn kommt, der vor ihm steht und ihn ruft. Der Herr rettet ihn – aber nicht ohne sein Mittun. Petrus muß seine Hand ergreifen – als Eingeständnis seiner Ohnmacht und zugleich als Besiegelung seiner Rettung. »Immer wenn Gott, unser Herr, den Menschen seine Gnade schenkt, (...) dann ist es, wie wenn er ihnen eine Hand reichte, eine väterliche Hand, voll Kraft, vor allem aber voll Liebe; so sucht er jeden von uns einzeln auf, als seine Söhne und Töchter, denn er weiß um unsere Schwäche. Der Herr erwartet von uns, daß wir die Kraft aufbringen, diese seine ausgestreckte Hand zu ergreifen, Gott erwartet von uns – als Zeichen unserer Freiheit –, daß wir uns anstrengen.«[20] Der Herr hat uns tausendfach die Verheißung gegeben, daß er uns nicht im Stich lassen wird. Er will nur, daß wir den Blick nicht von ihm abwenden; und wenn wir es trotzdem einmal tun, läßt er uns unsere Schwachheit spüren, reicht uns aber zugleich seine rettende Hand. Dann legt sich der Wind, und die Ruhe kehrt zurück.

Die eigene Schwäche soll uns die Nähe des Herrn um so vertrauensvoller suchen lassen. Wahrscheinlich tasten wir schon nach seiner ausgestreckten Hand. Aber es reicht nicht, sie nur zu streifen, sie nur zu berühren, wir müssen sie fest ergreifen. Was aber hindert uns daran? Manchmal mangelnde Beharrlichkeit in den Gebetszeiten, manchmal mangelnde Fügsamkeit im Befolgen der Ratschläge unseres Seelenführers, manchmal Unentschlossenheit, die konkrete Gelegenheit zur Sünde entschieden zu meiden, manchmal vielleicht Enttäuschungen im Apostolat...

Schließen wir unser Gebet mit Worten des heiligen Bernhard: »Wenn die Sturmwinde der Versuchungen daherbrausen, wenn du zwischen die Klippen der Drangsale verschlagen wirst, blick auf zum Stern, ruf zu Maria! Wenn dich emporschleudern Wogen des Stolzes, des Ehrgeizes, der Verleumdung, der Eifersucht – blick auf zum Stern, ruf zu Maria! Wenn Zorn, Habsucht oder die Begierde des Fleisches deine Seele erschüttern – blick auf zu Maria! Wenn dich die Last der Sünden drückt und die Schmach des Gewissens beschämt, wenn dich die Strenge des Gerichtes schreckt, wenn du drohst von abgrundtiefer Traurigkeit und Verzweiflung verschlungen zu werden – denk an Maria! (...)

Damit du aber ihre Hilfe und Fürbitte erlangest, vergiß nicht das Vorbild ihres Wandels! Folge ihr, und du wirst nicht vom Wege weichen. Bitte sie, und niemals bist du hoffnungslos. Denk an sie, dann irrst du nicht. Hält sie dich fest, wirst du nicht fallen. Schützt sie dich, dann fürchte nichts. Führt sie dich, wirst du nicht müde. Ist sie dir gnädig, dann kommst du ans Ziel.«[21]

[1] *1 Kön* 19,9a.11-13a. – [2] *Ex* 19,16-19. – [3] *Echter-Bibel*, Bd. 2, Würzburg 1956, S. 195. – [4] J. Ratzinger, *Diener eurer Freude*, Freiburg 1988, S. 19. – [5] R. Guardini, *Tugenden*, Mainz 1987, S. 158. – [6] Augustinus, *Vorträge zum Johannesevangelium*, 17,11. – [7] Augustinus, *Über die Dreieinigkeit*, 15,28,51. –

[8] S. Kierkegaard, *Ja zu jedem Tag*, Stuttgart 1984, S. 90. – [9] *Mt* 14,22-33. – [10] P. Berglar, *Petrus – Vom Fischer zum Stellvertreter*, München 1991, S. 80. – [11] ebd., S. 81. – [12] vgl. *Mt* 16,18; *Lk* 22,32. – [13] Johannes Paul II., Enz. *Ut unum sint*, 91. – [14] J. Ratzinger, *Zur Gemeinschaft berufen*, Freiburg 1991, S. 69. – [15] Johannes Paul II., Enz. *Ut unum sint*, 92. – [16] Johannes Paul I., *Ansprache*, 13.9.1978. – [17] Johannes Paul II., *Predigt beim Wortgottesdienst mit den Mitgliedern der Römischen Kurie*, 23.1.1981. – [18] Franz von Sales, *Über die Gottesliebe*, Einsiedeln 1985, S. 147. – [19] P. Berglar, *Die Stunde des Thomas Morus*, Olten 1978, S. 305. – [20] J. Escrivá, *Christus begegnen*, 17. – [21] Bernhard von Clairvaux, Homilie *De Laudibus Virginis Matris*, 2,17.

2

BROT DES LEBENS

Gebet aus der Not.
Die Wegzehrung in Angesicht des Todes.
Eucharistie im Alltag: Besuch beim Allerheiligsten.

I. Wir hören in der ersten Lesung der heutigen Messe[1] von der Flucht des Propheten Elija vor Isebel. Vom Kampf ermüdet und von der Übermacht der Verfolger erdrückt, ist sein Gebet zum Herrn eine einzige Klage: *Nun ist es genug, Herr. Nimm mein Leben; denn ich bin nicht besser als meine Väter.* Gelegentlich finden wir bei den Propheten des Alten Bundes eine solche Art zu beten: »manchmal eine Aussprache oder eine Klage, immer aber eine Fürbitte, die das Eingreifen des rettenden Gottes, des Herrn der Geschichte, erwartet und vorbereitet«[2]. Auch bei den Psalmen wird »die schwierige Lage des Glaubenden ausgedrückt, der wegen seiner Liebe zum Herrn zahlreichen Feinden und Versuchungen ausgesetzt ist, der aber im Warten auf das, was der treue Gott tun wird, der Liebe des Herrn gewiß bleibt und sich dessen Willen überläßt«[3]. Auch aus eigener notvoller Erfahrung kennen wir ein Beten, das Klagen und Bitten zugleich ist. Der Glaube ist da, gewiß, denn man sucht ja das Gespräch mit Gott; auch die Liebe und Bereitschaft, Gottes Willen zu tun, sind lebendig; aber die Hoffnung scheint wie abgestorben, Gottes Schrittmaß auch folgen zu können.

Was tun? Vergessen wir nicht, daß Prüfungen und Bedrängnisse zum Wachsen des inneren Menschen notwendig sind. Überlassen wir es Gott, »wie er uns an seiner Liebe teilhaben lassen will«[4]. Und schauen wir auf das Beispiel Jesu. Er hat uns beten gelehrt: *Vater unser... und führe uns nicht in Versuchung, sondern erlöse uns von dem Bösen.* Er hat uns gezeigt, wie man sich des Versuchers entledigt. »Alles, was der Herr tat, war zu unserer Belehrung«, sagt Johannes Chrysostomos. »So wollte er auch in die Wüste geführt werden, um den Kampf mit dem Dämon aufzunehmen, damit die Getauften nicht die Fassung verlieren – so als sei dies nicht zu erwarten gewesen –, wenn sie nach der Taufe größeren Versuchungen ausgesetzt sind.«[5] Er hat uns gelehrt, Worte aus der Schrift als Schirm gegen Anfeindungen zu benutzen, wie in der Wüste, als er dem Versucher souverän entgegenhält: *Vor dem Herrn, deinem Gott, sollst du dich niederwerfen und ihm allein dienen.*[6]

Nachdem Elija seine Not dem Herrn anvertraut hatte, *legte er sich unter den Ginsterstrauch und schlief ein.* Aber Gott hatte anderes mit ihm vor; der Auftrag war noch nicht beendet, das Ziel der Reise noch nicht erreicht, die Zeit der Beschaulichkeit war noch nicht gekommen. Sein frommes Gebet war gut, aber jetzt galt es, sich aufzuraffen und weiterzugehen: Beten und Wachen. Vielleicht läßt sich dies auf so manche Situation in unserem Alltag übertragen, wenn wir müde sind und die innere Spannkraft nachläßt. »Gott nie aus dem Auge lassen kann nur die Frömmigkeit; den Feind nie aus dem Auge lassen kann nur die Wachsamkeit. Wer also so laufen will, daß er den Preis, so kämpfen will, daß er die Krone empfange, dem muß das Wort Christi: *Betet, wachet!* heilig sein (vgl. *Mt* 14,38). Bete, damit dir das Göttliche, das Ewige nie aus dem Auge gerückt werden kann. Wache, damit dich das Ungöttliche nie wie im Schlaf überfallen kann. (...) Und so drängen sich denn für den Wettläufer auf der großen Laufbahn, für den Kämpfer auf dem großen Kampfplatz alle Lehren der Weisheit in das dreifache Wort Christi zusammen: Wenn du im Wettlauf zum Ziel, wenn du im Kampf zur Krone gelangen willst: Bete, wache, verleugne dich selbst! Und du wirst in Gott das ewige Leben – deinen Preis, deine Krone – finden.«[7]

II. Gott entband Elija nicht von seinem Auftrag, er sandte einen Engel, der ihm Brot und Wasser brachte. Der Engel *rührte ihn an und sprach: Steh auf und iß! Sonst ist der Weg zu weit für dich. Da stand er auf, aß und trank und wanderte, durch diese Speise gestärkt, vierzig Tage und vierzig Nächte bis zum Gottesberg Horeb.*

Das Alte Testament ist reich an dunklen Ereignissen und Bildern, die erst im Licht des

Neuen Testaments klar werden. Die Kirche »findet in den Werken Gottes im Alten Bund ›Vorformen‹ (Typologien) dessen, was Gott dann in der Fülle der Zeit in der Person seines menschgewordenen Wortes vollbracht hat. Die Christen lesen also das Alte Testament im Licht Christi.«[8] Es ist naheliegend, in der Stärkung des ermatteten Elija ein Bild für die Eucharistie zu sehen. Der heilige Berg als Ziel versinnbildet die Gemeinschaft mit Gott im Himmel, die Wanderung unsere irdische Pilgerschaft: nicht ohne Beschwerden und Gefahren, aber in Hoffnung, weil der Herr uns nicht nur sein Wort hinterlassen hat, sondern im Geheimnis der Eucharistie unter uns bleiben wollte.

Schon im Urchristentum wurde die Kommunion, die dem Sterbenden gereicht wurde, mit der bei den Römern üblichen Bezeichnung für die Reiseverpflegung *viaticum* genannt, *Wegzehrung*. Im Gesetzbuch der Kirche heißt es: »Gläubige, die sich, gleich aus welchem Grund, in Todesgefahr befinden, sind mit der heiligen Kommunion als Wegzehrung zu stärken (...). Auch wenn sie am selben Tag durch die heilige Kommunion gestärkt worden sind, ist es trotzdem sehr ratsam, daß jene, die in Lebensgefahr geraten sind, nochmals kommunizieren.«[9] Dies erinnert uns auch an unsere Verantwortung gegenüber Sterbenden im Kreis der Familie, gegenüber Freunden oder Kollegen. So können wir ihnen einen letzten Dienst aufrichtiger Freundschaft erweisen.

Aber auch im ganz normalen Alltag müssen wir die Kommunion als »Verpflegung« für unterwegs betrachten. Was tun, wenn die Kräfte nachlassen? Wenn wir – wie Elija damals – meinen, wir seien überfordert? Kraft in der einzigartigen Nahrung suchen, die Gott uns bereitet hat. Elija wurde mit einem Stück Brot gestärkt. Seit der Einsetzung der Eucharistie erhalten wir als Stärkung Christi Leib selbst. Das heutige Evangelium[10] korrespondiert mit der alttestamentlichen Lesung. Der Herr spricht: *Ich bin das lebendige Brot, das vom Himmel herabgekommen ist. Wer von diesem Brot ißt, wird in Ewigkeit leben. Das Brot, das ich geben werde, ist mein Fleisch, ich gebe es hin für das Leben der Welt.*

Jesus tut, was nur er tun kann. Wir bringen uns durch eine Karte oder ein Telefongespräch in Erinnerung, besuchen unsere Freunde, schicken Blumen zum Geburts- oder Namenstag. Symbolisch stehen diese Geschenke für uns selbst – aber nur symbolisch und manchmal auch nur protokollarisch. Die unendliche Liebe des menschgewordenen Gottes vermag dagegen viel mehr. Was der Herr uns gibt, »ist nicht ein Stück Körper, nicht eine Sache, sondern es ist er selbst, der Auferstandene – die Person, die sich uns mitteilt in ihrer durch das Kreuz hindurchgegangenen Liebe. Dies bedeutet, daß Kommunizieren immer ein persönlicher Vorgang ist. Es ist nie einfach ein gemeinschaftlicher Ritus, den wir abwickeln wie irgendwelche anderen gemeinschaftlichen Verrichtungen auch. Im Kommunizieren trete ich in den Herrn hinein, der sich mir kommuniziert.«[11]

Wann werden wir unser *viaticum*, die Wegzehrung für das letzte Stück des Weges empfangen? Wir überlassen es dem Herrn. Sein Tod und seine Auferstehung sind der Grund der Hoffnung, die wir bekennen, *bis du kommst in Herrlichkeit*[12]. Dieses Kommen ist für den einzelnen der Augenblick des Todes. »Jede Eucharistie ist Parusie, Kommen des Herrn, und jede Eucharistie ist doch erst recht Spannung der Sehnsucht, daß er seinen verborgenen Glanz offenbare.«[13] Was wir heute – und jeden Tag – tun können, ist, uns auf die heilige Kommunion so vorzubereiten, als wäre sie unsere letzte hier auf Erden. So hat es der selige Josemaría Escrivá ein Leben lang gehalten.[14]

III. *Ich bin das Brot, das vom Himmel herabgekommen ist... Niemand kann zu mir kommen, wenn nicht der Vater, der mich gesandt hat, ihn zu mir führt... Wer glaubt, hat das ewige Leben...* Da regte sich Widerspruch unter den Zuhörern: *Ist das nicht Jesus, der Sohn Josefs, dessen Vater und Mutter wir kennen?* Aber der Höhepunkt der Rede steht noch aus. *Das Brot, das ich geben werde, ist mein Fleisch, ich gebe es hin für das Leben der Welt.* Hier geht der Herr »einen neuen Schritt, und nun ins Unerhörte. Daß er selbst das Brot ist, hat Jesus schon verkündet; aber das Essen des Brotes war bisher der Glaube. Doch nun nimmt die Rede eine aufreizende Wörtlichkeit an. Statt: ich bin das Brot, heißt es nun: das Brot ist mein Fleisch. Er hat Juden vor sich, für welche der Vorgang des Opfers und Opfermahles ein Stück des täglichen Daseins bildet. Sie können nicht anders als daran zu denken, und wir verstehen ihren Abscheu. Jesus aber mildert nichts. Er löst das Gesagte in kein Gleichnis auf, sondern verstärkt es.«[15]

Im Kontrast zu dieser Szene steht jene andere im Haus von Betanien[16], wo Jesus nicht zu Murrenden, sondern zu Freunden spricht, die ihn zwar auch nicht verstehen, sich aber auf sein Wort verlassen. *Herr, dein Freund ist krank*, hatten die beiden Schwestern des Lazarus ihm sagen lassen. Anders als sie dachten, kam Jesus nicht sogleich, sondern wartete noch zwei Tage. Da war Lazarus bereits gestorben. Das Wunder seiner Auferweckung erhält vor dem Hintergrund des heutigen Evangeliums gleichnishafte Züge, vielleicht ganz besonders der Hinweis der Maria: *Der Meister ist da und läßt dich rufen*. Der Herr ist da und läßt uns rufen...

Wir haben betrachtet, wie die Eucharistie uns Hilfe in der allergrößten Not des Todes ist – als *viaticum*, als Wegzehrung. Aber ebenso ist sie »das Heilmittel für unsere alltägliche Not«[17] und »die Medizin, die einen nicht sterben läßt, sondern fort und fort leben macht in Jesus Christus«[18]. Dies kann sich unter anderem in der Gewohnheit ausdrücken, im Laufe des Tages das Allerheiligste im Tabernakel aufzusuchen. Dieser Besuch ist »ein Beweis der Dankbarkeit und ein Zeichen der Liebe und der schuldigen Verehrung gegenüber Christus dem Herrn«[19]. Er ist gleichsam die Bestätigung dafür, daß auch wir – wie die Jünger damals – Zeiten der Stille in seiner Nähe brauchen: *Kommt mit an einen einsamen Ort, wo wir allein sind, und ruht ein wenig aus.*[20] »Die Kirche und die Welt haben die eucharistische Verehrung sehr nötig. In diesem Sakrament der Liebe wartet Jesus selbst auf uns. Keine Zeit sei uns dafür zu schade, um ihm dort zu begegnen: in der Anbetung, in einer Kontemplation voller Glauben, bereit, die große Schuld und alles Unrecht der Welt zu sühnen. Unsere Anbetung sollte nie aufhören.«[21]

Die Nähe des Herrn durch eine Weile der eucharistischen Anbetung stärkt die Gottesgegenwart im Alltag. Die Eucharistie ist ja ein Gnadenstrom, der alles fruchtbar macht: Arbeit, Familie, Begegnungen mit Freunden, Widerwärtigkeiten, Freuden, Demütigungen, Enttäuschungen, Dienen. »Wenn ihr Christus in eure Herzen aufnehmt – in Gemeinschaft mit dem Lebendigen Brot –, dann bedenkt, was die allerseligste Jungfrau empfunden haben muß, als der Heilige Geist sie überschattete; sie, die voll der Gnade war, wurde zum Gefäß für Jesu Leib. Der Geist kam mit solcher Macht auf sie herab, daß Maria sich unverzüglich aufmachte, einen Dienst zu erfüllen. Jedesmal, wenn das Brot des Lebens gebrochen wird und wir daran teilnehmen, müßte in uns dieselbe Wirkung entstehen, denn wir empfangen denselben Gottessohn, der zu Maria kam, um Fleisch zu werden.«[22]

[1] *1 Kön* 19,4-8. – [2] *Katechismus der Katholischen Kirche*, 2584. – [3] ebd., 2589. – [4] Kongregation für die Glaubenslehre, *Über einige Aspekte der christlichen Meditation*, 15.10.1989, 31. – [5] Johannes Chrysostomos, *Homilien über das Matthäusevangelium*, 13,1. – [6] *Mt* 4,10; vgl. *Dtn* 5,9; 6,13. – [7] J. M. Sailer, *Blicke des heiligen Paulus in die Tiefen der Weisheit. Gesammelte Reden*, Teil 3, Grätz 1820, S. 131. – [8] *Katechismus der Katholischen Kirche*, 128-129. – [9] *Codex des kanonischen Rechtes*, c.921. – [10] *Joh* 6,48-51. – [11] J. Ratzinger, *Eucharistie – Mitte der Kirche*, München 1978, S. 55. – [12] *Missale Romanum*, Zuruf nach der Konsekration. – [13] J. Ratzinger, *Eschatologie – Tod und ewiges Leben*, Regensburg 1977, S. 167. – [14] vgl. A. Portillo, *Über den Gründer des Opus Dei*, Köln 1996, S. 127. – [15] R. Guardini, *Der Herr*, Würzburg 1951, S. 237. – [16] vgl. *Joh* 11,17-44. – [17] Ambrosius, *Über die Mysterien*, 4. – [18] Ignatius von Antiochien, *Brief an die Epheser*, 20. – [19] Paul VI., Enz. *Mysterium fidei*. – [20] *Mk* 6,31. – [21] Johannes Paul II., *Über das Geheimnis und die Verehrung der heiligsten Eucharistie*, 24.2.1980. – [22] Mutter Teresa, *Beschaulich inmitten der Welt*, Einsiedeln 1990, S. 24.

3

GLAUBEN UND HOFFEN

Die Gründe unserer Zuversicht.
Wachsam und bereit.
Gott in allen Dingen nahe sein.

I. *Die Nacht der Befreiung wurde unseren Vätern angekündigt, denn sie sollten zuversichtlich sein und sicher wissen, welchen eidlichen Zusagen sie vertrauen konnten.*[1] Der inspirierte Autor des Buches der Weisheit blickt auf die Zeit der Volkwerdung Israels zurück und auf die Väter, die sich glaubend und hoffend auf die göttlichen Verheißungen verlassen hatten. Die zweite Lesung[2], dem Hebräerbrief entnommen, erweitert die Perspektive auf das Neue Testament hin und bekräftigt die Verflechtung von Glaube und Hoffnung. Mehr noch als die Väter des Alten Bundes können wir *zuversichtlich sein und sicher wissen*, daß die verheißene Befreiung in Erfüllung gehen wird. Denn auf Christus schauend wissen wir: »Seit er uns seinen Sohn geschenkt hat, der sein Wort ist, hat Gott uns kein anderes Wort zu geben. Er hat alles zumal in diesem einen Worte gesprochen (...). Was er ehedem nur stückweise zu den Propheten geredet, das hat er nunmehr im ganzen gesprochen, indem er uns das Ganze gab, nämlich seinen Sohn.«[3] Der Sohn verheißt uns die endgültige Gemeinschaft mit Gott im Himmel am Ende unserer Wanderschaft, als *Fremde und Gäste auf Erden.* Daran glauben heißt: *Feststehen in dem, was man erhofft, Überzeugtsein von Dingen, die man nicht sieht*[4]. Auf unsichtbare Weise wurde uns im Glauben eine Wirklichkeit geschenkt, die wir gleichzeitig noch erhoffen. »Der Glaube, der die feste Überzeugung einschließt, daß diese unsichtbare Wirklichkeit existiert, ist deshalb der Grund für unsere Hoffnung, diese Wirklichkeit auch tatsächlich zu erlangen.«[5]

Der Glaube an das von Jesus auf eine unübersteigbare Weise geoffenbarte Wort läßt uns an zwei lebenswichtigen Einsichten mit Gewißheit festhalten: daß Gott uns für den Himmel bestimmt hat und deshalb alles andere auf dieses höchste Ziel hingeordnet sein muß; und daß er uns alle notwendigen Mittel schenken will, damit wir ans Ziel gelangen können. Unser Vertrauen »stützt sich auf drei Wahrheiten: Gott ist allmächtig, Gott liebt mich über die Maßen, Gott bleibt seinen Verheißungen treu. Und er, der Gott des Erbarmens, entzündet in mir die Zuversicht; darum fühle ich mich weder einsam, noch unnütz, noch verlassen, sondern in den Heilsplan einbezogen, der eines Tages im Paradies mündet.«[6]

Gott ist allmächtig... Die Gestirne im All und die Lebewesen auf Erden, die beängstigenden Naturgewalten und die subtilen Urgründe der Seele sind ihm unterworfen: »Er ist der Herr des Alls, dessen Ordnung er festgesetzt hat und das ihm gänzlich untersteht und gehorcht; er ist der Herr der Geschichte; er lenkt die Herzen und die Geschehnisse nach seinem Willen.«[7] Dieser Wille ist keineswegs Willkür; denn in Gott »ist Macht und Wesenheit und Wille und Verstand und Weisheit und Gerechtigkeit dasselbe«[8].

Gott liebt mich über die Maßen...: »Seine Vaterschaft und seine Macht erhellen sich gegenseitig. Er zeigt ja seine väterliche Allmacht dadurch, daß er für uns sorgt, daß er uns als seine Kinder annimmt.«[9] Die Liebe einer guten Mutter oder eines guten Vaters gegenüber dem bedürftigen Kind ist nur ein Bild, ein blasser Abglanz der sich unseren Vorstellungen entziehenden heilsmächtigen Liebe Gottes, die nur eine Grenze kennt: die Freiheit zu mißbrauchen, die er uns geschenkt hat.

Gott bleibt seinen Verheißungen treu... Auch wenn wir ihm untreu werden oder mit unserer Hingabe zaudern, bleibt uns der Weg der Rückkehr und der Vergebung offen. Der Vater *lief dem Sohn entgegen, fiel ihm um den Hals und küßte ihn*[10], heißt es im Gleichnis vom verlorenen Sohn. Gottes Langmut erlaubt uns, »die Unruhe und das schmerzliche Sehnen, die mit dem Verlangen nach der Liebe verbunden sind«[11], neu zu entdecken und uns zu vergewissern, »daß wir das ersehnte Gut leicht erlangen können, wenn wir nur die Mittel gebrauchen, die er uns zur Erreichung dieses Zieles bereitgestellt hat«[12].

II. *Aufgrund dieses Glaubens haben die Alten ein ruhmvolles Zeugnis erhalten.* Ausführlich »weist der Autor des Briefes auf das Beispiel der Glaubenden des Alten Testamentes hin und faßt gleichsam die Beschreibung aus dem Buch Jesus Sirach (44-50) zusammen, um zu sagen, daß sich alle auf den Unsichtbaren hinbewegten, weil sie vom Glauben gestützt wurden. Insgesamt siebzehn Beispiele werden in dem Brief genannt: *Im Glauben lebte Abel... Noach... Abraham... Mose...*, und wir können hinzufügen: Im Glauben lebten Maria... Josef... Simeon und Anna... Im Glauben lebten die Apostel, die Märtyrer, die Bekenner, die Jungfrauen und die Bischöfe, die Priester, die Ordensleute und die Laien aller christlichen Jahrhunderte. Im Glauben ging die Kirche in den Jahrhunderten und geht heute auf den Unsichtbaren zu unter dem Wehen und der Führung des Heiligen Geistes.«[13]

Die Ahnen aus dem Volk Israel und die Heiligen in der Nachfolge Christi sind unsere Vorbilder als Bekenner des Glaubens. Aber ebenso sind sie uns Vorbild als Bekenner der Hoffnung, wie es im Hebräerbrief heißt: *Laßt uns an dem unwandelbaren Bekenntnis der Hoffnung festhalten, denn er, der die Verheißung gegeben hat, ist treu.*[14] »Die Hoffnung ist jene göttliche Tugend, durch die wir uns nach dem Himmelreich und dem ewigen Leben als unserem Glück sehnen, indem wir auf die Verheißungen Christi vertrauen und uns nicht auf unsere Kräfte, sondern auf die Gnadenhilfe des Heiligen Geistes verlassen.«[15] Wir hoffen, einmal aus dem *status viatoris*, dem Zustand des Auf-dem-Wege-Seins, in den glückseligen Zustand der vollen Gemeinschaft mit Gott zu gelangen. Diese Hoffnung verbindet menschliche Sehnsucht und göttliche Verheißung: sie »ruft den Einsatz all unserer Kräfte für die vollständige Öffnung unseres Seins hervor, für die Entfaltung all seiner Möglichkeiten«[16], aber sie »nimmt ihren Ursprung aus einem eigentlich göttlichen Sein im Menschen, aus der Gnade«[17] und übersteigt damit jedes menschliche Hoffen. Ein großer fränkischer Theologe der Karolingerzeit, Paschasius Radbert, faßt dieses Verhältnis von Menschlichem und Göttlichem in einem schönen Bild zusammen: »Durch die Hand der Hoffnung wird Christus gehalten. Wir halten ihn und werden gehalten. Aber es ist etwas Größeres, daß wir von Christus gehalten werden, als daß wir halten. Denn wir können ihn nur solange halten, als wir von ihm gehalten werden.«[18]

Vor diesem Hintergrund lassen sich die Worte des Herrn im heutigen Evangelium[19] verstehen, wenn er uns dazu auffordert, die übernatürliche Hoffnung auf den Himmel mit den natürlichen Tugenden des Bereitseins und der Wachsamkeit zu festigen. Er sagt: *Legt euren Gürtel nicht ab* – Bereitschaft zum Aufbruch –, *und laßt eure Lampen brennen!* – Wachsamkeit. Dies heißt, sich die übernatürliche Dimension der alltäglichen Dinge, aber auch den relativen

Wert aller irdischen Wirklichkeiten stets vor Augen zu halten: *Seid wie Menschen, die auf die Rückkehr ihres Herrn warten, der auf einer Hochzeit ist, und die ihm öffnen, sobald er kommt und anklopft.* Kardinal Newman schildert in einer Predigt diese Stimmung der Erwartung: »Wißt ihr, wie wir in den Dingen des irdischen Lebens fühlen, wie wir fühlen, wenn wir einen Freund erwarten? Warten auf sein Kommen und er säumt? Wißt ihr, wie es ist, wenn man in einer Gesellschaft weilt, die einem nicht zusagt, wie man dann wünscht, daß die Zeit vergeht und daß die Stunde schlägt, die einen wieder in Freiheit setzt? Wißt ihr, was es heißt, in Angst sein, ob etwas eintrifft, das eintreffen kann oder auch nicht, oder in Ungewißheit sein über ein wichtiges Ereignis, das euer Herz schneller schlagen läßt, wenn es euch in den Sinn kommt, und dem der erste Gedanke am Morgen gilt? Wißt ihr, was es heißt, einen Freund in einem fernen Land zu haben, auf Nachrichten von ihm zu warten und sich Tag für Tag aufs neue zu fragen, was er jetzt wohl tut und ob er auch wohlauf ist? (...) Auf Christus harren ist ein Gefühl gleich allen diesen, soweit überhaupt Gefühle dieser Welt dazu passen, jene einer anderen Welt schattenhaft vorzubilden. Der harret des Herrn, der ein besorgtes, ein brennendes, ein nimmer ruhendes Verlangen nach ihm trägt; der wach ist, lebendig ist, weitschauend und unermüdlich, ihn zu suchen, ihm zu dienen, der nach ihm ausschaut in allem, was sich ereignet.«[20]

Wenn der Herr des Hauses wüßte, in welcher Stunde der Dieb kommt, so würde er verhindern, daß man in sein Haus einbricht. Haltet auch ihr euch bereit! Da wir »weder Tag noch Stunde wissen, so müssen wir nach der Mahnung des Herrn standhaft wachen, um am Ende unseres einmaligen Erdenlebens (vgl. *Hebr* 9,27) mit ihm zur Hochzeit einzutreten und den Gesegneten zugezählt zu werden«[21].

III. Wie leben Menschen, *die auf die Rückkehr ihres Herrn warten*? Meister Eckhart erklärt es so: »Wahrlich, solche erwartenden Leute sind wachsam und üben Umsicht, wo der herkomme, den sie erwarten. Und sie erwarten ihn in allem, was da ankommt, wie fremd es ihnen auch erscheine, ob er nicht selbst eben darin sei.

So sollen wir ganz bewußt in allen Dingen nach unserem Herrn Ausschau halten. Dazu gehört notwendigerweise Fleiß. Alles muß man sich kosten lassen, alles was man nur mit Sinnen und Kräften zu leisten vermag. So wird es mit den Leuten recht, und sie ergreifen Gott in allen Dingen gleich. Sie finden dann Gott in allen Dingen gleichviel, obwohl ein jedes Werk anders ist... Darum lerne der Mensch seinen Gott in allen Dingen gegenwärtig zu haben. Er lerne dabei unbehindert zu bleiben in allen Werken und an allen Orten.«[22]

Die Sehnsucht nach Gottes Verheißungen stärkt uns in schwierigen Situationen:

»Mein Sohn, laß dich weder niederdrücken und betrüben durch die Mühseligkeiten, die du um meinetwillen auf dich genommen hast, noch sollen Trübsale dich immerfort niederwerfen; es stärke und tröste dich vielmehr meine Verheißung. Ich bin mächtig genug, dir in jeder Weise und über alles Maß hinaus zu vergelten. Du wirst dich hier nicht lange abmühen und nicht immer mit Leiden beschwert sein. Harre nur ein wenig, und du wirst schnell das Ende deiner Plagen sehen. Es kommt die Stunde, in der jede Mühe und Unruhe aufhört. Geringfügig und kurz ist alles, was mit der Zeit vorübergeht. Vollende also, was du bis jetzt getan hast. Arbeite treu in meinem Weinberg. Ich werde dein Lohn sein. Schreibe, lies, singe, seufze, schweige, bete. Ertrage standhaft die Widerwärtigkeiten; das ewige Leben ist all dieser und noch größerer Kämpfe wert.«[23]

Macht euch Geldbeutel, die nicht zerreißen. Verschafft euch einen Schatz, der nicht abnimmt, droben im Himmel, wo kein Dieb ihn findet und keine Motte ihn frißt. Die Wachsamkeit bewährt sich – wie immer – in der Treue zu den kleinen Dingen des Alltags. Dort können wir uns im Guten festigen und gegen die Versuchung der Lauheit angehen. Jede kleine Abtötung, aus Liebe zu Gott auf uns genommen, stärkt uns fur den Augenblick, da uns eine größere Herausforderung erwartet. Kampf also im Kleinen: das pünktliche Aufstehen, das entschlossene Anpacken einer unangenehmen Arbeit, die Zurückhaltung beim Essen und Trinken, das Überwinden einer unlauteren Neugier, von Geschwätzigkeit oder Angeberei... Dabei ist die tägliche Gewissenserforschung eine große Hilfe. »Bedenke, mein Kind, daß die Bakterien nicht weniger anrichten als die Raubtiere! Ähnlich wie man im Labor Bakterien züchtet, so züchtest du deine Fehler und Verirrungen: durch mangelnde Demut, durch mangelnden Gebetsgeist, durch mangelnde Pflichterfüllung, durch mangelnde Selbsterkenntnis... Von den Infektionsherden geht dann die Ansteckung auf die Umgebung aus.

Du mußt täglich – und zwar gründlich – dein Gewissen prüfen und deine Fehler, Unterlassungen und Sünden wirklich bereuen. Dann fasse konkrete Vorsätze, um dich zu bessern.«[24]

Die Mahnungen des Herrn im heutigen Evangelium enthalten ein zärtliches Wort, mit dem wir unser Gebet beenden wollen: *Fürchte dich nicht, du kleine Herde!* Aus dem Zusammenhang erkennt man, daß Jesus nicht die Furcht vor den Mächtigen oder vor irdischen Drangsalen meint, sondern die Furcht, wegen der eigenen Schwäche und Erbärmlichkeit der göttlichen Verheißungen verlustig zu gehen. Es geschieht nicht ohne euch – will der Herr sagen –, aber Glaube und Hoffnung schenken euch die Kraft, damit ihr – immer bereit und wachsam – in dieser Welt dem Verwirrspiel der Lüge, den Verlockungen des Materiellen und den Verstrickungen des Bösen widerstehen könnt. Habt also keine Angst: *Denn euer Vater hat beschlossen, euch das Reich zu geben.*

[1] *Weish* 18,6. – [2] *Hebr* 11,1-2.8-19. – [3] Johannes vom Kreuz, *Aufstieg zum Berge Karmel*, 2,22. – [4] *Hebr* 11,1. – [5] Johannes Paul II in: A. Frossard, *Fürchtet euch nicht!*, München 1982, S. 85. – [6] Johannes Paul I., *Ansprache* 20.9.1978. – [7] *Katechismus der Katholischen Kirche*, 269. – [8] Thomas von Aquin, *Summa theologica*, I, q.25, a.5, ad 1. – [9] *Katechismus der Katholischen Kirche*, 270. – [10] *Lk* 15,20. – [11] Franz von Sales, *Über die Gottesliebe*, Zürich 1978, S. 79. – [12] ebd. – [13] Johannes Paul II., *Ansprache* 8.5.1991. – [14] *Hebr* 10,23. – [15] *Katechismus der Katholischen Kirche*, 1817. – [16] J. Ratzinger, *Auf Christus schauen*, Freiburg 1989, S. 67. – [17] J. Pieper, *Lieben, Hoffen, Glauben*, München 1986 S. 204. – [18] ebd., S. 211. – [19] *Lk* 12,32-48. – [20] J. H. Newman, *Predigt über die Wachsamkeit*. – [21] II. Vat. Konz., Konst. *Lumen gentium*, 48. – [22] Meister Eckhart, *Die Gottesgeburt im Seelengrund*, Freiburg 1990, S. 47. – [23] Thomas von Kempen, *Nachfolge Christi*, 3,4. – [24] J. Escrivá, *Im Feuer der Schmiede*, Nr. 481.

4

ALS CHRISTEN DIE GESELLSCHAFT MITPRÄGEN

Lehrstunde für Petrus.
Inmitten der Gesellschaft.
Das öffentliche Leben mitprägen.

I. Am Anfang des heutigen Evangeliums[1] steht die zweite Leidensankündigung Jesu: *Der Menschensohn wird den Menschen ausgeliefert werden, und sie werden ihn töten; aber am dritten Tag wird er auferstehen.* Den Jüngern wird die wachsende Feindseligkeit der Machthabenden nicht entgangen sein, insofern konnten sie den ersten Teil der Aussage noch fassen: *Da wurden sie sehr traurig,* schreibt Matthäus. Nach Markus und Lukas waren sie eher perplex: *sie verstanden den Sinn seiner Worte nicht, scheuten sich jedoch, ihn zu fragen.* In der Tat: Wie hätte ihnen der Herr seine Worte *am dritten Tag wird er auferstehen* auch erklären können? Erst das Ereignis selbst wird Klarheit bringen. Was geschehen wird, ist jetzt noch schwer vermittelbar, dennoch gilt es, die Jünger darauf vorzubereiten. Jesus tut es, Schritt für Schritt, in Wort und Tat, aufmunternd und zurechtweisend.

Dabei scheint Jesu besondere Aufmerksamkeit seinem künftigen Stellvertreter auf Erden zu gelten, wie nicht nur die heutige Episode mit den Steuereintreibern ahnen läßt. Kurz zuvor hat der Evangelist von jener Lehrstunde über Demut und Vertrauen berichtet, da Petrus sich ins aufgewühlte Meer geworfen, dann Angst bekommen und schließlich vom Herrn vernommen hatte: *Du Kleingläubiger, warum hast du gezweifelt?*[2] Am eigenen Leib Erlebtes prägt sich tief ein, tiefer als ein bloßes Lehrwort. Der Apostel wurde aus jener existenzbedrohenden Not gerettet – gedämpft in seinem Übermut, gestärkt in seinem Glauben. Bald darauf folgte ein weiteres Erlebnis, und auch dies war Erhebung und Demütigung zugleich: *Du bist Petrus, und auf diesen Felsen werde ich meine Kirche bauen*; aber dann: *Weg mit dir, Satan, geh mir aus den Augen! Du willst mich zu Fall bringen; denn du hast nicht das im Sinn, was Gott will, sondern was die Menschen wollen.*[3] Der Vorgang im heutigen Evangelium reiht sich in die Folge solcher Lehrstunden ein, die Jesus dem Petrus zuteil werden läßt.

Was war geschehen? Jeder erwachsene Israelit war verpflichtet, jährlich eine Abgabe für Tempel und Tempeldienst zu leisten, als Zeichen und selbstverständliche Bekundung der Zugehörigkeit zum Gottesvolk. So gingen in Kafarnaum *die Männer, die die Tempelsteuer einzogen, zu Petrus und fragten: Zahlt euer Meister die Doppeldrachme nicht?*

»Es ist nicht schwer, sich in die Situation des Petrus hineinzuversetzen. Er geriet in Verlegenheit. Hatte Jesus eigentlich früher, und wenn ja, bis wann, die Doppeldrachme entrichtet? Und wie hielt er es jetzt damit? Petrus konnte sich nicht entsinnen, daß die Tempelsteuer schon einmal ein Thema im Jüngerkreis gewesen wäre. Und wie stand es denn bei ihm selbst, Simon Bar Jona, damit? Ihm wurde es heiß; seit wann eigentlich hatte er die Abgabe nicht bezahlt? Nun, zum Glück wurde er danach nicht gefragt. Jesu genaue Einstellung in dieser Sache wußte er nicht, aber er war sich der korrekten Gesetzestreue Jesu auch in rechtlichen und sogar in fiskalischen Fragen sicher.«[4] So antwortete Petrus mit einem kurzen *Doch!* und nahm sich wahrscheinlich vor, mit Jesus später darüber zu sprechen. Aber *als er dann ins Haus hineinging, kam ihm Jesus mit der Frage zuvor: Was meinst du, Simon, von wem erheben die Könige dieser Welt Zölle und Steuer? Von ihren eigenen Söhnen oder von den anderen Leuten?* Wie beiläufig schimmert hier das alles durchdringende Wissen Jesu durch. Petrus fragt nicht, wieso der Meister Kenntnis von dem Vorfall habe, sondern antwortet schlicht: *Von den anderen!*

»Da im damaligen Orient die öffentlichen Einkünfte gleichermaßen für die Bedürfnisse der königlichen Familie wie für die des Staates verwendet wurden, wäre es unsinnig gewesen, wenn die Könige von ihren eigenen Angehörigen Abgaben erhoben hätten. Diese genossen also das Privileg der Steuerfreiheit, das ja auch bei den europäischen Dynastien bis tief ins 20. Jahrhundert hinein bestanden hat. Indem Jesus den Schluß zieht: ›Also sind die Söhne frei‹, transponiert er den Hinweis auf eine bestimmte historisch-politische Gegebenheit in eine zeitlos gültige Parabel von der Vaterschaft Gottes und seiner eigenen einzigartigen Sohnschaft. Da, was für den Tempel gezahlt wird, ohnehin auch dem Sohn des Herrn des Tempels, nämlich dem Sohn Gottes, gehört, ist dieser Sohn selbstverständlich und logischerweise von der Unterhaltszahlung für den Tempel befreit. Wiederum bezeugt sich Jesus hier, wiewohl in einer indirekten und verdeckten Form, als der Sohn Gottes, und zwar nicht ›symbolisch‹, sondern real verstanden, auch als leiblicher Sohn, entsprechend den leiblichen Söhnen irdischer Fürsten.«[5] Die Lehrstunde galt Petrus allein. Er soll allmählich verstehen, wer Jesus ist.

II. Und wie so oft will Jesus die Unterweisung mit einem konkreten Tun abschließen: *Geh an den See und wirf die Angel aus; den ersten Fisch, den du heraufholst, nimm, öffne ihm das Maul und du wirst ein Vierteldrachmenstück finden. Das gib den Männern als Steuer für mich und für dich.* Die gemeinsame Steuerabgabe war für Petrus sicher nicht bloß eine bürokratische Prozedur, sondern ein starkes persönliches Erlebnis, wichtiger auch als jedes Nachdenken über die Problematik der Tempelsteuer.

Wir können – anders als Petrus – unsere Aufmerksamkeit auf den Vorgang selbst richten und uns fragen, was wir aus ihm lernen können.

Wie umsichtig handelt Jesus, um Mißverständnisse zu vermeiden! *Damit wir aber bei niemand Anstoß erregen...* Das Volk soll nicht den Eindruck gewinnen, er schätze die treue Pflichterfüllung eines guten Israeliten gering. Der Kirchenvater Ambrosius sieht darin eine Aufforderung, die gesellschaftlichen Rechte, Pflichten und Aufgaben ernstzunehmen. Durch das Verhalten des Herrn sollen »die Christen« zur Pflichterfüllung gegenüber der Obrigkeit angeleitet werden. Ambrosius redet seinen Zuhörern drastisch ins Gewissen: »Du aber, der du weltlichem Gewinn nachjagst: warum willst du dich weltlichen Verpflichtungen entziehen? Warum willst du dich gleichsam in geistiger Anmaßung über die Welt erhaben dünken, nachdem du doch in kläglicher Habsucht ihr Sklave bist?«[6]

Zu der Zeit, da Ambrosius seine Mailänder Diözesanen ermahnt, sich in die Gesellschaft zu integrieren, besitzt das Christentum bereits eine stark prägende Kraft in der Öffentlichkeit. »Erstaunlich an den Christen des 2. Jahrhunderts ist ihre Präsenz im Leben der Menschen, in den Läden und Werkstätten, in den Lagern und auf den öffentlichen Plätzen. Sie nehmen am wirtschaftlichen und sozialen Leben teil, sie sind in den Alltag verwoben und leben wie jedermann.«[7] Die Christen – heißt es im Diognetbrief – »sind weder durch Heimat noch durch Sprache und Kleidung von den übrigen Menschen verschieden. Sie bewohnen nirgendwo eigene Städte, bedienen sich keiner abweichenden Sprache und führen auch kein absonderliches Leben (...). Sie bewohnen Städte von Griechen und Nichtgriechen, wie es einem jeden das Schicksal beschieden hat, und fügen sich der Landessitte in Kleidung, Nahrung und in der sonstigen Lebensart, legen aber dabei einen wunderbaren und anerkanntermaßen überraschenden Wandel in ihrem bürgerlichen Leben an den Tag.«[8] Besonders bekannt ist die selbstbewußte Äußerung des Tertullian um dieselbe Zeit: »Wir besuchen euer Forum, euren Markt, eure Badestuben, eure Bazare, eure Werkstätten, eure Gasthöfe, eure Messen und eure sonstigen Handelsplätze. Auch fahren wir mit euch zusammen zur See, sind wie ihr Soldaten und Bauern, und ebenso treiben wir mit euch Handel; unser Können, unsere Erzeugnisse stellen wir allen zur Verfügung.«[9]

Jesus hatte in seiner Abschiedsstunde für die Seinen zum Vater gebetet: *Heiliger Vater, bewahre sie in deinem Namen.*[10] Nicht, *daß du sie aus der Welt nimmst, sondern daß du sie vor dem Bösen bewahrst*[11]. Denn die Jünger *sind in der Welt (...), und die Welt hat sie gehaßt, weil sie nicht von der Welt sind*[12]. Der Christ muß die Spannung zwischen seinem In-der-Welt-Sein und seinem Nicht-von-der-Welt-Sein austragen. Nur so kann er – damals wie heute – den Auftrag des Herrn erfüllen, Salz, Licht und Sauerteig zu sein. Als Salz geben sie dem Irdischen sozusagen den Geschmack des Transzendenten und bewahren es vor Verwesung; als Sauerteig sind sie fähig, die irdischen Dinge mit dem Geist Christi zu durchsäuern; als Licht verweisen sie auf den Vater im Himmel und verherrlichen ihn. Aber gleichzeitig wissen sie, daß Scheidung und Klärung nottun; nicht alles kann gesalzen, durchsäuert, erleuchtet werden; es gibt Verhaltensweisen, die heillos heidnisch sind und sich mit einem Leben aus dem Glauben nicht vertragen. Was für die Urchristen damals galt, gilt auch für uns heute: Wir müssen sie souverän zurückweisen.

III. Die menschliche Person bedarf des gesellschaftlichen Eingebundensein. »Dieses stellt für sie nicht etwas Zusätzliches dar, sondern ist ein Anspruch ihrer Natur. (...) Manche Gesellschaften, so die Familie und der Staat, entsprechen unmittelbar der Natur des Menschen; sie sind für ihn notwendig.«[13] Der Auftrag des Herrn, in ihnen Salz, Sauerteig und Licht zu sein, wirft viele grundsätzliche Fragen auf über Staat und Gesellschaft, über Arbeits- und Berufsethik, über Politik, Wirtschaft, Kultur und Erziehung. Sie sind Gegenstand der kirchlichen Soziallehre. Schon in den Briefen des Apostels Paulus finden wir ansatzweise diese Soziallehre, wenn er die Christen in Rom ermahnt, loyale Staatsbürger zu sein: *Jeder leiste den Trägern der staatlichen Gewalt den schuldigen Gehorsam. Denn es gibt keine staatliche Gewalt, die nicht von Gott stammt (...). Deshalb ist es notwendig, Gehorsam zu leisten, nicht allein aus Furcht vor der Strafe, sondern vor allem um des Gewissens willen. Das ist auch der Grund, weshalb ihr Steuern zahlt.*[14] Etwas später – um die Mitte des zweiten Jahrhunderts – verteidigt Justin der Märtyrer die Christen gegen die Vorwürfe ihrer Verfolger, indem er gerade darauf verweist, daß sie ihre Bürgerpflichten treu erfüllen: »Abgaben und Steuern suchen wir überall vor allen anderen euren Beamten zu entrichten, wie wir von ihm (Christus) angeleitet worden sind. (...) Wir beten zwar Gott allein an, euch aber leisten wir im übrigen freudigen Gehorsam, indem wir euch als Könige und Herrscher der Menschen anerkennen und beten, daß ihr nebst eurer Herrschermacht auch im Besitze vernünftiger Einsicht erfunden werdet.«[15]

Das Ernstnehmen der staatsbürgerlichen Pflichten gehört zur Normalität unseres Daseins als »Bürger beider Gemeinwesen«[16]. Der selige Josemaría Escrivá schreibt: »Habe Wertschätzung für die Normen und Regeln eines ehrenhaften Zusammenlebens und beachte sie; denn deine loyale Pflichterfüllung kann zweifellos dazu beitragen, daß auch andere den lauteren Gemeinschaftssinn von Christen als Frucht der Gottesliebe erkennen und auf diesem Wege zu ihm finden.«[17] Es genügt jedoch nicht, die Gerechtigkeitspflichten in der Familie, als Arbeitnehmer, Arbeitgeber oder Steuerzahler treu zu erfüllen: Um die zeitliche Ordnung »christlich zu inspirieren, können die Laien nicht darauf verzichten, sich in die ›Politik‹ einzuschalten, das heißt in die vielfältigen und verschiedenen Initiativen auf wirtschaftlicher, sozialer, gesetzgebender, verwaltungsmäßiger und kultureller Ebene, die der organischen und systematischen Förderung des Allgemeinwohls dienen. (...) Alle und jeder einzelne haben die Pflicht und das Recht, sich an der Politik zu beteiligen, wenn auch auf verschiedene und komplementäre Weise und aufgrund verschiedener und komplementärer Aufgaben und Verantwortungen. Die Anklage des Arrivismus, der Idolatrie der Macht, des Egoismus und der Korruption, die nicht selten gegen Regierungsleute, Abgeordnete der Parlamente, dominierende Klassen und politische Parteien erhoben werden, sowie die verbreitete Meinung, die Politik sei ein Bereich unbedingter moralischer Gefährdung, rechtfertigen auf keine Weise den Skeptizismus oder die Abwendung der Christen von den öffentlichen Angelegenheiten.«[18] Das Lehramt der Kirche hat gerade in den letzten Jahrzehnten immer wieder die Pflicht der Christen bekräftigt, sich den entscheidenden gesellschaftlichen Fragen zuzuwenden: »im Bereich der Familie, indem ihr die Unauflöslichkeit und die anderen Werte der Ehe lebt und verteidigt und für die Achtung vor jedem Leben vom Augenblick der Empfängnis an eintretet. In der Welt von Kultur, Erziehung und Unterricht, indem ihr für eure Kinder eine Schule wählt, in der das Brot des christlichen Glaubens vorhanden ist«[19], schreibt Johannes Paul II.; und er weitet dies auf Fragen aus, die über den intimen Kreis der eigenen Umgebung hinausgehen: «Seid auch stark und hochherzig, wenn es darum geht, zur Lösung der sozialen und wirtschaftlichen Ungerechtigkeiten und Diskriminierungen beizutragen; wenn ihr euch an dem positiven Bemühen um Vermehrung und gerechte Verteilung der Güter beteiligt.«[20]

Der Glaube an den, der sich Petrus als Königssohn zeigt, ist das Fundament dieser Bemühungen. Aus diesem Glauben sollen wir die Kraft schöpfen, um der Gesellschaft selbstlos und wirksam zu dienen. »Es werden Herolde des Evangeliums gebraucht, die Experten im Umgang mit den Menschen sind, die das Herz des heutigen Menschen gründlich kennen, seine Freuden und Hoffnungen, Ängste und Sorgen teilen und zugleich beschauliche Freunde Gottes sein wollen. Dazu bedarf es neuer Heiliger. Die großen Evangelisatoren Europas waren die Heiligen. Wir müssen den Herrn bitten, daß er den Geist der Heiligkeit in der Kirche vermehre und uns neue Heilige sende, um die Welt von heute zu evangelisieren.«[21]

[1] *Mt* 17,21-26. – [2] *Mt* 14,32. – [3] *Mt* 16,18-23. – [4] P. Berglar, *Petrus – Vom Fischer zum Stellvertreter*, München 1991, S. 102. – [5] ebd., S. 104. – [6] Ambrosius, *Auslegung des Evangeliums nach Lukas*, 4,73. – [7] A. Hamman, *Die ersten Christen*, Stuttgart 1985, S. 75. – [8] *Brief an Diognet*, 5-6. – [9] Tertullian, *Apologeticum*, 42,2. – [10] *Joh* 17,11. – [11] *Joh* 17,15. – [12] *Joh* 17,11.14. – [13] *Katechismus der Katholischen Kirche*, 1879, 1882. – [14] *Röm* 13,1.5. – [15] Justin, *Apologie*, 1,17. – [16] II. Vat. Konz., Konst. *Gaudium et spes*, 43. – [17] J. Escrivá, *Die Spur des Sämanns*, Nr. 322. – [18] Johannes Paul II., Apost. Schreiben *Christifideles*

laici, 30.12.1988, 42. – [19] ders., *Ansprache in Barcelona*, 7.11.1982. – [20] ebd. – [21] ders., *Ansprache*, 11.10.1985.

5

ZEITENWENDEN IM ZEICHEN DES ERBARMENS

Wie die Kinder...
Lehr- und Hirtenamt in der Kirche.
Te Deum in unserer Zeit.

I. *In jener Stunde kamen die Jünger zu Jesus und fragten: Wer ist im Himmelreich der Größte?*[1] Wäre es nicht logisch gewesen, daß die Jünger zuerst gefragt hätten, wie man ins Himmelreich gelangt? Doch wie es scheint, erübrigt sie sich für sie – sind sie doch in der Nachfolge Jesu, und Jesus ist der Weg. Trotz allem klingt ihre Frage eine Spur zu diesseitig, als ginge es um irdische Maßstäbe, um Größe und Leistung, Ansehen und Ehre. Markus präzisiert tatsächlich, die Jünger hätten *unterwegs miteinander darüber gesprochen, wer von ihnen der Größte sei.* Uns käme es wohl kindisch vor, so unverhohlen zu reden, aber hegt man insgeheim nicht vielleicht doch solche Gedanken: mehr zu gelten als die anderen? Den Herrn kümmert es indessen nicht, auf banale Fragen tiefe Antworten zu geben. Diesmal mit einem lebendigen Bild: *Da rief er ein Kind herbei und stellte es in ihre Mitte.* Markus ergänzt: er *nahm es in seine Arme*[2]. *Wer so klein sein kann wie dieses Kind, der ist im Himmelreich der Größte.* Wie dieses Kind soll der Jünger sein, das ist Christi Maßstab.

Wenn ihr nicht umkehrt und wie die Kinder werdet... Was meint Jesus damit? Offenbar das Gegenteil von dem, was wir uns unter einem Erwachsenen vorstellen. Denken wir ein wenig über den *Erwachsenen* nach. »Der Erwachsene hat Zwecke, sucht danach seine Mittel und gebraucht sie. Er sieht die Dinge auf Nutzen und Verwendbarkeit an und macht dadurch alles unfrei. (...) Er steht sich selbst im Blick und im bewußten Gefühl; das verstellt ihm den Weg zu den Dingen, zum anderen Menschen, zur Welt. (...) Demgegenüber ist das Kind einfach und aufrichtig. Auch das bedeutet kein Verdienst. Es empfindet die Hemmungen noch nicht, welche es dem Großen schwer machen, wahr zu sein. Seine Wahrhaftigkeit ist noch unerprobt. Aber sie ist da und bildet einen lebendigen Vorwurf.«[3]

In der Haltung des Kindes liegt Schlichtheit. »Es hat die Einfalt des Auges und des Herzens; wenn das Neue kommt, das Große und Erlösende, schaut es hin, geht darauf zu, tritt ein. Diese Einfalt, diese *naturalis christianitas* ist jene Kindlichkeit, die das Gleichnis meint. Jesus meint also nichts Sentimentales, nichts Rührendes, keine liebliche Wehrlosigkeit und sanftes Anschmiegen, sondern die Einfalt des Blickes; die Fähigkeit, ins Offene zu schauen, das Eigentliche zu fühlen und ohne Absichten aufzunehmen.«[4]

Wie lernt man dieses Kindsein? Johannes Chrysostomos erläutert es seinen Zuhörern mit dem Beispiel der Kinder in der Elementarschule, die Schritt für Schritt lernen: »Zunächst lernen sie die Gestalt der einfacheren Buchstaben kennen; dann beginnen sie die schwierigeren zu unterscheiden, und nach und nach lernen sie so zu lesen. Wenn wir uns auf ähnliche Weise den Tugenden nähern, lernen wir zum Beispiel als erstes, nicht schlecht über andere zu reden, dann – gewissermaßen zum nächsten Buchstaben übergehend – niemanden zu beneiden, niemals Sklave unseres Körpers zu sein, uns nicht der Völlerei hinzugeben und so fort. Dann werden wir zu den geistlichen Buchstaben fortschreiten und uns Mäßigung, Abtötung der Sinne, Keuschheit, Gerechtigkeit, Verzicht auf Ruhmsucht, Bescheidenheit und Herzensdemut aneignen. Sodann werden wir einige Tugenden mit anderen verbinden, um sie so in unsere Seele einzuprägen. Und all das gilt es im eigenen Hause zu üben: mit den Freunden, mit der Ehefrau, mit den Kindern.«[5]

II. *Hütet euch davor, einen von diesen Kleinen zu verachten! Denn ich sage euch: Ihre Engel im Himmel sehen stets das Angesicht meines himmlischen Vaters.* Wie herzlich spricht der Herr über die Kleinen, wie geheimnisvoll über die Engel, wie unergründlich über den Vater im Himmel. Lassen wir diese Worte auf uns wirken, damit sich uns – jenseits des bloßen Nachdenkens – Verborgenes erschließt.

Die Belehrung der Jünger setzt sich mit einem den Zuhörern wohlvertrauten Bild fort: *Wenn jemand hundert Schafe hat und eines von ihnen sich verirrt, läßt er dann nicht die neunundneunzig auf den Bergen zurück und sucht das verirrte?* »Im Winter, wenn eine dünne Rasenschicht den fahlroten Hügeln einen leichten, grünen Schimmer gibt, treibt man die Herden in die Wüste – eines der Schafe läßt sich von einer reicheren Weide verlocken, und so hat man es aus den Augen verloren. Was wird der Hirt der Schafe tun? Er wird die neunundneunzig lassen, wo sie gerade sind – zweifellos wird er andere Hirten bitten, ein wenig achtzugeben, denn ohne Aufsicht kann eine so große Zahl nicht bleiben –, vor allem aber ist wichtig, daß er selbst jenes Schaf suchen geht, das verschwunden ist. Und wenn er es gefunden hat, nimmt er es auf seine Schultern – das tut er sonst nur mit den ganz kleinen Lämmern –, denn es ist müde.«[6]

Auch dieses Bild will die Sorge um die Schwachen bekräftigen; aber das in einer feindlichen Umwelt gefährdete Geschöpf ist jetzt nicht das wehrlose Kind, sondern das verirrte Schaf. Jesus – er ist *der oberste Hirt*[7] – sieht in der orientierungslosen Menge *Schafe, die keinen Hirten haben*[8]. Er erwartet das gleiche Empfinden von jenen, die »authentische, das heißt mit der Autorität Christi versehene Lehrer«[9] sind und »an Gottes Stelle der Herde vorstehen, deren Hirten sie sind, als Lehrer in der Unterweisung, als Priester im heiligen Kult, als Diener in der

Leitung«[10]. Dies ist die Aufgabe des Lehramtes in der Kirche: »Das Volk vor Verirrungen und Glaubensschwäche schützen und ihm die objektive Möglichkeit gewährleisten, den ursprünglichen Glauben irrtumsfrei zu bekennen. Der pastorale Auftrag des Lehramtes ist es, zu wachen, daß das Gottesvolk in der befreienden Wahrheit bleibt.«[11]

Der göttliche Beistand für diese Aufgabe gilt »den Nachfolgern der Apostel, die in Gemeinschaft mit dem Nachfolger des Petrus lehren, und insbesondere dem Bischof von Rom, dem Hirten der ganzen Kirche«[12]. Zum ersten von ihnen, Simon Petrus, sprach der Herr schon von Lämmern und Schafen: »Er sagte zu ihm: *Weide meine Lämmer*. Das sind die kleinen, die jungen, die noch taumeligen und schwachen Schafe. Sie nennt der Herr der Kirche als erste, denn sie bedürfen zuallererst des guten Futters, der regelmäßigen ausreichenden Nahrung, sonst gehen sie zugrunde. Noch einmal fragt Jesus: *Simon, Sohn des Johannes, liebst du mich?* Und noch einmal die gleiche Antwort. Aber nicht die ganz gleiche Weisung Jesu, sondern: *Hüte meine Schafe!* Das heißt, nicht nur für ihre Ernährung sorgen, sondern auch für ihren Schutz vor den Wölfen und vor den Unbilden der Natur. (...) Es versteht sich, auch die ausgewachsenen Tiere der Herde brauchen Weidegrund. Weide meine Lämmer – hüte meine Schafe – weide meine Schafe. Diese Reihenfolge ist nicht zufällig, sie bezeichnet genau die Lebensbedingungen und -gesetze für das Werden und Wachsen von Kirche, damals wie gestern, heute und alle Zeit.«[13]

Ein in unserer Zeit besonders wichtiger Aspekt dieser Aufgabe ist »die Verteidigung der Einfachen gegen die elitäre Anmaßung der Intellektuellen. Hier wird nun endlich das ganz demokratische Element sichtbar, das im Kern der Aufgabe des kirchlichen Lehramtes liegt. Ihm ist es aufgetragen, den Glauben der Einfachen gegen die Macht der Intellektuellen zu verteidigen. Seine Aufgabe ist es, dort zur Stimme der Einfachen zu werden, wo Theologie das Glaubensbekenntnis nicht mehr auslegt, sondern es in Besitz nimmt und sich über das einfache Wort des Bekenntnisses stellt. Insofern wird zwangsläufig das Tun des Lehramts immer den Ruch des Naiven an sich haben. (...) Das kirchliche Lehramt schützt den Glauben der Einfachen; derer, die nicht Bücher schreiben, nicht im Fernsehen sprechen und keine Leitartikel in den Zeitungen verfassen können.«[14]

Gottes Erbarmen – sagt der heilige Bernhard – ergießt sich über uns durch die Menschwerdung. In ihr kam Gott »von den Bergen herabgeeilt, um aus den hundert das eine Schaf zu suchen, das sich verirrt hatte. Unseretwegen ist er gekommen, damit sein Erbarmen und seine wunderbaren Taten den Menschenkindern sichtbarer das Lob des Herrn verkünden.«[15] Lassen wir uns nicht entmutigen, weil wir schwach sind und oft straucheln. Wenn der Hirt das verirrte Schaf *gefunden hat, nimmt er es voll Freude auf die Schultern.* »Wunderbar ist die Herablassung Gottes, der uns sucht, groß die Würde des Menschen, der so gesucht wird! Wollte der Mensch sich dessen rühmen, wäre er kein Tor. Nicht als vermöchte er etwas aus sich selbst zu sein, sondern weil Gott ihn so hoch wertet, der ihn geschaffen hat. (...) Herr, was ist der Mensch, daß du ihn so groß machst? Warum hängst du dein Herz an ihn?«[16]

III. *Lobe den Herrn, meine Seele, und vergiß nicht, was er dir Gutes getan hat; der dir all deine Schuld vergibt und all deine Gebrechen heilt, der dein Leben vor dem Untergang rettet und dich mit Huld und Erbarmen krönt.*[17] Der Lobgesang auf Gottes Erbarmen ist ununterbrochen in der Geschichte des Volkes Israel präsent. An der Schwelle zum Neuen Bund – der einzig wirklichen Zeitenwende in der Geschichte – erklingt er gleichsam mit einer neuen Melodie. Zacharias preist Gott, der *das Erbarmen mit den Vätern an uns vollendet und an seinen heiligen Bund gedacht*[18] hat. Elisabet preist die selig, in der sich Gottes Verheißung erfüllt, Maria preist Gottes Erbarmen, das sich *von Geschlecht zu Geschlecht über alle, die ihn fürchten*[19], ergießt. »Wir dürfen mit vollem Recht glauben, daß auch unsere Generation in den Worten der Gottesmutter inbegriffen war, als sie das Erbarmen pries, welches *von Geschlecht zu Geschlecht*, von Generation zu Generation jenen zuteil wird, die sich von der Gottesfurcht leiten lassen.

Wir alle, die heute auf dieser Erde leben, sind das Geschlecht, welches um das Herannahen des dritten Jahrtausends weiß und zutiefst die geschichtliche Wende fühlt, die im Gange ist.«[20]

Der Herr selbst zieht vor dir her. Er ist mit dir. Er läßt dich nicht fallen und verläßt dich nicht. Du sollst dich nicht fürchten und keine Angst haben.[21] In Christus und durch Christus wird Gott »in seinem Erbarmen besonders sichtbar«[22]. Nach der Menschwerdung zieht der Herr nicht nur *vor dir her*, er geht uns auch nach und sucht uns auf: »Du mußt ihn nicht eigens suchen, weder dort noch hier. Er ist ja nicht weiter weg als vor der Tür des Herzens. Da steht er und wartet, wen er bereit findet, wer ihm auftut und ihn hineinläßt. Du brauchst ihn auch nicht erst von fernher zu rufen. Er kann es ja kaum erwarten, bis du ihm auftust. Ihn verlangt tausendmal dringlicher nach dir als du dich nach ihm sehnst.«[23]

Dennoch: Gott scheint sein Erbarmen uns gegenüber von unserem Erbarmen anderen gegenüber abhängig zu machen. Wir sollen uns vom Geist der Liebe zum Nächsten umwandeln lassen und lernen, selbst Erbarmen zu üben. »Der gekreuzigte Christus ist uns hierin im Höchstmaß Beispiel, Anregung und Aufruf. Auf dieses ergreifende Vorbild schauend, können wir in aller Demut den anderen Erbarmen erweisen, wohl wissend, daß es Christus als ihm selbst erwiesen annimmt.«[24] Erbarmen ist »ein Lebensstil, ein wesentliches und immerwährendes Kennzeichen der christlichen Berufung. Er besteht in der ständigen Entdeckung und ausdauernden Verwirklichung der Liebe als einigender und zugleich erhebender Kraft – allen psychologischen oder sozial bedingten Schwierigkeiten zum Trotz.«[25]

Viele zeitgenössische Vorbehalte gegen das Erbarmen kommen daher, daß man darin »einen Akt oder Vorgang (sieht), der nur in eine Richtung geht und zwischen dem, der es übt, und dem, der damit beschenkt wird, zwischen dem, der das Gute tut, und dem, der empfängt, einen Abstand voraussetzt und aufrecht erhält. Aus dieser Sicht ergibt sich die Anmaßung, die zwischenmenschlichen und sozialen Beziehungen vom Erbarmen zu befreien und ausschließlich auf die Gerechtigkeit zu gründen. Solchem Denken über das Erbarmen entgeht das fundamentale Band zwischen Erbarmen und Gerechtigkeit, von dem die ganze biblische Tradition und noch mehr die messianische Sendung Jesu Christi spricht. Das echte Erbarmen ist sozusagen die tiefste Quelle der Gerechtigkeit.«[26] Außerdem ist es »nie ein einseitiger Akt oder Prozeß. Selbst dort, wo allem Anschein nach nur ein Teil gibt und hingibt und der andere nur empfängt und nimmt (z.B. im Fall des Arztes, der behandelt; des Lehrers, der unterrichtet; der Eltern, die die Kinder ernähren und erziehen; des Wohltäters, der die Bedürftigen unterstützt), wird tatsächlich auch der Geber immer zum Beschenkten.«[27] Läutern wir also unsere

Handlungen und Absichten, damit uns aufgeht, »daß wir zugleich von denen Erbarmen empfangen, denen wir es erweisen«. Sonst »sind weder unsere Handlungen echte Akte des Erbarmens, noch hat sich in uns die Bekehrung restlos vollzogen, deren Weg uns Christus mit seinem Wort und Beispiel bis zum Kreuz gewiesen hat, noch haben wir schon vollen Anteil an dem wunderbaren Quell der erbarmenden Liebe, den er uns erschlossen hat.«[28]

Die Beter des Alten Bundes hofften auf immerwährendes Erbarmen aufgrund der Großtaten Gottes an ihrem Volk. Die Beter an der Schwelle zum Neuen Bund erahnten aus den Worten der Schrift die Herabkunft des Erbarmens selbst. Sollten wir nicht – Beter an einer Zeitenwende – die Notrufe unserer Zeit in ein großes *Te Deum* der Hoffnung einmünden lassen?

»Du Gott deines Sohnes, großer Gott deines ewigen Erbarmens, großer Gott deiner verirrten Menschen, du Gott aller, die da leiden, du Gott aller, die da sterben, brüderlicher Gott auf unsrer dunklen Spur: Ich danke dir, daß du uns erlöst hast, Herr, ich danke dir bis an die Chöre deiner Engel, sei gelobt für unsre Seligkeit!«[29]

[1] *Mt* 18,1-5.10.12-14. – [2] *Mk* 9,36. – [3] R. Guardini, *Der Herr*, Würzburg 1951, S. 315. – [4] ebd., S. 316-317. – [5] Johannes Chrysostomos, *Homilien über die Psalmen*, 11,8. – [6] M.-J. Lagrange, *Das Evangelium von Jesus Christus*, Heidelberg 1949, S. 391. – [7] vgl. *1 Petr* 5,4. – [8] *Mk* 6,34. – [9] II. Vat. Konz.,

Konst. *Lumen gentium*, 25. – [10] ebd., 20. – [11] *Katechismus der Katholischen Kirche*, 890. – [12] ebd., 892. – [13] P. Berglar, *Petrus – Vom Fischer zum Stellvertreter*, München 1991, S. 166. – [14] J. Ratzinger, *Silvesterpredigt*, München 1979. – [15] Bernhard von Clairvaux, Predigt *In adventu Domini*. – [16] ebd. – [17] *Ps* 103,2-4. – [18] *Lk* 1,72. – [19] vgl. *Lk* 1,42-56. – [20] Johannes Paul II., Enz. *Dives in misericordia*, 10. – [21] *Dtn* 31,8. – [22] Johannes Paul II., a.a.O., 2. – [23] Meister Eckhart, *Die Gottesgeburt im Seelengrund*, Freiburg 1990, S. 122. – [24] Johannes Paul II., a.a.O., 14. – [25] ebd. – [26] ebd. – [27] ebd. – [28] ebd. – [29] Gertrud von le Fort, *Hymnen an die Kirche*, München 1924, S. 50.

6

VERSÖHNUNG UND VERGEBUNG

Ein Hoherpriester, der mit unseren Schwächen mitfühlt.

Vergeben, Zurechtweisen, Richten und nicht Richten.

Die sakramentale Vergebung.

I. Gestern betrachteten wir den Hirten, der dem verlorenen Schaf nachgeht – ein bewegendes Bild, und doch nach menschlichen Maßstäben nicht sogleich einleuchtend. Warum verläßt der Hirt neunundneunzig Tiere, um einem einzigen Schaf nachzugehen? Und warum freut er sich mehr über das wiedergefundene Schaf als über die *neunundneunzig, die sich nicht verirrt haben*? Es muß mit jenem anderen Wort des Herrn zusammenhängen, er sei *gekommen, um zu suchen und zu retten, was verloren ist*[1]. Er liebt jeden Menschen so individuell, als gäbe es nur ihn auf der Welt. Mit anderen Worten: er sieht nicht die Menge, er sieht die einzelnen, die einen sicher geschützt im Gehege, die anderen eigensinnig und auf Abwegen. Allen gilt das Schlüsselwort des Gleichnisses: *So will auch euer himmlischer Vater nicht, daß einer von diesen Kleinen verlorengeht.* Und wir hatten gesehen: die *Kleinen* sind nicht nur die Einfachen, sondern auch die Gefährdeten.

Wo der Herr im Evangelium einem einzelnen Menschen begegnet, zeigt sich, daß er »sich in seiner Menschwerdung gewissermaßen mit jedem Menschen vereinigt«[2] hat. Den Gelähmten verweist er auf sein eigentliches Elend: *Mein Sohn, deine Sünden sind dir vergeben.*[3] Die Ehebrecherin richtet er auf mit einem ermunternden Wort: *Geh und sündige von jetzt an nicht mehr!*[4] Jesu Mitleid reicht tiefer und ist durchdringender als unser Mitempfinden, denn nur er – der *keine Sünde kannte* und *für uns zur Sünde gemacht* wurde[5] – vermag das Übel ganz zu ermessen, die Abgründe der Sünde, die von ihr verursachten inneren Verwundungen. Er, »der Arzt unserer Seelen und unserer Leiber«[6], *hat den Schuldschein, der gegen uns sprach, durchgestrichen und seine Forderungen, die uns anklagten, aufgehoben*[7]. Er heilt unsere Gebrechen – menschliche Anteilnahme und göttliche Vollmacht verbindend – und ist der wahre und endgültige Hohepriester des Neuen Bundes: *Wir haben ja nicht einen Hohenpriester, der nicht mitfühlen könnte mit unserer Schwäche, sondern einen, der in allem wie wir in Versuchung geführt worden ist, aber nicht gesündigt hat.*[8] Jeder kann sagen: er hat *mich geliebt und sich für mich hingegeben*[9]. »Hier wurzelt eure tiefste Freude, hier eure Kraft und euer Halt. Wenn ihr leider einmal Bitternis oder Drangsal zu ertragen habt, Unverständnis erfahrt oder sündigt, richtet gleich eure Gedanken auf den, der euch immer liebt. Mit seiner grenzenlosen Liebe – der Liebe eines Gottes –

läßt er alle Prüfungen bestehen, füllt die Leere in uns aus, vergibt uns alle unsere Sünden und schenkt uns einen neuen Schwung zum Weitergehen auf einem sicheren und freudigen Weg.«[10]

Die grenzenlose Liebe Christi gilt gleicherweise den neunundneunzig, die in seiner Obhut leben, wie dem einzelnen Schaf, das auf Irrwege geraten ist. Gehören wir zu ersteren? Dann seien wir für seine Nähe dankbar und gewöhnen wir uns niemals an sie, als sei das selbstverständlich. Oder gehören wir zu jenen, die vielleicht eine Zeitlang versucht haben, eigensinnig andere Wege zu gehen? Keiner wird sich anmaßen zu behaupten, er sei niemals vom Wege abgekommen. Danken wir jetzt dem Herrn für seine herzliche Zuwendung in solchen Situationen: »Wann immer wir an Christus denken, immer wollen wir beachten, von welcher Liebe er getrieben wurde, um so viele Gnaden und Wohltaten zu gewähren, und welche Liebe uns Gott gezeigt hat, daß er uns ein solches Pfand seiner Zuneigung schenkte, denn Liebe verlangt Gegenliebe. Darin wollen wir uns Mühe geben, das immer vor Augen zu haben und dadurch die Liebe in uns zu wecken. Denn wenn Gott uns die Gnade erweist, unseren Herzen diese Liebe tief einzuprägen, wird uns alles ganz leicht, und in kurzer Zeit bringen wir mit wenig Mühe sehr viel zustande.«[11]

II. In Jesus erfüllt sich die alttestamentliche Verheißung: *Wären eure Sünden auch rot wie*

Scharlach, sie sollen weiß werden wie Schnee. Wären sie rot wie Purpur, sie sollen weiß werden wie Wolle.[12] Er »kommt nicht, um uns zu verdammen und uns unsere Bedürftigkeit und Bosheit vorzuhalten. Er kommt, um uns zu erretten, zu vergeben und zu entschuldigen, um uns den Frieden und die Freude zu schenken.«[13] Unsere Sünden werden nicht bloß zugedeckt, wir werden *weiß wie Schnee.* »Während seines öffentlichen Lebens vergab Jesus nicht nur Sünden, sondern zeigte auch die Wirkung der Vergebung: Er gliederte die Sünder, denen er verziehen hatte, wieder in die Gemeinschaft des Gottesvolkes ein, aus der die Sünde sie entfernt oder sogar ausgeschlossen hatte. Ein offensichtliches Zeichen dafür ist es, daß Jesus Sünder an seinen Tisch lädt, ja daß er sich selbst an ihren Tisch setzt – eine Handlung, die auf ergreifende Weise zugleich die Vergebung durch Gott und die Rückkehr in den Schoß des Volkes Gottes zum Ausdruck bringt.«[14]

Die Kirche soll Christi Handeln damals auf den Straßen und in den Städten Palästinas überall in der Welt präsent werden lassen, indem sie »in der Kraft des Heiligen Geistes sein Heilungs- und Heilswerk«[15] fortsetzt. Sie ist »als ganze in ihrem Gebet, ihrem Leben und Handeln Zeichen und Werkzeug der Vergebung und Versöhnung (...), die er uns um den Preis seines Blutes erworben hat«[16]. Dies geschieht vor allem im sakramentalen Geschehen der Buße. Dieses Sakrament steht jedoch nicht isoliert da, es ist in ein Klima der Versöhnung eingebettet, von dem ein Kirchenvater sagt, daß »nichts uns Gott so ähnlich macht wie die Bereitschaft, immer zu vergeben«[17]. Mit anderen Worten: Die Kirche ist nicht nur in der sakramentalen Vergebung durch den Priester präsent, sondern immer auch in der vergebenden Haltung der Christen im Umgang miteinander. Vergebung »soll nicht etwas Gelegentliches, Ungewöhnliches sein, sondern zum festen Bestandteil des Daseins, zur immerfort wirksamen Gesinnung des Einen gegen den Andern werden«[18].

Versöhnung mit Gott ohne Versöhnung mit dem Bruder und der Schwester, das wäre undenkbar: *Wenn ihr beten wollt und ihr habt einem anderen etwas vorzuwerfen, dann vergebt ihm, damit auch euer Vater im Himmel euch eure Verfehlungen vergibt.*[19] Das Wort des Herrn im heutigen Evangelium[20] lehrt uns, daß die Vergebung nicht in der eigenen Innerlichkeit verborgen bleiben darf, sondern sich als brüderliche Zuwendung äußern muß: *Wenn dein Bruder sündigt, dann geh zu ihm und weise ihn unter vier Augen zurecht.* »Bedeuten dir die Wunden deines Bruders etwa nichts? Du siehst ihn zugrunde gehen oder siehst, daß er zugrunde gegangen ist und zuckst nur mit den Schultern? Indem du schweigst, bist du schlimmer als er in seiner Sünde!«[21]

Was also tun? Weder gleichgültig bleiben noch grollend die Angelegenheit für sich behalten, noch ihn an den Pranger stellen, stattdessen das Schriftwort beherzigen: *Geh zu ihm und weise ihn unter vier Augen zurecht.* Das Wort des Herrn von der brüderlichen Zurechtweisung ergänzt jenes andere Wort: *Richtet nicht, damit ihr nicht gerichtet werdet.* »Wie also wir den Anfang machen müssen, wenn wir Verzeihung unserer Sünden erlangen wollen, so ist auch bei diesem Richten das Ausmaß der Strafe in unsere Hand gegeben. Wir sollen eben nicht schmähen und beschimpfen, sondern mahnen, sollen nicht anklagen, sondern zureden, sollen uns nicht in anmaßender Weise zu Richtern aufwerfen, sondern in Liebe zurechtweisen. (...) Wer seinem Nächsten die Sünden verzeiht, befreit sich selbst schon vor dem andern von seinen Sünden, ohne daß er sich viel anzustrengen braucht. Wer mit Schonung und Nachsicht die Verfehlungen anderer prüft, sichert sich selbst durch ein solches Urteil überreiche Verzeihung.«[22]

Diese Aufforderung ist gerade heute sehr aktuell, da man ununterbrochen »aufdeckt« und »entlarvt«, und das meistens, um grausam oder genießerisch bloßzustellen. Auch hier findet der heilige Augustinus im vierten Jahrhundert eine für das zwanzigste Jahrhundert exemplarische Formel: »Also, Brüder, mitten unter diesen Skandalen gibt es nur *ein* Heilmittel: nicht schlecht zu denken von deinem Bruder. Sei du in Demut, was du willst, daß er es sei, und du wirst nicht meinen, er sei, was du nicht bist!«[23]

III. Nach der Auferstehung sagte der Herr zu den Jüngern: *Empfangt den Heiligen Geist! Wem ihr die Sünden vergebt, dem sind sie vergeben; wem ihr die Vergebung verweigert, dem ist sie verweigert.*[24] Damit erfüllt sich die Verheißung des heutigen Evangeliums: *Alles, was ihr auf Erden binden werdet, das wird auch im Himmel gebunden sein, und alles, was ihr auf Erden lösen werdet, das wird auch im Himmel gelöst sein.*[25] »Indem der Herr den Aposteln seine eigene Vollmacht, Sünden zu vergeben, mitteilt, gibt er ihnen auch die Autorität, die Sünder mit der Kirche zu versöhnen.«[26]

Christus hat das Bußsakrament »für alle sündigen Glieder seiner Kirche eingesetzt, vor allem für jene, die nach der Taufe in schwere Sünde gefallen sind und so die Taufgnade verloren und die kirchliche Gemeinschaft verletzt haben. Ihnen bietet das Sakrament der Buße eine neue Möglichkeit, sich zu bekehren und die Gnade der Rechtfertigung wiederzuerlangen.«[27] Die erste grundlegende Umkehr in der Taufe bleibt als Aufgabe während des ganzen Lebens fortbestehen und wird jedesmal vertieft und erneuert, wenn wir zur Beichte gehen; deshalb hat man sie *baptismus laboriosus*, eine »mühsame Taufe« und die »zweite Planke nach dem Schiffbruch genannt«[28]. Das Bußsakrament bedeutet »nicht nur von Gott her gesehen eine neue, größere Wohltat als das Taufsakrament, das in sich selbst schon etwas Gewaltiges bedeutet, sondern es ist auch in bezug auf den Menschen und für ihn eine Erneuerung der Taufwirklichkeit auf einer höheren Stufe oder eine Radikalisierung der Taufgnade in eine größere Existenztiefe hinein«[29]. Diese theologische Einsicht ist für die Praxis der regelmäßigen Beichte reich an Konsequenzen, denn sie vermag »das für die christliche Existenz grundlegende Taufbewußtsein, welches so selten aktualisiert wird, beständig zu verwirklichen und aus ihm heraus wie aus einer den Menschen dauernd umgebenden Atmosphäre zu leben«[30].

Alle Sakramente sind »dramatische Christushandlungen, in die der Mensch mit seinem eigenen Handeln eingehen soll und darf«[31]. In allen wird auf eine je eigene Weise »das Gut Christi allen Christen mitgeteilt«[32]. Welche ist nun die dem Bußsakrament eigentümliche Weise? Der Empfänger vereinigt sich »mit dem Christus, der sich als Sühnender und Büßender dem Gericht über die Sünde unterstellte und der gerade dadurch zum Befreier und Erlöser von der Sünde wurde. Im sakramentalen Drama der Buße ereignet sich also nichts Geringeres, als daß der Sünder sich dem leidenden Christus anschließt, daß er in die Gesinnung und in das Werk des sühnenden Erlösers eingeht, auch wenn hier der nicht zu übersehende Unterschied besteht, daß er dies – anders als Christus – für seine höchst eigenen und persönlichen Sünden tut. Aber dieser Unterschied kann es doch nicht ungeschehen machen, daß hier tatsächlich eine mystische Vereinigung mit dem sühnenden Christus stattfindet, in deren Kraft der Sünder sogar eine gewisse erlöserische Funktion ausübt und an ihr teilhat, und dies nicht nur für sich selbst, sondern auch für die Welt, weil die Tilgung von Sünde immer ein überindividuelles, soziales Ereignis ist.«[33]

Bei keinem Sakrament wird das eigene Handeln so stark veranschlagt wie bei der Buße, weil »die Loslösung und Abkehr von der Sünde nur unter einem vollen personalen Einsatz gelingen kann (...). Eine personale Entscheidung gegen Gott kann nicht aufgehoben werden ohne eine ebensolche ernste und ganzheitliche personale Rückwendung zu diesem Gott.«[34] Deshalb gehören das persönliche Bekenntnis mit Reue und Vorsatz und das zu verrichtende Bußwerk zum Wesen dieses Sakramentes. Es ist ein Gericht, in welchem der Büßende vor dem gerechten, erbarmenden Gott steht: »Betrachte, wie Gottes Gerechtigkeit von Erbarmen überfließt! – Bei menschlichen Gerichten bestraft man den geständigen Täter, beim göttlichen Gericht wird ihm verziehen. – Gepriesen sei das Sakrament der Buße.«[35]

Das Bußsakrament demütigt oder entehrt nicht den, der es empfängt. Der reumütige Sünder wächst vielmehr zu einer Gestalt von einzigartiger Würde und innerer Größe empor.[36] Die Worte des Priesters vor dem Erteilen der Absolution bekräftigen diese Sicht. Im *Katechismus der katholischen Kirche* heißt es dazu: »Der Vater des Erbarmens ist der Ursprung aller Vergebung. Er wirkt die Versöhnung der Sünder kraft des Pascha seines Sohnes und der Gabe seines Geistes durch das Gebet und den Dienst der Kirche.«[37]

[1] *Lk* 19,10. – [2] II. Vat. Konz., Konst. *Gaudium et spes*, 22. – [3] *Mk* 2,5. – [4] *Joh* 8,11. – [5] *2 Kor* 5,21. – [6] *Katechismus der Katholischen Kirche*, 1421. – [7] *Kol* 2,14. – [8] *Hebr* 4,15. – [9] *Gal* 2,20. – [10] Johannes Paul II., *Ansprache*, 1.3.1980. – [11] Theresia von Avila, *Leben*, 22,14. – [12] *Jes* 1,18. – [13] J. Escrivá, *Christus begegnen*, 165. – [14] *Katechismus der Katholischen Kirche*, 1443. – [15] ebd., 1421. – [16] ebd., 1442. – [17] Johannes Chrysostomos, *Homilien über das Matthäusevangelium*, 30,5. – [18] R. Guardini, *Der Herr*, Würzburg 1951, S. 352. – [19] *Mk* 11,25. – [20] *Mt* 18,15-20. – [21] Augustinus, *Predigt* 82. – [22] Johannes *Chrysostomos*, a.a.O., 23,1. – [23] Augustinus, *Erklärung der Psalmen*, 30. – [24] *Joh* 20,23. – [25] *Mt* 18,18. – [26] *Katechismus der Katholischen Kirche*, 1444. – [27] ebd., 1446. – [28] Gregor von Nazianz, *Rede*, 39,17; Tertullian, *Über die Buße*, 12. – [29] L. Scheffczyk, *Die spezifische Heilswirkung des Bußsakramentes*, in: *Erneuerung durch Buße*, St. Augustin 1978, S. 28. – [30] ebd., S. 25. – [31] ebd., S. 38. – [32] Thomas von Aquin, *Erläuterung zum Apostolischen Glaubensbekenntnis*, 10. – [33] L. Scheffczyk, a.a.O., S. 33. – [34] ebd., S. 38. – [35] J.Escrivá, *Der Weg*, Nr. 309. – [36] vgl. L. Scheffczyk, a.a.O., S. 35. – [37] *Katechismus der Katholischen Kirche*, 1449.

7

VON GROSSEN UND KLEINEN SCHULDEN

Vergebene und bleibende Schuld.
Christus und die Dankbarkeit.
Vom kleinen Dank im Alltag zum großen Dank der Messe.

I. Im heutigen Evangelium[1] erzählt der Herr von einem König, *der beschloß, von seinen Dienern Rechenschaft zu verlangen.* Anlaß dieser Erzählung ist eine Frage des Petrus: *Wie oft muß ich meinem Bruder vergeben, wenn er sich gegen mich versündigt? Siebenmal?* Der Apostel »will es mit seiner Frage ganz besonders gut machen, wenn er in sie schon die begrenzende Antwort auf sie einschließt: ›Bis siebenmal‹ will er dem sich vergehenden Bruder verzeihen. Das sagt er in fragendem Ton, und es dünkt ihn ein absolutes, ein geradezu übermenschliches Maximum an Versöhnungsbereitschaft. Wie gut doch, daß dieser Mann sein Herz, seinen einfachen Geist auf der Zunge trägt und so Jesus immer wieder die Gelegenheit gibt, nicht nur ihn selbst belehrend zu formen, sondern auch uns.«[2] Wir lernen heute, wie groß das Erbarmen Gottes uns gegenüber ist und wie wir es mit dem Erbarmen gegenüber dem Nächsten halten müssen.

Nicht siebenmal, sondern siebenundsiebzigmal sollst du vergeben. Wahrscheinlich hat Petrus nachgefragt: Und warum, Herr? Da beginnt Jesus seine Erzählung vom König, *der beschloß, von seinen Dienern Rechenschaft zu verlangen.* Wir alle werden immer wieder schuldig vor Gott, und er vergibt uns; deshalb sollen auch wir immer wieder – *siebenundsiebzigmal* – vergeben. Der Herr meint die Schuld, die Gottes Erbarmen uns erläßt; aber außerdem geht es ihm auch um eine Schuldigkeit, die bleibt: dankbar zu sein für Gottes Erbarmen. Dies wollen wir heute näher betrachten.

Als der König *mit der Abrechnung begann, brachte man einen zu ihm, der ihm zehntausend Talente schuldig war.* In einem Kommentar zu dieser Stelle heißt es: »Ein Talent entsprach sechstausend Drachmen. Ein Denar war damals einer Drachme gleichwertig und war der Tageslohn eines Arbeiters. Die Schuld umfaßte also eine ungeheure Summe, die kaum aufzubringen war. Die Jahreseinkünfte Herodes' des Großen betrugen 900 Talente, das Steueraufkommen von ganz Galiläa und Peräa im Jahr 4 n.Chr. 200 Talente.«[3] Die ungeheure Summe veranschaulicht zuerst unsere Schuld vor Gott – jeder von uns ist dieser Schuldner, Schuldner in auswegloser Situation. Aber dann im zweiten Teil des Gleichnisses – stehen unserer Schuld von zehntausend Talenten lächerliche *hundert Denare* gegenüber, die uns ein anderer schuldet.

Ist uns klar, was Gott uns zugedacht hat?

Der Kirchenvater Irenäus schreibt: »Gott schuf am Anfang Adam nicht etwa deshalb, weil er den Menschen gebraucht hätte. Er tat es, um jemand zu haben, den er mit seinen Wohltaten überhäufen konnte. Allen, die ihm dienen, erweist er Wohltaten dafür, daß sie ihm dienen, und denen, die ihm folgen, tut er wohl dafür, daß sie ihm nachfolgen. Er selbst empfängt jedoch keine Wohltaten von ihnen. Er ist reich und vollkommen, er kennnt keinen Mangel.«[4] Worin besteht unsere unermeßliche Schuld? Als erstes verdanken wir Gott die ursprünglichste aller Gaben: das Leben. Es ist ja gar nicht selbstverständlich, daß es mich gibt. Trüge er uns nicht durch seine Vorsehung, würden wir ins Nichts zurücksinken: *Wie könnte etwas erhalten bleiben, das nicht von dir ins Dasein gerufen wäre? Du schonst alles, weil es dein Eigentum ist, Herr, du Freund des Lebens*, heißt es im Buch der Weisheit.[5] Alle natürlichen Gaben und Fähigkeiten sind sein Geschenk. Vor allem aber hat es Gott »in seiner Güte und Weisheit gefallen, sich selbst zu offenbaren und das Geheimnis seines Willens bekannt zu machen, daß die Menschen durch Christus, das Fleisch gewordene Wort, im Heiligen Geist Zugang zum Vater haben und der göttlichen Natur teilhaftig werden.«[6] Für all dies gilt es zu danken: für die Menschwerdung, die Erlösung, das Geschenk der Gotteskindschaft, die Berufung.

Wir danken ihm auch dafür, daß wir Töchter und Söhne der Kirche sind. In der Kirche empfangen wir die Sakramente des Heils, ja, in der heiligen Eucharistie Christus selbst. In der Kirche sind wir der Gemeinschaft der Heiligen einverleibt. Sie läßt uns das schlichte Gebet eines Kindes, das Leiden eines Kranken, den Opfertod eines Märtyrers, das alltägliche Zeugnis einer Hausfrau und – die Zeiten überschreitend – die Fürsprache der Heiligen im Himmel und den Schutz der Engel zugute kommen. »Wenn du für alle betest, dann wird dir auch das Gebet aller nutzen, denn du bist Teil des Ganzen. Auf diese Weise wirst du eine große Wohltat erfahren, denn das Gebet jedes Gliedes des Volkes bereichert sich mit dem Gebet der anderen.«[7]

II. *Wie kann ich dem Herrn all das vergelten, was er mir Gutes getan hat?*[8] Betrübt merken wir, daß es in der Realität des Lebens nicht immer so ist, wie wir es gern hätten: nicht alles, was unsere Augen wahrnehmen, bringt uns Gott näher; nicht alles, was wir hören, nicht alles, was wir sagen, nicht alles, was wir entscheiden, wird vom Glauben erhellt. Und dann: wieviel Gemeines, Boshaftes, Trübes zieht uns an, das unserer Würde als Kinder Gottes widerspricht.

Denn Auge, Ohr und Mund, Verstand, Wille und Empfinden sind von der Sünde getrübt. »Der Mensch erfährt sich, wenn er in sein Herz schaut, auch zum Bösen geneigt und in vielfältige Übel verstrickt, die nicht von seinem guten Schöpfer herkommen können. Oft weigert er sich, Gott als seinen Ursprung anzuerkennen; er durchbricht dadurch auch die gebührende Ausrichtung auf sein letztes Ziel, zugleich aber auch seine ganze Ordnung gegenüber sich selbst wie gegenüber den anderen Menschen und allen geschaffenen Dingen.«[9] Es ist die Neigung des *homo faber*, sich selbst zu genügen und alles selbst *machen* zu wollen. Dienst setzt dann Gegendienst voraus, Hilfsbereitschaft und Liebenswürdigkeit spekulieren auf Vorteil und Erwiderung. Der Sinn für Schenken, Empfangen und Danken schwindet.

Was hast du, das du nicht empfangen hättest?[10] »Der Dankbare ist sich der Tatsache bewußt, daß er ein Bettler vor Gott ist und kein Recht besitzt, auf dem er Gott gegenüber bestehen kann, daß alles Geschenk der Güte Gottes ist und er Gott gegenüber keine Forderung stellen kann. (...) Er ist das Gegenteil des Stumpfen, der in jener Halbwachheit verbleibt, die für das praktische Leben und die Erfüllung der Lebensnotwendigkeiten gerade genügt. Er ist das Gegenteil dessen, der in der Peripherie verbleibt und alles als selbstverständlich hinnimmt.«[11] Ein dankbarer Christ sucht Gottes Nähe: »Ruhe aus in der Gotteskindschaft! Gott ist Vater – dein Vater! Zart und unerschöpflich ist seine Liebe.

Nenne ihn oft Vater und sage ihm unter vier Augen, daß du ihn liebst, sehr, sehr liebst! Sage ihm, daß du zutiefst die Ehre empfindest, sein Sohn, seine Tochter zu sein, und daß du daraus deine ganze Kraft schöpfst.«[12]

Ich werde dir alles zurückzahlen... Das Angebot ist irreal, aussichtslos, nicht einmal der erbetene Zahlungsaufschub würde dem Schuldner helfen. Aber er sagt auch: *Hab Geduld mit mir!* Hier ist eine Hoffnung, die sich vollständiger erfüllt, als der Bittende erwarten durfte, denn der Herr erläßt ihm alles. Drängt es uns nicht, uns diesen Ruf zu eigen zu machen? Ins Geistliche gewendet ist er ein Eingeständnis der Schuld und ein Seufzer der Ohnmacht und der Reue.

Im Gleichnis spiegelt sich das tiefe Empfinden Jesu für Dankbarkeit wider, das wir aus den Evangelien kennen. Manchmal wird es nur angedeutet: *Wenn du wüßtest, worin die Gabe Gottes besteht und wer es ist, der dir sagt: Gib mir zu trinken!, dann hättest du ihn gebeten, und er hätte dir lebendiges Wasser gegeben*[13], sagte er zu der Samariterin. Oder: *Ist denn keiner umgekehrt, um Gott zu ehren, außer diesem Fremden?*[14] fragt der Herr nach der Heilung der zehn Aussätzigen. Die Evangelisten haben zwei Gebete Christi ausdrücklich festgehalten: beide beginnen mit einer Danksagung[15]. »Im ersten Gebet bekennt und preist Jesus den Vater, weil er die Geheimnisse des Gottesreiches denen, die sich für weise halten, verborgen, den Kleinen aber – den Armen der Seligpreisungen – geoffenbart hat. In seinem Jubelruf ›Ja, Vater‹ äußert sich die Tiefe seines Herzens (...). Das zweite Gebet wird vom heiligen Johannes wiedergegeben. Es wird im Zusammenhang mit der Auferweckung des Lazarus überliefert. Dem Geschehen geht die Danksagung voraus: ›Vater, ich danke dir, daß du mich erhört hast.‹ Dies bedeutet, daß der Vater stets Jesu Bitten erhört. Und Jesus fügt gleich hinzu: ›Ich wußte, daß du mich immer erhörst.‹ Dies drückt aus, daß Jesus seinerseits immerfort bittet. Das Gebet Jesu, das von Danksagung getragen ist, offenbart uns, wie wir bitten sollen: Schon bevor die Gabe geschenkt wird, stimmt Jesus Gott zu, der gibt und der sich selbst in seinen Gaben schenkt. Der Geber ist wertvoller als die gewährte Gabe.«[16]

III. Danke sagen ist in unserer Zeit nicht mehr selbstverständlich. »Was das allgemeine Gefühl bestimmt, ist nicht Bitten und Geben, sondern das Anmelden von Rechten und deren organisierte, von Behörden überwachte Einlösung. Und was darauf antwortet, ist nicht Dank, sondern die Quittung, die Sache sei in Ordnung.

Daran ist freilich auch etwas sehr Gutes: daß nämlich die Dinge sachlich, nach zweckmäßig durchdachter Ordnung vor sich gehen und das Persönliche nicht dort hineingezogen wird, wo es nicht wirklich hingehört (...). Dadurch droht aber die Gefahr, daß das Lebendige verschwindet, was die Worte *Bitten* und *Danken, Geben* und *Empfangen* meinen.«[17]

Wie können wir dieser Gefahr entgehen und unser Gespür für Dankbarkeit schärfen? »Die Dankbarkeit kommt dem Geschenk entgegen, insbesondere dem Geschenk der Liebe. Liebe unter uns Menschen ist erst reif und echt als unbefristete, unentgeltliche Selbsthingabe, nicht als Eigensucht oder bloßer Austausch von Diensten, Lüsten oder Dingen: sie ist reinstes Geschenk. Prüfstein der Liebe ist deshalb die gegenseitige Dankbarkeit. Wenn zwischen angeblich liebenden Menschen viel von Pflichten und Rechten die Rede ist, dann hat man das wichtigste versäumt: das Geschenk und die aus ihm quellende Dankbarkeit.«[18] Der Alltag bietet viele Gelegenheiten der Begegnung jenseits von Rechten und Pflichten. Es gilt, ein Auge zu haben für das vermeintlich Selbstverständliche: die freundliche Auskunft, die aufmerksame Geste bei Tisch, die Gastfreundschaft, den spontanen Glückwunsch zum Namenstag oder zum Geburtstag, für die freundliche Nachbarschaftshilfe. »Was können wir Besseres im Herzen tragen, mit dem Mund sprechen, mit der Feder schreiben, als diese Worte: ›Gott sei Dank‹? Nichts kann knapper gesagt, freudiger gehört, inniger empfunden, nützlicher getan werden als dies.«[19] »Gott sei Dank« verliert das Floskelhafte, sobald es Thema unseres persönlichen Gebetes wird, und wie von selbst werden wir uns fragen: *Wie kann ich dem Herrn all das vergelten, was er mir Gutes getan hat?*[20]

Wir können den persönlichen Dank etwa in ein liturgisches Dankgebet kleiden, denn »die Danksagung kennzeichnet das Gebet der Kirche«[21]: »Es ist Gott sehr wohlgefällig, wenn wir bei außergewöhnlichen Ereignissen ihm mit einem Te Deum danken und seine Güte preisen. Ob es in den Augen der Welt ein gutes oder schlechtes Ereignis ist, soll für uns nicht ausschlaggebend sein. Alles kommt aus seiner väterlichen Hand; auch wenn ein Schlag sehr schmerzt, er ist ein Zeichen seiner Liebe. Denn er will unsere Kanten abschleifen, vervollkommnen!«[22] Das Einstimmen in den Dank der Kirche gipfelt in der Teilnahme an der heiligen Messe, die ja gerade Eucharistie – Danksagung – heißt; das Wort erinnert »an die jüdischen Preisungen, die – vor allem beim Mahl – die Werke Gottes rühmen: die Schöpfung, die Erlösung und die Heiligung. (...) Christus befreit durch sein Heilswerk die Schöpfung von Sünde und Tod, um sie erneut zu weihen und zum Vater zurückzuführen, ihm zur Ehre. Die Danksagung der Glieder des Leibes nimmt an der Danksagung ihres Hauptes teil.«[23]

Beim eucharistischen Mahl danken wir Gott für das Irdische – *Du schenkst uns das Brot, die Frucht der Erde und der menschlichen Arbeit*[24] –, und wir danken durch Christus. Die Präfation beginnt mit den Worten: *In Wahrheit ist es würdig und recht, dir, Herr, heiliger Vater, allmächtiger, ewiger Gott, immer und überall zu danken durch unseren Herrn Jesus Christus...* Dabei heißt *Präfation* »nicht etwa *Vorwort*, sondern *fari prae Deo* – vor Gott sprechen. Schluß dieses Wortes an Gott ist das Trishagion, das Dreimalheilig.«[25]

Wir alle sind im Priester gegenwärtig,

wenn er *dem ewigen, lebendigen und wahren Gott* unsere *Gebete und Gaben* darbringt. Wir bitten Gott, er möge *diesen Gaben Segen in Fülle* schenken und sie *uns zum wahren Opfer im Geiste* machen, sie heiligen, *damit sie uns werden Leib und Blut deines Sohnes, unseres Herrn Jesus Christus.* Später im Hochgebet heißt es dann: *Jesus erhob die Augen zum Himmel, zu dir, seinem Vater, dem allmächtigen Gott, sagte dir Lob und Dank, brach das Brot (...), sagte dir Lob und Dank, reichte den Kelch seinen Jüngern...* In der Feier der Eucharistie überschreitet unser Dank alle individuellen Grenzen und wird zur vollkommensten Danksagung *durch Christus und mit ihm und in ihm.*

Am Anfang unserer Betrachtung stand die Frage des Petrus: Muß ich wirklich meinem Bruder *siebenmal* vergeben? Und als Antwort das Gleichnis des Herrn: Vergleiche deine große Schuld – *zehntausend Talente* – mit deinem lächerlichen Anspruch – *hundert Denare.* Gott erläßt dir die Schuld. Sei dafür dankbar, dann wirst du barmherzig sein können. Und dein Erbarmen gegenüber dem Nächsten wird deinen Dank Gott gegenüber besiegeln.

[1] *Mt* 18,21- 19,1. – [2] P. Berglar, *Petrus – Vom Fischer zum Stellvertreter,* München 1991, S. 95. – [3] *Einheitsübersetzung des NT,* Anmerkung zu Mt 18,23-25. – [4] Irenäus von Lyon, *Gegen die Häresien,* 4,14,1. – [5] *Weish* 11,26. – [6] II. Vat. Konz., Konst. *Dei Verbum,* 2. – [7] Ambrosius, *Über Kain und Abel,* 1. – [8] Ps 116,12. – [9] II. Vat. Konz., Konst. *Gaudium et spes,* 13,1. – [10] *1 Kor* 4,7. – [11] D. von Hildebrand, *Über die Dankbarkeit,* Ottilien 1980, S. 12. – [12] J. Escrivá, *Im Feuer der Schmiede,* Nr. 331. – [13] *Joh* 4,10. – [14] *Lk* 17,18. – [15] vgl. *Mt* 11,25-27; *Lk* 10,21-23;

Joh 11,41-42. – [16] *Katechismus der Katholischen Kirche*, 2603, 2604. – [17] R. Guardini, *Tugenden*, Mainz 1987, S. 130. – [18] J. B. Torelló, *Psychologie des Alltags*, Linz o. J., S. 110. – [19] Augustinus, *Brief* 72. – [20] *Ps* 116,12. – [21] *Katechismus der Katholischen Kirche*, 2637. – [22] J. Escrivá, *Im Feuer der Schmiede*, Nr. 609. – [23] *Katechismus der Katholischen Kirche*, 1328, 2637. – [24] *Missale Romanum*. – [25] Th. Schnitzler, *Was die Messe bedeutet*, Freiburg 1976, S. 134.

8

ZWEI WEGE DER NACHFOLGE

Einheit und Unauflöslichkeit der Ehe.
Symbol des neuen Bundes.
Ehe und Ehelosigkeit um des Himmelreiches willen.

I. Die Fangfrage der Pharisäer an Jesus[1] ist gut gewählt, denn auch unter den erfahrenen Gesetzeslehrern war die Antwort auf die Frage umstritten: *Darf man seine Frau aus jedem beliebigen Grund aus der Ehe entlassen?* »Sie fragten nicht: Ist die Scheidung erlaubt? – so wie die Frage heute gestellt wird, wo man der Frau die gleichen Rechte wie dem Manne zuerkennt. In Rom war das Recht schon weiter fortgeschritten, aber bei den Juden, wie heute noch bei den orthodoxen Mohammedanern, hatte allein der Mann das Recht, sich scheiden zu lassen. Daß der Mann seine Frau entlassen konnte, stand klar im Gesetz des Moses, man mußte die Unwiderruflichkeit seines Willens nur in einem Schreiben festlegen, da sonst der zweite Gatte eine peinliche Zurückforderung hätte gewärtigen müssen. War die Frau nach den geltenden Bestimmungen entlassen, so konnte sie eine zweite Ehe eingehen und hatte einige Aussicht, einen Gatten zu finden. Dennoch war ihre Lage schwierig, und selbst wenn die öffentliche Meinung auf ihrer Seite stand, so war eine entlassene Frau nicht sehr angesehen. Infolgedessen sollte der Gatte von seinem Recht nur aus schwerwiegenden Gründen Gebrauch machen.«[2] Die undeutliche Formulierung des Gesetzes – *wenn ein Mann eine Frau geheiratet hat (...), sie ihm dann aber nicht gefällt, weil er an ihr etwas Anstößiges entdeckt*[3] – eröffnete den Auslegern ein weites Feld der Kasuistik: »Die Schule Schammais erklärte das streng wörtlich; die Anhänger Hillels dagegen ließen der Willkür des Mannes freien Lauf, nach ihnen war schon das Anbrennenlassen eines Gerichtes ein Scheidungsgrund. Später gestattete der große Akiba dem Mann, seine Frau zu entlassen, wenn er eine hübschere heiraten wollte. Die alte Polygamie, die es praktisch nicht mehr gab, hätte für eine verlassene Frau weniger Unrecht mit sich gebracht.«[4]

Jesus läßt sich in derlei Rechtsstreitigkeiten nicht ein, er geht an die Wurzel: *Habt ihr nicht gelesen, daß der Schöpfer den Menschen am Anfang als Mann und Frau geschaffen hat und daß er gesagt hat: Darum wird der Mann Vater und Mutter verlassen und sich an seine Frau binden, und die zwei werden ein Fleisch sein? Sie sind also nicht mehr zwei, sondern eins. Was aber Gott verbunden hat, das darf der Mensch nicht trennen.* Der Herr entkräftet den Einwand der Gegner, Mose habe doch *vorgeschrieben, daß man der Frau eine Scheidungsurkunde geben muß, wenn man sich trennen will*, indem er die mosaische Bestimmung neu deutet: *Nur weil ihr so hartherzig seid...* »Jesus bestreitet nicht, daß wirklich Moses die Erlaubnis zur Ehescheidung gegeben hat, noch tastet er seine Autorität als Gesetzgeber an. (...) Er bestreitet aber, daß darin Gottes eigentliche Forderung uneingeschränkt zum Ausdruck komme.«[5]

Es gibt viele natürliche Gründe für die Unauflöslichkeit des Ehebandes: das Wesen der ehelichen Liebe selbst, das Wohl der Kinder, das Wohl der Gesellschaft... Aber die tiefste Wurzel liegt im Willen des Schöpfers selbst: *Die zwei werden ein Fleisch sein.* Damit ist mehr als nur ein physischer Vorgang gemeint. »Das Wort bezeichnet im Hebräischen auch das Band, das die nächsten Verwandten vereint. Dieses Band, welches für die Nomaden und die einfachen sozialen Verhältnisse das heiligste ist, wird von nun an das Band zwischen den beiden Gatten. Die Vereinigung von Mann und Frau schafft eine neue Familie. Sie sind jetzt untrennbar durch den Willen Gottes, gegen den sich kein menschliches Recht erheben kann.«[6]

Christus stellt die Ehe in ihrem Wesen und in ihrer ursprünglichen Würde wieder her, indem er ihre Einheit und Unauflöslichkeit bekräftigt. Er erhebt die natürliche Einrichtung zur Würde eines Sakramentes. Die Kirche bleibt dieser Lehre treu, denn sie »sucht, indem sie Christus folgt, die Wahrheit, welche sich nicht immer mit der Meinung der Mehrheit deckt. Sie horcht auf das Gewissen und nicht auf die Macht. (...) Aufgabe des apostolischen

Amtes ist es, das Bleiben der Kirche in der Wahrheit Christi zu gewährleisten und sie immer tiefer darin einzuführen«[7].

II. *Habt ihr nicht gelesen, daß der Schöpfer den Menschen am Anfang als Mann und Frau geschaffen hat?* Die Ehe ist keine menschliche Erfindung, Gott ist ihr Urheber. Er ist die Liebe[8] und hat den Menschen nach seinem Bild und Gleichnis erschaffen: »Den er aus Liebe ins Dasein gerufen hat, berief er gleichzeitig *zur Liebe.*«[9] Gott prägt der Menschennatur die Fähigkeit und die Verantwortung zu Liebe und Gemeinschaft ein. »Der Mensch kann nicht ohne Liebe leben. Er bleibt für sich selbst ein unbegreifliches Wesen; sein Leben ist ohne Sinn, wenn ihm die Liebe nicht geoffenbart wird, wenn er nicht der Liebe begegnet, wenn er sie nicht erfährt und sich zu eigen macht, wenn er nicht lebendigen Anteil an ihr erhält.«[10] Dies ist der verborgene Sinn jener schlichten Erzählung, in der Adam zunächst allen Tieren ihren Namen gibt, aber allein und unerfüllt bleibt; denn er findet nichts, was ihm entspricht, er bleibt einsam und ohne Antwort. Erst als Gott ihm ein ebenbürtiges Wesen zugesellt, jubelt er: *Das endlich ist Bein von meinem Bein und Fleisch von meinem Fleisch.*[11]

Die Liebe kommt aus Gott und zielt hin auf Gott: *Du sollst den Herrn, deinen Gott, lieben mit ganzem Herzen und ganzer Seele, mit all deiner Kraft und all deinen Gedanken.* Im menschlichen

Leben nimmt sie tausend Facetten an: als Elternliebe, Freundesliebe, Nächstenliebe und als Liebe zwischen Mann und Frau: »Als Geist im Fleisch, das heißt als Seele, die sich im Leib ausdrückt, und als Leib, der von einem unsterblichen Geist durchlebt wird, ist der Mensch in dieser geeinten Ganzheit zur Liebe berufen. Die Liebe schließt auch den menschlichen Leib ein, und der Leib nimmt an der geistigen Liebe teil.«[12]

Die Liebe ist die schönste Gabe Gottes an den Menschen, aber sie ist eine gefährdete Gabe; der Mensch – von der Sünde verwundet – kann sie mißbrauchen. »Heute wissen viele Menschen über nichts so gut Bescheid wie über ihre Ansprüche. Auf die Frage: ›Warum wollen Sie heiraten?‹ pflegen manche zu antworten: ›Ich brauche Geborgenheit‹; ›Ich sehne mich nach Zärtlichkeit‹; ›Ich will nicht allein sein‹; ›Ich will ein gepflegtes Heim haben‹; ›Ich brauche die Ehe zu meiner Selbstverwirklichung.‹ Immer nur: ›Ich‹. Das kann leicht dazu führen, daß der andere sich als Mittel zum Zweck, als abhängig und benachteiligt empfindet.«[13] Dagegen steht die Ehe zwischen zwei Getauften als Sakrament. Jeder der beiden soll nicht für sich allein die Mitte sein, sondern beide sollen die gemeinsame Mitte suchen: Jesus Christus. »Durch die Taufe wurden Mann und Frau endgültig in den neuen und ewigen Bund, in den bräutlichen Bund Christi mit seiner Kirche, hineingenommen, und aufgrund dieses unzerstörbaren Hineingenommenseins wird die vom Schöpfer begründete innige Lebens- und Liebesgemeinschaft der Ehe erhoben und mit der bräutlichen Liebe Christi verbunden – bestärkt und bereichert von seiner erlösenden Kraft. Dank des sakramentalen Charakters ihrer Ehe haben sich Mann und Frau auf zutiefst unlösbare Weise aneinander gebunden. Ihr gegenseitiges Sichgehören macht die Beziehung Christi zur Kirche sakramental gegenwärtig.«[14]

Schon im Alten Testament war die Ehe ein Bild für den Bund Gottes mit seinem Volk: »In diesem Bund hat sich der Sohn Gottes in seiner Menschwerdung und der Hingabe seines Lebens gewissermaßen mit der ganzen durch ihn geretteten Menschheit verbunden.«[15] »Die Gemeinschaft zwischen Gott und den Menschen findet ihre endgültige Erfüllung in Jesus Christus, dem liebenden Bräutigam, der sich hingibt als Erlöser der Menschheit und sie als seinen Leib mit sich vereint. Er offenbart die Urwahrheit über die Ehe, die Wahrheit des Anfangs, und macht den Menschen fähig, sie vollends zu verwirklichen, indem er ihn von seiner Herzenshärte befreit. (...) Die Ehe der Getauften wird so zum Realsymbol des neuen und ewigen Bundes, der im Blut Christi geschlossen wurde. Der Geist, den der Herr ausgießt, macht das Herz neu und befähigt Mann und Frau, einander zu lieben, wie Christus sie geliebt hat. Die eheliche Liebe erreicht dadurch jene Fülle, auf die sie von innen her ausgerichtet ist, die übernatürliche Gattenliebe, in welcher die Vermählten auf die ihnen eigene und spezifische Art an der sich am Kreuz schenkenden Liebe Christi teilnehmen und sie zu leben berufen sind.«[16]

III. Wie elektrisierend müssen die Worte ihres Meisters, die weit über die rabbinischen Schulkontroversen hinausgingen, auf die Jünger gewirkt haben. *Wenn das die Stellung des Mannes in der Ehe ist, dann ist es nicht gut zu heiraten...* Jesus nimmt die Äußerung der Apostel zum Anlaß, noch über eine andere Form und Berufung christlichen Lebens zu sprechen: *Manche sind von Geburt an zur Ehe unfähig, manche sind von den Menschen dazu gemacht, und manche haben sich selbst dazu gemacht um des Himmelreiches willen.* Beide Weisen christlicher Hingabe haben es heute nicht leicht, denn das hedonistisch überreizte Klima in Film, Illustrierten und Werbung läßt das Skandalöse als normal und die christliche Ehe als die Ausnahme erscheinen. Das Niveau ist »nicht selten so tief, daß sich Sexualisierung und Verblödung die Hand reichen. Ein raffiniert geführter Angriff gegen jede Art von Scham, gegen die seelische, besonders aber gegen die geschlechtliche, ist im Gang. Diese skandalöse Bloßstellung und Indiskretion, die sich als Emanzipation zu tarnen sucht, gefährdet besonders den jungen Menschen und reißt Mauern ein, die als Schutzwall um Ehe und Familie gebaut sind.«[17]

Die meisten sind zur Ehe berufen. Manche gehen den Weg der ehelosen Ganzhingabe *um des Himmelreiches willen.* Auch Laien, gewöhnliche Gläubige mitten in der Welt, gehören zu ihnen. Beide Wege »kommen vom Herrn selbst. Er gibt ihnen Sinn und schenkt die unerläßliche Gnade, sie so zu leben, wie es seinem Willen entspricht. Die Hochschätzung der Jungfräulichkeit um des Himmelreiches willen und der christliche Sinn der Ehe lassen sich nicht voneinander trennen; sie fördern einander.«[18] Denn »die Jungfräulichkeit und die Ehelosigkeit für das Reich Gottes stehen in keinem Widerspruch zum hohen Wert der Ehe, sondern setzen ihn voraus und bekräftigen ihn. Ehe und Jungfräulichkeit sind die beiden Weisen, das eine Geheimnis des Bundes zwischen Gott und seinem Volk darzustellen und zu leben.«[19]

Wer auf leibliche Fruchtbarkeit um Christi willen verzichtet, wird »geistlich fruchtbar, wird Vater oder Mutter vieler, hilft mit bei der Verwirklichung der Familie nach dem Plan Gottes. Die christlichen Eheleute haben daher das Recht, sich von den jungfräulichen Menschen das gute Beispiel und das Zeugnis der Treue zu ihrer Berufung bis zum Tod zu erwarten. Ebenso wie für die Eheleute die Treue manchmal schwierig wird und Opfer, Abtötung und Selbstverleugnung verlangt, so kann dies auch für die jungfräulich Lebenden zutreffen. Die Treue der letzteren, auch in eventueller Prüfung, muß der Treue der ersteren dienen.«[20]

Es ist gesagt worden, daß beide Berufungen, die eheliche wie die zölibatäre, »grundsätzlich von der Bevorzugung und nicht vom Verzicht leben. Frau oder Mann verzichten bei der Eheschließung nicht auf alle anderen möglichen Partner, die es ja für sie auch noch geben könnte, sondern sie ziehen den erwählten Partner allen anderen möglichen Partnern vor. Die Ehe ist also in erster Linie eine Bevorzugung und dann in zweiter Linie erst ein Verzicht auf die anderen möglichen Partner.

Das gleiche gilt für die zölibatäre Lebensform. Wer als Eheloser in der Nachfolge Christi berufen ist, zieht die direkte Partnerschaft mit Gott allen anderen menschlichen Partnerschaften vor. Das heißt, der Zölibat ist zuerst immer eine Bevorzugung und dann erst – wie die Ehe – in zweiter Linie ein Verzicht. Wäre Ehe oder Zölibat nur Verzicht, dann könnten sie nicht menschlich gelebt werden. In einer Welt, in der Gott kaum noch anwesend erscheint, versteht man sehr schwer die Ehelosigkeit um des Himmelreiches willen. Die Erfahrung der Heiligen, daß Gott allein genügt, wirkt heute eher fremd. Deshalb ist eine solche Lebensform für die Kirche unverzichtbar.«[21] Die Kirche sieht in der Jungfräulichkeit um des Himmelreiches willen »eine Entfaltung der Taufgnade, ein mächtiges Zeichen des Vorrangs der Verbindung mit Christus, des sehnsüchtigen Harrens auf seine Wiederkunft, ein Zeichen, das auch daran erinnert, daß die Ehe der Weltzeit angehört, die vorübergeht.«[22]

Schauen wir am Ende unserer Zeit des Gebetes auf Maria und bitten wir sie, uns die Augen zu öffnen für die Reichtümer Gottes in seiner Kirche und für den Weg, den Christus einem jeden weisen will.

[1] *Mt* 19,3-12. – [2] M.-J. Lagrange, *Das Evangelium von Jesus Christus*, Heidelberg 1949, S. 415-416. – [3] *Dtn* 24,1. – [4] M.-J. Lagrange, a.a.O., S. 416. – [5] *Regensburger Neues Testament*, Bd. 2, Regensburg 1958, S. 186. – [6] M.-J. Lagrange, a.a.O., S. 416. – [7] Johannes Paul II., Apost. Schreiben *Familiaris consortio*, 22.11.1981, 5. – [8] *1 Joh* 4,8. – [9] Johannes Paul II., a.a.O., 11. – [10] ders., Enz. *Redemptor hominis*, 10. – [11] Gen 2,23. – [12] Johannes Paul II., Apost. Schreiben *Familiaris consortio*, 11. – [13] J. Höffner, *Nur Du – und Du für immer*, Köln 1980, S. 14. – [14] Johannes Paul II., a.a.O., 13. – [15] *Katechismus der Katholischen Kirche*, 1612. – [16] Johannes Paul II., a.a.O., 13. – [17] J. Höffner, a.a.O., S. 13. – [18] *Katechismus der Katholischen Kirche*, 1620. – [19] Johannes Paul II., a.a.O., 16. – [20] ebd. – [21] J. Meisner, *Fastenhirtenbrief 1992*. – [22] *Katechismus der Katholischen Kirche*, 1619.

9

DAS EVANGELIUM DER KINDER

Mütter, Großmütter und Kinder um Jesus.
Dank für die Gaben der Kindheit.
Abba, Vater: geistliche Kindschaft.

I. Man hat das gestrige Evangelium *das Evangelium der Frau*[1] genannt, weil Jesus darin die Frauen gegen die Willkür und die *Herzenshärte* der Männer in Schutz nimmt. Ihm folgt heute *das Evangelium der Kinder*[2]: *In jener Zeit brachte man Kinder zu Jesus, damit er ihnen die Hände auflegte und für sie betete.* Man kann sich gut vorstellen, wie die Mütter und Großmütter, die von der Ankunft Jesu gehört haben, sich zu ihm aufmachen, die Kleinen vor sich herschiebend, bis sie ganz nahe beim Herrn sind. Denn Jesus soll sie berühren und segnen. Sie wissen nicht so genau, wer dieser Jesus ist; sie ahnen nur, daß etwas Gutes von ihm ausgehen muß. Das Tun dieser Frauen erscheint in unseren Augen wie eine Vorwegnahme der geheimnisvollen *Berührung* mit dem Herrn in der Taufe.

Der heilige Thomas vergleicht die erzieherische Verantwortung christlicher Eltern mit dem priesterlichen Amt: »Einige vermitteln und schützen das geistige Leben durch ein Amt, das rein geistiger Natur ist: Es ist dies die Aufgabe des Weihesakraments; andere tun dies hinsichtlich des leiblichen und geistigen Lebens zugleich: und das geschieht durch das Ehesakrament, in welchem Mann und Frau sich verbinden, um Kinder zu zeugen und zur Gottesverehrung zu erziehen.«[3] Die Eltern sollen den Kindern aufzeigen, »zu welcher Tiefe und welchem Reichtum der Glaube und die Liebe zu Jesus Christus sie zu führen vermögen. Ferner wird das Bewußtsein, daß der Herr ihnen das Heranwachsen eines Gotteskindes, eines Bruders, einer Schwester Christi, eines Tempels des Heiligen Geistes, eines Gliedes der Kirche anvertraut, die christlichen Eltern in ihrer Aufgabe bestärken, in der Seele ihrer Kinder das Geschenk der göttlichen Gnade zu festigen.«[4] Deshalb erinnert die Kirche die Eltern an die Pflicht, »dafür zu sorgen, daß ihre Kinder innerhalb der ersten Wochen getauft werden«[5]. Anders als in früheren Zeiten erscheint heute der Auftrag, »das Leben, das Gott ihnen anvertraut hat, zu fördern«[6], nicht mehr als selbstverständlich. Neben einer mangelhaften Glaubensbildung fördert ein emanzipatorisches Klima die Meinung, man müsse die Taufe des Kindes hinausschieben, *damit es selbst entscheiden kann.*

Man beruft sich dabei auf eine fehlende Praxis der Kindertaufe im Neuen Testament. Natürlich geht es zunächst am Anfang der Evangelisierung primär um die Erwachsenen; aber die uralte und seit dem 2. Jahrhundert ausdrücklich bezeugte Tradition der Kindertaufe dürfte an den zahlreichen Stellen mitgemeint sein, an denen von der Taufe ganzer Häuser, ganzer Familien, die Rede ist.[7] Die Frauen, die ihre Kinder zu Jesus brachten, suchten die physische Berührung mit ihm; die Eltern, die heute ihre Säuglinge zur Taufe bringen, suchen die gnadenhafte Berührung im Sakrament: wir werden »von der Sünde befreit und als Söhne Gottes wiedergeboren; wir werden Glieder Christi, in die Kirche eingefügt und an ihrer Sendung beteiligt«[8].

Die Eltern treffen in allem, was das allmähliche Heranreifen der Persönlichkeit ermöglicht, Entscheidungen zum Wohl des Kindes. Die Taufe gehört wesentlich dazu, ist sie doch die Mitteilung des höchsten Gutes des göttlichen Gnadenlebens. Christliche Eltern, die ihren persönlichen Glauben stellvertretend für den Neugeborenen einsetzen, stehen in der Tradition jener Mütter, die ihre Kinder zu Jesus brachten, damit er sie gnadenhaft berühre.

II. Wir haben *das Evangelium der Kinder* aus der Sicht der Mütter und Großmütter betrachtet. Die Jünger *dagegen wiesen die Leute schroff ab*, heißt es knapp. Störte sie die Zudringlichkeit? Womöglich dachten sie: Es sind doch nur Kinder! Weder krank noch in Not, noch mit Sorgen auf dem Herzen! Nur Lärm und Gedränge! Wieviele Gründe – damals wie heute –, die Kinder nicht ernst zu nehmen – nur, weil sie noch nicht erwachsen sind.

Laßt die Kinder zu mir kommen... Was siehst du, Herr, in den Kindern, da du uns sagst: *Menschen wie ihnen gehört das Himmelreich?* Er preist die Kinder, weil sie ungekünstelt, offen und empfänglich sind.

Geht es uns nicht ähnlich, wenn wir ein schlummerndes Kind oder spielende Kinder beobachten? Bewegt uns nicht manchmal der Wunsch, wie sie zu sein, damit uns *das Himmelreich gehört?* Aus solchen Ahnungen kann sehr wohl Gebet werden – vorausgesetzt, sie verlieren sich nicht in verklärende Nostalgie, sondern werden für das Heute fruchtbar. Die meisten von uns empfingen als Kind die ersten Hinweise auf Gott, begegneten in Bildern Jesus als Neugeborenem in der Krippe und als Sterbendem am Kreuz und beteten zu ihm im Tabernakel. Wir lernten den vertrauten Umgang mit der Mutter Gottes und unserem Schutzengel. Hoffentlich sind uns manche dieser kindlichen Reichtümer erhalten geblieben – als Grundwasser sozusagen, das den Boden befeuchtet und hin und wieder emporsprudelt. Danke Herr, für diese Gnadengaben.

Aber warum gehört gerade *Menschen wie ihnen das Himmelreich?* »Der Demut Bild hast du also, unser König, in der kindlichen Gestalt uns vorgehalten, als du sagtest: Ihrer ist das Himmelreich.«[9] Kleine Kinder vertrauen nicht auf eigenes Können, sondern lassen sich gern helfen und beschenken; sie sind fähig, ohne Rücksicht auf eigene Verdienste zu bitten und ohne den

Druck, gleichwertig vergelten zu müssen. Wieviel Stoff für unser Gebet!

Der heilige Augustinus preist Gott, während er auf den Säugling, der er war, zurückschaut: »Damals wußte ich nur zu saugen und wohlig zu genießen, wenn es meinem Körper gut ging, zu weinen aber, wenn er Schmerz empfand – sonst nichts. Danach begann ich auch zu lächeln, zuerst im Schlafe, dann im Wachen. So ist mir wenigstens über mich berichtet worden, und ich glaube es, sieht man's doch auch bei andern Kindern.« Zugleich mit den Gaben Gottes entdeckt er auch die ersten Spuren der Selbstsucht: »Ich verlangte, mein Verlangen denen beizubringen, die es erfüllen sollten, und ich konnte es nicht, weil es doch innen war, jene andern aber draußen, und mit keinerlei Fühlung vermochten sie sich in meine Seele zu versetzen. Also rührte ich mich kräftig mit meinen Gliedern und mit Schreien, den Zeichen für mein Begehren, den wenigen, die ich vermochte und wie ich sie eben vermochte: denn deutliche Zeichen waren sie ja nicht.« Er schaut dann auf die Gegenwart und lobpreist Gott »für meinen Lebensanfang und meine mir unbewußte Kinderzeit«. »Dank dir, Herr, dir, dem erhabensten und besten Schöpfer und Lenker des Weltalls, dir, unserem Gott, Dank, auch wenn ich nach deinem Willen nur das Alter eines Knaben gelebt hätte. Denn auch damals war und lebte und empfand ich, und als Nachbild der tiefgeheimen Einheit, der ich entstammte, war ich auf das unversehrte Heil meines Daseins bedacht. Mein inneres Empfinden wachte über die Gesundheit meiner Sinne, und schon bei meinen kleinen Gedanken über meine kleinen Dinge entzückte mich die Wahrheit – irren wollte ich mich nicht. Ich hatte ein treffliches Gedächtnis und lernte, mich gut auszudrücken; Freundschaft tat mir wohl, dem Schmerz, der Erniedrigung, der Unwissenheit floh ich. Was ist doch nicht alles an so einem Lebewesen wunderbar und preiswürdig?

Aber das alles ist Geschenk meines Gottes, nicht ich hab mir's gegeben; und gut ist das alles, und das alles – das war ich. So ist er gut, er, der mich erschaffen hat, und er selber ist für mich das Gut, und ihm juble ich zu wegen all der Güter, die er schon dem Knaben verliehen. (...) Dank dir für deine Geschenke, mein Gott; aber erhalte sie mir auch.«

III. Am Karsamstag des Jahres 387 spendete Bischof Ambrosius von Mailand dem dreiunddreißigjährigen Nordafrikaner Augustinus die Taufe. Die Predigten des Ambrosius hatten im Leben des Suchenden die Wende herbeigeführt. Vielleicht hat er ihn einmal erklären hören, weshalb uns der Herr gerade ein Kind vor Augen stellt: »Weil sie nichts von Bosheit wissen, sich nicht auf Trug verstehen, einen Schlag nicht zu erwidern wagen, kein Grübeln kennen, nicht nach Reichtum, Ehre und Gunst haschen«[10]. Wenden wir uns jetzt dem zu, was im

Bild vom Kind eigentlich verborgen liegt: die Gotteskindschaft.

In dem Maße, wie wir die Gotteskindschaft als das Fundament unseres christlichen Lebens entdecken, lassen wir die Maske des sich autonom Dünkenden fallen: »Das Kindsein, das Jesus meint, ist die Entsprechung zu Gottes Vaterschaft. Für das Kind hängt ja alles mit Vater und Mutter zusammen. Durch diese kommt alles heran. Sie stehen überall. Sie sind Ursprung, Maßstab und Ordnung.«[11] Die Gotteskindschaft offenbart sich uns – jenseits des vordergründigen Gefühls – als eine seinshafte Wirklichkeit: *Wir heißen Kinder Gottes, und wir sind es.*[12] »Die Leute brauchten nicht so viel nachzudenken, was sie tun sollen, sondern sie sollten nachdenken, was sie seien. (...) Sofern wir sind und am Sein teilhaben, in dem Maße heiligen wir alle unsere Werke, es sei Essen, Schlafen, Wachen oder was es sonst sei. Die aber nicht am großen Sein teilhaben, welche Werke sie auch wirken mögen, aus denen wird nichts.«[13]

Der selige Josemaría Escrivá faßt in einem schlichten Beispiel zusammen, wie geistliche Kindschaft Einfachheit, Demut und Sich-Überlassen mit Reife im Denken und Fühlen zu verbinden weiß: »Das unverständige Kind heult und stampft mit den Füßen, wenn die Mutter ganz zart mit einer Nadel in seinen Finger sticht, um einen Splitter herauszuziehen... Das verständige Kind mag die Augen voller Tränen haben – das Fleisch ist schwach –, aber es schaut dankbar auf die gute Mutter, die ihm ein wenig Schmerz zufügt, damit ihm größere Leiden erspart bleiben.«[14] Und er schließt mit der Bitte: »Jesus, ich möchte ein verständiges Kind sein.« Geistliche Kindschaft hat nichts mit Infantilismus zu tun, sie führt zur Abwägung der Lebensrealität im Licht des Glaubens und entscheidet entsprechend.

Viele Menschen haben begonnen, ein wahrhaft innerliches Leben zu führen, indem sie entdeckten, was es heißt: Abba, Vater, sagen zu können. Es gibt aber auch manchen, dem diese Erfahrung versagt bleibt, vielleicht weil das Bild vom Vater in unserer Gesellschaft unscharf geworden ist. Hier zeigt sich von neuem die Verantwortung christlicher Eltern, von der anfangs die Rede war. »Wo es Vaterschaft nicht mehr gibt, wo wirkliche Vaterschaft in ihrem Ineinander von männlicher Kraft, Gerechtigkeit, Verlässigkeit und von herzlicher Güte nicht mehr erfahrbar wird, da wird auch die Rede von Gott dem Vater leer: (...) Wenn wir hinzunehmen, daß die Bibel ganz bewußt in das Bild des Vaters auch die Idee ›Mutter‹ mithineinnimmt, einen Vater vorstellen will, in dem auch das wahre Wesen der Mutterschaft verwirklicht ist, dann zeigt sich hier eine ebenso persönliche wie soziale Forderung der Taufe: von diesem Vater her selbst Vater oder Mutter zu werden und ihn damit schaubar und erkennbar zu machen in der Welt.«[15]

Unser Abba, Vater, ist Antwort auf die Taufgnade, die uns zu Kindern Gottes gemacht hat.

[1] Vgl. J. Dillersberger, *Markus*, Bd. I, Salzburg 1937, S. 113. – [2] *Mt* 19,13-15. – [3] Thomas von Aquin, *Summa contra Gentiles*, IV,58. – [4] Johannes Paul II., Apost. Schreiben *Familiaris consortio*, 22.11.1981, 39. – [5] *Codex des kanonischen Rechtes*, c. 867,1. – [6] *Katechismus der Katholischen Kirche*, 1251. – [7] vgl. *Apg* 10,44-48; 16,15; 16,33; *1 Kor* 1,16. – [8] *Katechismus der Katholischen Kirche*, 1213. – [9] Augustinus, *Bekenntnisse*, I,19 und I,6.20. – [10] Ambrosius, *Auslegung des Evangeliums nach Lukas*, 8,6. – [11] R. Guardini, *Der Herr*, Würzburg 1951, S. 318. – [12] *1 Joh* 3,1. – [13] Meister Eckhart, *Die Gottesgeburt im Seelengrund*, Freiburg 1990, S. 39. – [14] J. Escrivá, *Im Feuer der Schmiede*, Nr. 329. – [15] J. Ratzinger, *Dogma und Verkündigung*, München 1973, S. 103.

10

EINE FRAU AUS KANAAN

Jesus, der Zufall und die Unwägbarkeiten des Alltags.
Die Not gläubiger Mütter.
Bittgebet als Einübung in Glauben und Vertrauen.

I. Matthäus berichtet im heutigen Evangelium[1], daß Jesus *sich in das Gebiet von Tyrus und Sidon* zurückzog. Dieses Gebiet reichte weit nach Osten in das Binnenland hinein. Vom See Gennesaret bis zur Grenze waren es etwa 50 Kilometer. Wir haben in einer früheren Meditation schon einmal diese Stelle von Markus her betrachtet[2] und auf die unterschiedliche Erzählweise beider Evangelisten hingewiesen. Die göttliche Inspiration hebt ja die Eigenart der menschlichen Verfasser nicht auf, denn Gott »handelt in ihnen und durch sie«[3]. So erlaubt gerade der Unterschied in der Berichterstattung ein umfassenderes Verständnis des Geschehens.

Im Bericht des Matthäus »steht ein griechisches Verbum, das ein Entweichen, eine Flucht bezeichnet«[4]. Wahrscheinlich wollte sich Jesus eine Zeitlang den Nachstellungen seiner Gegner entziehen, um sich ungestört in einer Gegend, wo er leichter unerkannt bleiben konnte, den Jüngern zu widmen. Aber *da kam eine kananäische Frau aus jener Gegend zu ihm.* Matthäus verwendet den alten Namen, den die Israeliten den Urbewohnern des Landes gegeben hatten. Markus nennt sie eine *Syrophönizierin* nach dem Namen der römischen Provinz. Diese Frau steht in der Mitte des heutigen Evangeliums. Wir werden sehen, wieviele Anregungen sich aus ihrem Verhalten für uns ergeben. Aber zuerst wollen wir auf einen Aspekt im Verhalten Jesu achten, der nicht minder lehrreich ist. Es war ihm wichtig, mit den Seinen allein zu sein. So hatte er es geplant. Und doch ging sein Wunsch nicht in Erfüllung. Wir kennen das aus unserem Alltag: irgend etwas Unvorhergesehenes zwingt uns umzudisponieren. Gelegentlich kann es um entscheidende Dinge gehen, die unserem Leben eine neue Richtung geben, meistens handelt es sich dabei um Kleinigkeiten: einen Termin zu verlegen, eine Arbeit vorzuziehen...

Im heutigen Evangelium beobachten wir, daß Unwägbarkeiten auch im Leben Jesu ihren Platz haben. Naiv fragt man sich: Wußte er – der allwissende Gott – denn nicht, daß es so kommen würde? Und wenn er es wußte, warum richtete er sich nicht danach? Aber die hypostatische Union – der Gott und Mensch Jesus Christus in der Einheit der göttlichen Person – ist nicht nur in sich ein Geheimnis, sondern auch im Hinblick auf die zu gewahrenden Folgen seines Handelns. Gottes Sohn, der Mensch Jesus hat *in allem uns gleich* sein wollen *außer der Sünde*[5]. Er hat sich auch dem Unverhofften, Überraschenden, Zufälligen im menschlichen

Leben ausliefern wollen. Ähnliches läßt sich über seine Macht sagen, Wunder zu wirken. Wäre es für ihn – den Allmächtigen – nicht ein leichtes gewesen, sich dem Hunger, der Müdigkeit und allen Widrigkeiten des Daseins zu entziehen? Und doch sehen wir in den Evangelien immer wieder, daß er »des Wunders fähig ist, es aber nie gebraucht, um aus der entsetzlichen Enge seines Daseins herauszukommen«[6].

Jesus teilt unser Leben – und doch bleibt uns sein Leben ein Geheimnis. »Die Fülle der neutestamentlichen Christus-Wirklichkeit sprengt jede Art Psychologie.«[7] Es ist unmöglich, nach unseren Maßstäben zu verstehen, »was *die Länge und die Breite und die Höhe* jenes göttlichen Geschehens sei, welches *das Leben unseres Herrn und Heilandes* heißt. Jenes Geschehens, das sich zunächst in der kurzen Zeit zwischen Jesu Geburt und Tod offenbart – dann aber, wie der Kolosserbrief und der Beginn des Johannesevangeliums zeigen, hinter die Geburt in die Ewigkeit zurückreicht.«[8] Nur der gläubige Sinn erfaßt die Gestalt des menschgewordenen Sohnes Gottes, der an *Weisheit und Alter und Gnade* zunehmen wollte und »das erfragen wollte, was man als Mensch durch Erfahrung lernen muß«[9]. Jesus, den Widrigkeiten und Unwägbarkeiten des Alltags unterworfen: wie viele Anregungen für unser Gebet!

II. Wahrscheinlich wußte die Frau aus Kanaan nur, daß Jesus jenseits der Grenzen

Wunder gewirkt hatte, und sonst nichts. Jetzt fleht sie ihn an: *Hab Erbarmen mit mir, Herr, du Sohn Davids! Meine Tochter wird von einem Dämon gequält.* Warum würdigt er sie keiner Antwort? Sogar die Jünger setzen sich für sie ein: *Befrei sie von ihrer Sorge, denn sie schreit hinter uns her.* Doch der Herr erwidert: *Ich bin nur zu den verlorenen Schafen des Hauses Israel gesandt.* Ist der Jesus, der so spricht, nicht derselbe, der alle an sich ziehen will?[10] Hat er nicht gesagt: *Ich habe noch andere Schafe, die nicht aus diesem Stall sind; auch sie muß ich führen, und sie werden auf meine Stimme hören*[11]? Jesus geht es doch um eine Sendung, die keine Barrieren kennt. Weshalb also auf einmal die Zurückweisung? Nicht die Psychologie erklärt das Rätsel, nur der Glaube: »Alle Menschen sind berufen, in das Reich einzutreten. Dieses messianische Reich wird zunächst den Kindern Israels verkündet, ist aber für die Menschen aller Völker bestimmt.«[12] Erst der Tod des Herrn wird die ganze Welt seinem Evangelium öffnen.

In der kurzen Spanne seines irdischen Wirkens richtet sich sein Ruf an das eigene Volk: *Es ist nicht recht, das Brot den Kindern wegzunehmen und den Hunden vorzuwerfen.* Die harsche Antwort erschüttert indes nicht das Vertrauen der Frau. Sie *fiel vor ihm nieder*, sie bat immer wieder: *Herr, hilf mir!* Diese Mutter kämpft um ihr Kind: Weder ist sie gekränkt noch maßt sie sich an, Jesus zu widersprechen; sie läßt das Wort über den Vorrang der Kinder

Israels gelten, greift es aber schlagfertig auf und legt es zu ihren Gunsten aus: *Ja, du hast recht, Herr! Aber selbst die Hunde bekommen von den Brotresten, die vom Tisch ihrer Herren fallen.* »In dieser erleuchteten Antwort eines geängstigten Herzens sieht Jesus nur den Glauben, der ihn immer zu einem Wunder zu bewegen vermochte.«[13]

Frau, dein Glaube ist groß. Was du willst, soll geschehen. Von dieser Stunde an war ihre Tochter geheilt. Jesus rückt von seinem Wort ab, weil eine Mutter in Not ihn bittet, bedrängt, beschwört. Viele gläubige Mütter unserer Zeit werden sich in dieser Frau wiedererkennen, weil auch ihre Not die Not eines Sohnes oder einer Tochter ist, die sich vom Glauben abgewandt haben oder fragwürdige Wege gehen. Sie ringen um ihr Kind und folgen damit einer heiligen Tradition betender Mütter, die mit der Kanaanäerin einsetzt und sich durch die Geschichte fortsetzt. Wieviele Mütter tragen durch ihr Gebet ihre erwachsenen Kinder.

Eine der imponierendsten Gestalten in dieser Kette ist die heilige Monika. Sie war eine einfache Frau, ihr Sohn Augustinus ein brillanter Geist und ein glänzender Rhetoriker, aber über viele Jahre verblendet von der intellektuellen Mode des Manichäismus: ein »Verführter und Verführer, Betrogener und Betrüger in allerlei Leidenschaften«, »hier eingebildet, dort abergläubisch«, »als Rhetor dem nichtigen Ruhm bei der Menge« nachjagend, süchtig nach »Beifallsklatschen des Theaters, Streitgedichten, Kampf um verwelkende Lorbeerkränze, in Schauspielpossen und zügelloser Sinnlichkeit«[14], schreibt er von sich. Und weiter: »Du strecktest deine Hand aus und rissest meine Seele aus dieser tiefen Finsternis; denn es weinte zu dir meine Mutter, deine Getreue, weinte um mich mehr, als Mütter Leichname beweinen. Sie sah meinen Tod durch den Glauben und den Geist, den sie durch dich besaß. Und du, Herr, hast sie erhört. Du hast sie erhört und hast ihre Tränen nicht verachtet.«[15] Monika hatte einen Bischof – wahrscheinlich den heiligen Ambrosius – gebeten, Augustinus über die manichäische Irrlehre aufzuklären; der Bischof habe es aber abgelehnt, »und zwar, wie ich später sah, aus kluger Überlegung. Er gab nämlich zur Antwort, ich sei vorerst unbelehrbar, weil der Reiz der Neuheit, den jene Irrlehre für mich habe, mir zu Kopf gestiegen sei. (...) Aber laß ihn dabei, sagte er, nur bete für ihn zum Herrn; durch Studium wird er selbst dahinterkommen, welch ein Irrtum das ist, welche Gottvergessenheit. (...) Als sich die Mutter von diesen Worten nicht beruhigen ließ, sondern mit Bitten und reichlich Weinen noch weiter in ihn drang, er möge mich kommen lassen und sich mit mir besprechen, da sagte er etwas unwillig: Nun geh und laß mich! So wahr du lebst, es ist unmöglich, daß ein Sohn solcher Tränen verlorengeht.«[16] Es mußten noch neun Jahre vergehen, bis die Mutter vom Himmel aus die Bekehrung ihres Sohnes erwirkte.

III. Unsere tägliche Gebetserfahrung läßt uns ahnen, daß jedes echte Bittgebet von Ausdauer und Demut getragen sein muß: »Wer von oben empfangen will, der muß notwendigerweise ganz unten sein in rechter Demut (...). Sieh zu, daß du dich hinab begibst in rechter Demut unter Gott und daß du Gott erhebst in deinem Herzen und in deinem Erkennen.«[17] Dem Herrn, sagt die heilige Theresia von Avila, »gefällt die Einfalt eines demütigen kleinen Hirten besser als die wohlgeordnete Theologie von minder Demütigen«[18].

»Harre aus im Gebet. – Harre aus, wenn auch dein Mühen fruchtlos scheint. – Das Gebet bringt immer Frucht.«[19] Allerdings nicht immer die Frucht, die wir uns erhoffen. Denn manchmal schenkt der Herr statt des Erbetenen die viel wertvollere Gnade des inneren Wachsens durch die Einübung in Vertrauen. »Wenn wir einen großen Künstler hören, der meisterhaft sein Instrument beherrscht, dann bewegt uns die Leichtigkeit, das scheinbar Selbstverständliche und Gelöste, das einfach die Schönheit des Werkes selber sprechen läßt. Aber gerade damit es am Ende diese Leichtigkeit gebe, in der sich das Große rein und unverstellt ausdrückt, muß eine lange zuchtvolle Arbeit vorangehen. Das innere Leben darf uns nicht weniger wert sein als die äußeren Verrichtungen, als Sport und technisches Können. Das Wachsen des inneren Menschen ist unseres ganzen Einsatzes wert: Die Welt braucht Menschen, die innerlich reif und reich geworden sind.«[20]

Wieviele Worte des Herrn stärken unser Vertrauen: *Bittet, dann wird euch gegeben; sucht, dann werdet ihr finden; klopft an, dann wird euch geöffnet. Denn wer bittet, der empfängt; wer sucht, der findet; und wer anklopft, dem wird geöffnet.*[21] Oder: *Alles, worum ihr betet und bittet – glaubt nur, daß ihr es schon erhalten habt, dann wird es euch zuteil.*[22] Und: *Was ihr vom Vater erbitten werdet, das wird er euch in meinem Namen geben.*[23] Schweigt Gott, wenn er uns nicht das gibt, worum wir bitten? Die heilige Theresia sagt: »Die göttliche Majestät weiß viel besser, was uns ansteht; es gibt daher keinen Grund, dem Herrn zu raten, was er uns gewähren soll, mit Fug wird er uns sagen können, daß wir nicht wissen, worum wir bitten.«[24] Im Glauben können wir nur sagen: Gott kennt unsere Not und unsere Armut. Er läßt uns manchmal warten, damit unsere Sehnsucht nach seiner Gnade tiefer werde. Außerdem: Wissen wir denn wirklich, was wir brauchen? »Wir wissen nicht, ob das, worum wir in der Not bitten, gut ist. Wir wissen nicht, ob die Richtung, die wir einer Situation geben möchten, zum Rechten führt. Unser Leben gleicht nicht der Arbeit eines Kaufmanns oder eines Baumeisters, die ihre Pläne machen und danach handeln. Nur zu einem Teil kommt es aus dem, was wir sehen und verstehen; zum anderen und größeren aus dem Geheimnis Gottes. Dahinein geht die Bitte; so muß sie bereit sein, zu empfangen, was von dorther richtig ist.«[25]

Im Glauben erkennen wir: »Gott erhört

jedes Gebet in einer all unser Hoffen übertreffenden Weise. Wenn er deshalb ein Gebet nicht in der Weise erhört, wie wir es wünschen, dann deshalb, weil dieser Wunsch noch nicht unserem wahren Besten entspricht. Der heilige Augustinus drückt diesen Gedanken so aus: ›Gut ist Gott, der oftmals nicht gibt, was wir wollen, auf daß er uns gebe, was wir lieber wollen sollten.‹ Die heilige Theresia von Lisieux sagt deshalb: ›Und wenn du mich nicht erhörst, liebe ich dich noch mehr‹.«[26] In diesem Vertrauen können wir dem Herrn sagen: »Herr, ich will nichts anderes als das, was du willst. Wenn die Bitten, die ich in diesen Tagen an dich richte, mich auch nur einen Millimeter von deinem Willen entfernen würden, so erfülle sie mir nicht!«[27]

Die kanaanäische Frau hat etwas gemeinsam mit Maria. Auch ihre Bitte in Kana schien erfolglos zu sein. Und doch wandte sie sich gleich an die Diener: *Was er euch sagt, das tut.*[28]

[1] *Mt* 15,21-28. – [2] vgl. *Mk* 7,24-30; vgl. Bd 4, S. 324. – [3] *Katechismus der Katholischen Kirche*, 136. – [4] G. Kroll, *Auf den Spuren Jesu*, Stuttgart 1988, S. 256. – [5] vgl. *Hebr* 4,15. – [6] R. Guardini, *Der Herr*, Würzburg 1951, S. 533. – [7] ders., *Das Bild von Jesus dem Christus im Neuen Testament*, Freiburg 1961, S. 14. – ebd., S. 13. – [8] ebd., S. 13. – [9] *Katechismus der Katholischen Kirche*, 472. – [10] vgl. *Joh* 12,32. – [11] *Joh* 10,16. – [12] *Katechismus der Katholischen Kirche*, 543. – [13] M.-J. Lagrange, *Das Evangelium von Jesus Christus*, Heidelberg 1949, S. 260. – [14] Augustinus, *Bekenntnisse*, 4,1. – [15] ebd., 3,12. – [16] ebd. – . – [17] Meister Eckhart, *Die Gottesgeburt im Seelengrund*, Freiburg 1990, S. 90. – [18] Theresia von Avila, *Weg der Vollkommenheit*, 37,4. – [19] J. Escrivá, *Der*

Weg, Nr. 101. – [20] J. Ratzinger, *Diener eurer Freude*, Freiburg 1988, S. 79. – [21] *Lk* 11,9-10. – [22] *Mk* 11,24. – [23] *Joh* 16,23. – [24] Theresia von Avila, *Die innere Burg*, 11,8. – [25] R. Guardini, *Vorschule des Betens*, Mainz 1986, S. 71. – [26] *Katholischer Erwachsenen-Katechismus*, Bonn 1985, S. 105. – [27] J. Escrivá, *Im Feuer der Schmiede*, Nr. 512. – [28] *Joh* 2,5.

11

SPEISE UND TRANK ZUM EWIGEN LEBEN

Mahlgemeinschaft mit Jesus.
Verheißung in der Synagoge von Kafarnaum.
Im Abendmahlssaal.

I. Jemand hat sich ein Haus gebaut, den Tisch für ein Festmahl gedeckt und die Dienerschaft ausgeschickt, um die Gäste zu laden: *Kommt, eßt von meinem Mahl, und trinkt von dem Wein, den ich mischte.* Dieser Jemand ist *die Weisheit*[1]. Das Bild des Gastmahls findet sich in fast allen Religionen, wenn auch in verschiedenen Formen. »Nahrungsaufnahme wird im festlichen Mahl aus einem bloß biologischen Vorgang zu einem lebendigen Vollzug der Gemeinschaft der Menschen untereinander. Der Mensch erlebt die Köstlichkeit der Dinge und erlebt sie erst voll in der Gemeinschaft derer, die sich mit ihm freuen; ja, er spürt die Festlichkeit des Daseins selbst, das ihm so oft feindselig-störrisch begegnet, in der Stunde des Mahles aber gleichsam mit offenen Händen dasteht, mit der Geste des verschwenderischen Schenkens, der ausgelassenen Freude.«[2] Im Alten Testament werden Verträge, Bündnisse oder die Ausrufung eines Königs mit einem Mahl gefeiert, ebenso der Bundesschluß Gottes mit seinem Volk, dessen man im alljährlichen Paschamahl gedenkt.[3]

Das geheimnisvolle alttestamentliche Bild einer personifizierten Weisheit, die alle zu sich einlädt, läßt etwas vom göttlichen Offenbarungsratschluß ahnen: »In ihm liegt eine eigenartige göttliche ›Erziehungsweisheit‹: Gott teilt sich dem Menschen stufenweise mit; er bereitet ihn etappenweise darauf vor, seine übernatürliche Selbstoffenbarung aufzunehmen, die in der Person und Sendung des fleischgewordenen Wortes Jesus Christus gipfelt.«[4] In ihm hat Gottes Weisheit *ihr Haus gebaut*; denn Gott selbst *ist Fleisch geworden und hat unter uns gewohnt. – Er hat sein Zelt unter uns aufgeschlagen*[5], wie die buchstäbliche Übersetzung lautet. Später wird Christus, *den Gott für uns zur Weisheit gemacht hat*[6], den alttestamentlichen Ruf der Weisheit aufgreifen: *Wer zu mir kommt, wird nie mehr hungern, und wer an mich glaubt, wird nie mehr Durst haben.*[7] Er läßt das Bild real werden, er lädt uns wirklich an seinen Tisch.

Wer sind Christi Tischgenossen? Die erste naheliegende Antwort aus dem Glauben lautet: Wir alle, denn er setzte die Eucharistie als heiliges Mahl für uns ein. Aber in unserem Gebet denken wir zuerst an jene, die ihn damals begleiteten, Essen und Trinken mit ihm teilten und allmählich in die Überzeugung hineinwuchsen, daß der Bräutigam bei ihnen war.[8] Die Tischgemeinschaft mit Jesus führt zu einer tieferen, die ganze Person verwandelnden Begegnung: die Sünderin im Hause des Pharisäers erfährt Liebe und Vergebung[9], Zachäus Freude und Heil[10], die mit Matthäus befreundeten *Zöllner und Sünder* – sie *aßen zusammen mit ihm und seinen Jüngern*[11] – Schutz vor den Anschuldigungen der Selbstgerechten, die hungernden Menschen in der Einöde, denen Jesus persönlich den Tisch bereitet, überreiche Fülle[12]. Auch nach der Auferstehung bestimmt das Mahl die Atmosphäre vieler Begegnungen mit dem verherrlichten Herrn. Er *erschien den Elf, als sie bei Tisch waren*[13]. Den Jüngern von Emmaus[14] *gingen die Augen erst auf, als er mit ihnen bei Tisch war.*

Auch wenn der Herr die Mahlgemeinschaft schätzt, hat er doch immer ein anderes Mahl im Blick: *Mit dem Himmelreich ist es wie mit einem König, der die Hochzeit seines Sohnes vorbereitete. Er schickte seine Diener, um die eingeladenen Gäste zur Hochzeit rufen zu lassen*[15]. *Sie aber wollten nicht kommen.* »Hilf uns, Herr, böse und eitle Ausreden beiseite zu lassen, damit wir zum Hochzeitsmahl kommen. Nichts soll unsere Teilnahme verhindern: weder der Stolz soll uns ruhmsüchtig erheben, noch die böse Neugierde uns an die Erde drücken und von Gott abwenden, noch die Sinnlichkeit die Freuden des Herzens verderben. Kamen zum Mahl nicht auch die Bettler, die Kranken, die Krüppel, die Blinden? (...) Auch wir werden dort als Bettler erscheinen, denn uns lädt einer ein, der reich ist, aber um unseretwillen arm wurde, damit er mit seiner Armut die Armen bereichere. Wir werden als Kranke erscheinen, denn nicht die Gesunden bedürfen des Arztes, sondern jene, die krank sind. Wir werden als Krüppel erscheinen und dir sagen: ›Festige meine Schritte, wie du es verheißen hast‹ (*Ps* 119,133). Wir werden als Blinde kommen und dich bitten: ›Erleuchte meine Augen, damit ich nicht entschlafe und sterbe‹ (*Ps* 13,4).«[16]

II. »Gott ruft jeden Menschen unermüdlich zur geheimnisvollen Begegnung mit ihm. Das Gebet begleitet die Heilsgeschichte als ein Rufen Gottes nach dem Menschen und ein Rufen des Menschen nach Gott.«[17] Oft ist es ein Ruf voller Sehnsucht: *Gott, du mein Gott, dich suche ich. Meine Seele dürstet nach dir. Nach dir schmachtet mein Leib wie dürres, lechzendes Land ohne Wasser.*[18] Der Betende erfährt, daß er Gott um so mehr *sucht*, je mehr er ihn *gefunden* hat. Denn Gott finden heißt, immer deutlicher zu vernehmen, daß er ruft, und immer drängender nach ihm zu streben. Man spürt – mit Worten der heiligen Theresia – eine »große, höchst entschlossene Entschlossenheit, nicht anzuhalten, bevor die Quelle erreicht ist, käme unterwegs auch der Tod, wäre auch der Mut den Mühsalen des Weges nicht gewachsen und ginge auch die Welt unter.«[19]

»Es gibt nicht nur die Vereinigung des Schauens und Liebens, des Bewußtseins und der Gesinnung; es gibt auch eine Vereinigung des lebendigen Seins. Nicht nur unser Erkennen und Wollen strebt zu ihm, sondern unser ganzes Wesen.«[20] Wir wollen ihn nicht nur betrachten, sondern auch im Leben und Sein mit ihm vereint werden in einer tiefer reichenden Vereinigung als der »des Erkennens und Liebens: die Vereinigung seienden Lebens. Wir verlangen danach, müssen es, und für dieses Verlangen gibt es einen tiefen Ausdruck. Die Heilige Schrift selbst legt ihn uns auf die Lippen: so möchten wir mit Gott geeint werden, wie unser Leib mit Speise und Trank. (...) Nicht nur erkennen möchten wir ihn, nicht nur lieben, sondern ihn greifen, halten, haben – ja, sagen wir es getrost, essen, trinken, in uns hinein, bis wir von ihm gesättigt wären, gestillt.«[21]

Jesus verheißt im heutigen Evangelium[22] die Eucharistie. *Das lebendige Brot, das vom Himmel herabgekommen ist*, ist sein Fleisch: *Mein Fleisch ist wirklich eine Speise, und mein Blut ist wirklich ein Trank.* Er versichert uns: *Wer mein Fleisch ißt und mein Blut trinkt, der bleibt in mir, und ich bleibe in ihm.* Das Essen dieses Brotes schenkt ein Leben, das im Vater wurzelt und durch den Vater in ihm ist: *Wie mich der lebendige Vater gesandt hat und wie ich durch den Vater lebe, so wird jeder, der mich ißt, durch mich leben.*

Wir erinnern uns an die Not der Marta und der Maria am Grab des Lazarus und an das Wort Jesu, bevor er ihn zum Leben auferweckt: *Ich bin die Auferstehung und das Leben. Wer an mich glaubt, wird leben, auch wenn er stirbt, und jeder, der lebt und an mich glaubt, wird auf ewig nicht sterben.*[23] Heute sagt uns der Herr dasselbe: jeder, der seine Speise ißt und den Trank trinkt, wird *in Ewigkeit leben*. Aber was heißt: *In Ewigkeit leben*? Christus rückt unser Empfinden zurecht, indem er uns das ewige Leben nicht nur als ein zukünftiges Gut, sondern als eine Realität zeigt, die bereits gegenwärtig ist in der Eucharistie: *Wer mein Fleisch ißt und mein Blut trinkt, hat das ewige Leben.* Einerseits besitzen wir schon jetzt das ewige Leben, andererseits wird es uns einst in Fülle geschenkt: *ich werde ihn auferwecken am Letzten Tag.* Wir leben zwischen dem Jetzt des sakramentalen Empfangs und dem Einst der himmlischen Vollendung, denn die Eucharistie ist »das Sakrament huldvollen Erbarmens, das Zeichen der Einheit, das Band der Liebe, das Ostermahl, in dem Christus genossen, das Herz mit Gnade erfüllt und uns das Unterpfand der künftigen Herrlichkeit gegeben wird«[24]. Diese Haltung soll unseren Empfang der heiligen Kommunion prägen. »Jede Eucharistie ist Parusie, Kommen des Herrn, und jede Eucharistie ist doch erst recht Spannung der Sehnsucht, daß er seinen verborgenen Glanz offenbare.«[25]

Wachsen wir in unserem Glauben an die heilige Eucharistie immer mehr. »Wie unaussprechlich staunenerregend ist doch diese Wirklichkeit! Gott ist unter uns, wir können uns jeden Tag mit ihm vereinen und, wenn wir wollen, mit ihm vertraute Gespräche führen: wie mit einem Freund, mit einem Bruder, mit dem Vater – mit der Liebe.«[26]

III. In der Synagoge von Kafarnaum stritt man sich: *Wie kann er uns sein Fleisch zu essen geben?* Viele verließen daraufhin Jesus. Im Abendmahlssaal von Jerusalem wurden die rätselhaften Worte Realität. Die Jünger schwiegen angesichts des Geheimnisses. Was geschah dort? Der Herr wollte der Zusammenkunft »eine solche Fülle an Bedeutsamkeit, an Erinnerung, an zutiefst erschütternden Worten und Gefühlen und an derart neuen Handlungen und Geboten geben, daß wir mit dem Betrachten und Nachdenken darüber wohl nie an ein Ende gelangen. Es ist ein Abendmahl des Vermächtnisses; es ist ein von unendlicher Liebe und unendlicher Traurigkeit erfülltes Abendmahl (*Joh* 16,6), und es ist zugleich voller geheimnisvoll geoffenbarter göttlicher Verheißungen und letzter Ausblicke. Schon droht der Tod mit unhörbaren Vorahnungen von Verrat, von Abkehr und Opfer. Das Gespräch erstirbt sofort, nur die Worte Jesu fließen dahin in einer ganz neuen, überaus zärtlichen Weise, zielen auf höchste Vertraulichkeit, schweben gleichsam auf der Schneide zwischen Leben und Tod.«[27]

In dieser Atmosphäre des Abschieds deutet Jesus an, daß er uns und unsere Sünden in das Opfer seines Lebens hineinnimmt, damit wir mit Gott endgültig versöhnt werden. »Da sind zunächst diese beiden unergründlichen

Worte, die nun für immer im Zentrum der Kirche, im Zentrum der eucharistischen Feier stehen, die Worte, von denen wir leben, weil sie Gegenwart des lebendigen Gottes, Gegenwart Jesu Christi in unserer Mitte sind und so die Welt aufreißen aus ihrer unerträglichen Langweiligkeit, Gleichmütigkeit, Schwere und Bosheit. *Dies ist mein Leib, dies ist mein Blut.* Das sind Ausdrücke aus der Opfersprache Israels, in der die Gaben bezeichnet wurden, die man Gott im Tempel opferte. Wenn Jesus diese Wörter nimmt, bezeichnet er sich selbst als das endgültige und wirkliche Opfer, in dem all diese vergeblichen Versuche des Alten Testaments erfüllt sind. In ihm ist das, was darin immer gewollt war und nie sein konnte, aufgenommen. Gott will keine Tieropfer; ihm gehört alles. Und er will keine Menschenopfer, denn er hat den Menschen zum Leben geschaffen. Gott will Größeres: Er will die Liebe, die den Menschen verwandelt und in der er gottfähig wird, sich Gott überläßt.«[28] Das Opfer Christi wird in der heiligen Messe gegenwärtig. Sie »ist zugleich und untrennbar das Opfergedächtnis, in welchem das Kreuzesopfer für immer fortlebt, und das heilige Mahl der Kommunion mit dem Leib und dem Blut des Herrn. Die Feier des eucharistischen Opfers ist ganz auf die innige Vereinigung mit Christus durch die Kommunion ausgerichtet. Kommunizieren heißt, Christus selbst empfangen, der sich für uns hingegeben hat.«[29]

In Kafarnaum verhieß Jesus die Eucharistie, in Jerusalem gab er sie uns, in unseren Kirchen empfangen wir sie. Fragen wir uns am Ende unserer Zeit des Gebetes, was da geschieht, wenn wir uns dem Tisch des Herrn nähern. Im Katechismus heißt es: »Die Kommunion vertieft unsere Vereinigung mit Christus. (...) Was die leibliche Speise in unserem leiblichen Leben, bewirkt die Kommunion auf wunderbare Weise in unserem geistlichen Leben. Die Kommunion mit dem Fleisch des auferstandenen Christus, das durch den Heiligen Geist lebt und Leben schafft, bewahrt, vermehrt und erneuert das in der Taufe erhaltene Gnadenleben. Damit das christliche Leben wächst, muß es durch die eucharistische Kommunion, das Brot unserer Pilgerschaft, genährt werden bis zur Todesstunde, in der es uns als Wegzehrung gereicht wird.«[30]

Maria war nicht anwesend, als der Herr die Eucharistie einsetzte. Und doch hat sie die Vereinigung mit Christus tiefer als die Apostel damals und als alle Heiligen je erfahren. Wenden wir uns an sie: »Wenn ihr Christus in eure Herzen aufnehmt – in Gemeinschaft mit dem Lebendigen Brot –, dann bedenkt, was die allerseligste Jungfrau empfunden haben muß, als der Heilige Geist sie überschattete; sie, die voll der Gnade war, wurde zum Gefäß für Jesu Leib. Der Geist kam mit solcher Macht auf sie herab, daß Maria sich unverzüglich aufmachte, einen Dienst zu erfüllen. Jedesmal, wenn das Brot des

Lebens gebrochen wird und wir daran teilnehmen, müßte in uns diesselbe Wirkung entstehen, denn wir empfangen denselben Gottessohn, der zu Maria kam, um Fleisch zu werden.«[31]

[1] *Spr* 9,1-6. – [2] J. Ratzinger, *Dogma und Verkündigung*, München 1973, S. 309. – [3] vgl. *Gen* 26,30; 31,46.54; *1 Sam* 11,15; Ex 24,11. – [4] *Katechismus der Katholischen Kirche*, 53. – [5] vgl. *Joh* 1,1-14. – [6] *1 Kor* 1,30. – [7] *Joh* 6,35. – [8] vgl. *Mt* 9,15. – [9] *Lk* 7,36-49. – [10] *Lk* 19,2-10. – [11] *Mt* 9,10. – [12] vgl. *Mt* 14,15-21. – [13] *Mk* 16,14. – [14] *Lk* 24,30-31. – [15] vgl. *Mt* 22,1-10. – [16] Augustinus, *Predigt*, 112,8. – [17] *Katechismus der Katholischen Kirche*, 2591. – [18] *Ps* 63,2.6. – [19] Theresia von Avila, *Weg der Vollkommenheit*, 35,2. – [20] R. Guardini, *Von heiligen Zeichen*, Mainz 1992, S. 54. – [21] ebd. – [22] *Joh* 6,51-58. – [23] *Joh* 11,25. – [24] II. Vat. Konz., Konst. *Sacrosantum Concilium*, 47. – [25] J. Ratzinger, *Eschatologie – Tod und ewiges Leben*, Regensburg 1977, S. 167. – [26] J. Escrivá, *Im Feuer der Schmiede*, Nr. 268. – [27] Paul VI., *Homilie am Gründonnerstag*, 27.3.1975. – [28] J. Ratzinger, *Eucharistie – Mitte der Kirche*, München 1978, S. 13. – [29] *Katechismus der Katholischen Kirche*, 1382. – [30] ebd., 1391-1392. – [31] Mutter Teresa, *Beschaulich inmitten der Welt*, Einsiedeln 1990, S. 24.

12

IM FEUER

Ein anregendes Bild.
Das Herz Jesu.
Eine Wolke von Zeugen.

I. Es gibt Worte des Herrn, die aufhorchen lassen, weil sie nicht zu den Vorstellungen passen wollen, die man sich von ihm macht. Das Wort: *Ich bin gekommen, um Feuer auf die Erde zu werfen. Wie froh wäre ich, es würde schon brennen*[1], gehört dazu. Ein feuriges Herz haben, Feuer und Flamme sein, Feuer fangen... Wir wissen gut, was damit gemeint ist. Christus – mild und demütig von Herzen – kennt die Leidenschaft, ein verzehrendes Drängen – das Feuer.

Wir wollen versuchen, in dieser Zeit des Gebetes dieses Bild vom Feuer zu betrachten. Bitten wir den Heiligen Geist, er möge uns jene tiefere Einsicht schenken, die jenseits der Sprachbilder im Geheimnis Gottes selbst liegt: *Veni, Sancte Spiritus... Komm, Heiliger Geist, erfülle die Herzen deiner Gläubigen, und entzünde in ihnen das Feuer deiner Liebe.*

Warum ist das Bild vom Feuer so anregend? Feuer ist ein geheimnisvolles Element – angesiedelt zwischen Geist und Materie, selbst nicht greifbar und doch alles ergreifend, reinigend oder verzehrend in seiner Wirkung, mit Licht und mit Asche, mit Wärme und mit Zerstörung, mit Läuterung und mit Verderben verwandt.

Gott offenbart sich »in seiner entgegenkommenden Güte zu den Menschen in menschlichen Worten«[2] und mit Hilfe von Bildern, die uns aus der Erfahrung vertraut sind. Es scheint, daß in der Sprache der Heiligen Schrift kein Wort und kein Bild besser geeignet ist, Gottes Wirken auszudrücken, als das Bild vom Feuer. Zeichen und Hinweis des sich offenbarenden Gottes sind: die *lodernde Fackel*, die Abrahams Opfer verzehrt[3], die *Flamme, die aus einem Dornbusch emporschlug, der brannte und doch nicht verbrannte*[4], der Rauch, der den Berg Sinai einhüllte, *denn der Herr war im Feuer auf ihn herabgestiegen*[5]. Feuer begleitet auch die Berufung einiger Propheten. Ezechiel sieht *eine große Wolke mit flackerndem Feuer, umgeben von einem hellen Schein*[6], Jesaja[7] sieht die Seraphim – die *Brennenden*, die *Entbrannten* – vor Gottes Thron und erkennt sich als *ein Mann mit unreinen Lippen*. Ein Seraphim *trug in seiner Hand eine glühende Kohle (...). Er berührte damit meinen Mund.* Jeremias' Schicksal als Prophet steht im Zeichen des Feuers: *Du hast mich gepackt und überwältigt (...). Sagte ich aber: Ich will nicht mehr an ihn denken und nicht mehr in seinem Namen sprechen!, so war es mir, als brenne in meinem Herzen ein Feuer, eingeschlossen in meinem Innern.*[8] Besonders Elija[9] ist *ein Prophet wie Feuer*, mit Worten *wie ein brennender Ofen* und *bereit für die Endzeit, um den Zorn zu beschwichtigen, bevor er entbrennt.* Aber gerade er erfährt, daß es ein noch verblüffenderes Bild Gottes gibt als das Feuer; denn am Berg Horeb ging Gott an ihm vorüber weder im *Sturm*, noch im *Erdbeben*, noch im *Feuer. Nach dem Feuer kam ein sanftes, leises Säuseln. Als Elija es hörte, hüllte er sein Gesicht in den Mantel, trat hinaus und stellte sich an den Eingang der Höhle.*[10]

Mein Sohn, wenn du dem Herrn dienen willst, dann mach dich auf Prüfung gefaßt! (...) Denn im Feuer wird das Gold geprüft, und jeder, der Gott gefällt, im Schmelzofen der Bedrängnis![11] Feuer ist Reinigung und Erneuerung, Gericht und Strafe, aber auch Zuwendung, Begeisterung, Heil und deshalb auch ein Bild der Liebe: *Ihre Gluten sind Feuergluten, gewaltige Flammen. Auch mächtige Wasser können die Liebe nicht löschen; auch Ströme schwemmen sie nicht weg.*[12]

II. *Wie froh wäre ich, es würde schon brennen!* Der Herr möchte die Seinen schon jetzt ganz von seinem Feuer ergriffen sehen, aber er weiß auch, daß dies ein Geschenk des Geistes sein wird – und der Geist ein Geschenk des Kreuzes: *Ich muß mit einer Taufe getauft werden*, in Leid und Tod hinabtauchen. »Er ist sich dessen bewußt, daß über seinem Haupt eine Verpflichtung schwebt entsprechend dem ewigen Plan des Vaters (vgl. *Mk* 8,31), lange bevor die geschichtlichen Gegebenheiten zur Erfüllung dessen führen, was vorausbestimmt war.«[13] Sein Empfinden – ist er doch Mensch – schreckt vor der kommenden Bedrängnis zurück: *ich bin sehr bedrückt, solange sie* – die Taufe im Leiden – *noch nicht vollzogen ist.*

Als Jesus am Kreuze hing, bewahrheitete sich das Wort von der Freundschaft, das er in seiner Abschiedsstunde sprach: *Es gibt keine größere Liebe, als wenn einer sein Leben für seine Freunde hingibt.*[14] Seine Freunde – das sind wir alle, jeder einzelne Mensch im Laufe der Weltgeschichte. Mich dürstet![15] ist ein Ruf nach jedem von uns. »Der Durst auf den Lippen des sterbenden Christus am Kreuz drückt zum letzten Mal die Sehnsucht nach der Taufe aus, die er empfangen, und nach dem Feuer, das er auf der Erde entzünden muß.«[16]

Jesus hat das Feuer der Liebe Gottes in uns entzündet und uns den Namen des Vaters geoffenbart. *Wie mich der Vater geliebt hat, so habe auch ich euch geliebt. Bleibt in meiner Liebe!*[17] Dies ist seine Verheißung, sein Auftrag und auch seine Bitte an uns: daß wir dem Geschenk seiner Liebe treu bleiben. Ein Kirchenvater versucht, das Wirken des Geistes mit einem Beispiel zu erklären: »Wenn das Feuer die schwere Masse des Eisens durchdringt und es ganz zu Feuer macht und so das Kalte heiß und das Schwarze leuchtend wird, wenn also das Feuer, das selbst ein Körper ist, in das Innere des Eisens eindringt und so ungehindert wirkt, was wunderst du dich da, wenn der Heilige Geist in das Innerste der Seele dringt?«[18]

Unsere Sehnsucht nach Gott ist die Antwort auf die Sehnsucht Jesu nach uns. Der Psalmist betet: *Sucht sein Antlitz allezeit!*[19] Seit der Menschwerdung heißt dies: Such das Antlitz Christi! Er ist der Weg zum Vater! Und such ihn unablässig, ohne müde zu werden, ihn zu suchen. Der heilige Bernhard meint, »daß das Suchen nicht aufhören wird, wenn wir Gott gefunden haben. Nicht mit den Schritten der Füße wird Gott gesucht, sondern mit Schritten der Sehnsucht. Und das glückliche Finden vertreibt die Sehnsucht nicht, sondern steigert sie. Ist die Vollendung der Freude denn die Aufzehrung der Sehnsucht? Nein, die Vollendung der Freude ist Öl für die Sehnsucht: denn die Sehnsucht ist eine Flamme. Ja, so ist es. Das Maß der Fröhlichkeit wird voll gemacht, aber die Sehnsucht endet nicht und darum auch das Suchen nicht.«[20]

Wenden wir uns dem Herzen Jesu zu. »Dieses göttliche Herz ist der Abgrund alles Guten, in dem die Armen all ihre Not untertauchen sollen. Es ist ein Abgrund der Freude, in den wir all unsere Traurigkeit versenken sollen, ein Abgrund der Demut gegen unser Unvermögen, ein Abgrund des Erbarmens für alle Unglücklichen, ein Abgrund der Liebe, in dem unsere ganze Armut untergehen soll.«[21] Als in den siebziger Jahren des 17. Jahrhunderts die heilige Margareta Maria Alacoque diese Worte schrieb und in Visionen den Auftrag erhielt, die Verehrung des heiligsten Herzens Jesu zu verbreiten, war das christliche Leben bedroht:

»Der unter dem Zeichen des Herzens sich vollziehenden Schau der Barmherzigkeit und der Liebe Gottes in Christus Jesus war eine providentielle Aufgabe beschieden. In der katholischen Frömmigkeit herrschte weithin der Jansenismus, der im wesentlichen auf der unnahbaren Gerechtigkeit aufbaute. Sein Einfluß war unermeßlich. Die Herz-Jesu-Frömmigkeit hat diesen Jansenismus überwunden. Auch der in der Kirche stark gewordene Rationalismus wurde durch die Herz-Jesu-Verehrung und ihre reichen Gemütswerte unsicher gemacht.«[22]

Die Anrufungen der Herz-Jesu-Litanei können uns zum kontemplativen Gebet hinführen: *Feuerherd der Liebe, Wohnstatt der Gerechtigkeit und Liebe, König und Mitte aller Herzen, geduldig und voll Erbarmen, Quell des Lebens und der Heiligkeit, Sühne für unsere Sünden, mit Schmach gesättigt, wegen unserer Missetaten zerschlagen, bis zum Tode gehorsam, Quelle allen Trostes, Rettung aller, die auf dich hoffen, Hoffnung aller, die in dir sterben...*

III. *Da uns eine solche Wolke von Glaubenszeugen umgibt...*[23] Wer sind diese Zeugen? Ein erster Blick richtet sich auf die Urväter und Patriarchen des Alten Testaments, die sich als *Fremde und Gäste auf Erden* bekannt und Gottes Verheißung der *Stadt mit den festen Grundmauern nur von fern geschaut und gegrüßt*[24] haben. Dann sehen wir »die verherrlichten Glieder der Kirche, unsere Brüder und Schwestern, die schon zur

Vollendung gelangt sind«[25]. Was bezeugen sie uns? In der Heiligenpräfation beten wir zu Gott: »Die Schar der Heiligen verkündet deine Größe (...). Du schenkst uns in ihrem Leben ein Vorbild, auf ihre Fürsprache gewährst du uns Schutz und Hilfe und gibst uns in ihrer Gemeinschaft das verheißene Erbe. Ihr Zeugnis verleiht uns die Kraft, im Kampf gegen das Böse zu siegen und mit ihnen die Krone der Herrlichkeit zu empfangen.«[26]

Die Heiligen bezeugen uns, daß unsere Werke verdienstlich sein können, »denn in der Krönung ihrer Verdienste krönst du das Werk deiner Gnade«[27]. Auf ihr Beispiel gestützt, können wir *mit Ausdauer in dem Wettkampf laufen, der uns aufgetragen ist, und alle Last und Fesseln der Sünde abwerfen*, »denn in der menschlichen Schwachheit bringst du deine göttliche Kraft zur Vollendung«[28]. Welch tröstliches Geschenk sind die Heiligen! »Als sichtbare Gemeinschaft und als äußeres Zeichen der in ihr wirkenden Gnade Christi bedarf die Kirche auch sichtbar erhobener personaler Zeichen, in denen ihre innere Heiligkeit bekundet und verbürgt wird, sei es zum Vorbild für das Streben nach Heiligung aller ihrer Glieder, sei es zum Zwecke einer wechselseitigen Beziehung zwischen der pilgernden und der in Christi Kraft triumphierenden Kirche, sei es auch zur Verehrung der Vollendeten, die uns Brüder und Schwestern bleiben und uns auf unserem Weg zum Ziel von Gott her Gnade erflehen.«[29]

Heute sind vielleicht mehr denn je Zeugen des Glaubens, der Nachfolge Christi, der Liebe zu den Menschen nötig: »Herolde des Evangeliums (...), die Experten im Umgang mit den Menschen sind, die das Herz des heutigen Menschen gründlich kennen, seine Freuden und Hoffnungen, Ängste und Sorgen teilen und zugleich beschauliche Freunde Gottes sein wollen.«[30] Wir denken an viele, die im gewöhnlichen Alltag ihr Glaubenszeugnis leben oder gelebt haben und uns teuer sind, weil sie – Eltern, Großeltern, Lehrer – uns Wege des Glaubens gewiesen haben. Besonders denken wir an das Zeugnis der Märtyrer. Ihre »mit dem Tod bezeugte Treue zum heiligen Gesetz Gottes ist feierliches Zeugnis und missionarischer Einsatz *usque ad sanguinem*, auf daß nicht der Glanz der sittlichen Wahrheit in den Gewohnheiten und Denkweisen der Menschen und der Gesellschaft um seine Leuchtkraft gebracht werde.(...) Die Märtyrer und, im weiteren Sinne, alle Heiligen der Kirche erleuchten durch das beredte und faszinierende Beispiel eines ganz von dem Glanz der sittlichen Wahrheit umgeformten Lebens jede Epoche der Geschichte durch das Wiederbeleben des sittlichen Empfindens. Durch ihr hervorragendes Zeugnis für das Gute sind sie ein lebendiger Vorwurf für all jene, die das Gesetz überschreiten (vgl. *Weish* 2,12).«[31] Heute, da viele meinen, Kompromisse mit den grundlegenden Wahrheiten des Glaubens und der Moral schließen zu können, mahnt uns der

Hebräerbrief: *Ihr habt im Kampf gegen die Sünde noch nicht bis aufs Blut Widerstand geleistet.*

Am Anfang unserer Meditation stand das Wort des Herrn vom Feuer. Die Heiligen haben in diesem Feuer gelebt, sie haben es – jeder auf seine Art – weitergegeben. Wie steht es mit unserer Entschlossenheit, Brennpunkte des Glaubens zu sein? »Die Welt hallt noch wider von dem göttlichen Ruf: ›Feuer auf die Erde zu werfen bin ich gekommen und wie wünschte ich, daß es schon brenne.‹ – Und du siehst doch: fast überall ist es erloschen...

Willst du dich nicht aufmachen, den Brand überall auszubreiten?«[32]

[1] *Lk* 12,49-53. – [2] *Katechismus der Katholischen Kirche*, 101. – [3] *Gen* 15,17. – [4] *Ex* 3,2. – [5] *Ex* 19,18. – [6] *Ez* 1,4. – [7] *Jes* 6,1-7. – [8] *Jer* 20,7-9. – [9] *Sir* 48,1.10. – [10] *1 Kön* 19,12-13. – [11] *Sir* 2,1.5. – [12] *Hld* 8,6-7. – [13] Johannes Paul II., *Katechese*, 5.10.1988. – [14] *Joh* 15,13. – [15] *Joh* 19,28. – [16] Johannes Paul II, *Katechese*, 30.11.1988. – [17] *Joh* 15,9. – [18] Cyrill von Jerusalem, *Katechesen*, 17,14. – [19] *Ps* 105,4. – [20] Bernhard von Clairvaux, *Predigten über das Hohelied*, 84,1. – [21] Margareta Maria Alacoque, *Brief über die Bedeutung des göttlichen Herzens*. – [22] Th. Schnitzler, *Die Heiligen im Jahr des Herrn*, Freiburg 1978, S. 182. – [23] *Hebr* 12,1-4. – [24] vgl. *Hebr* 11,10-13. – [25] *Präfation von Allerheiligen*. – [26] *Präfation von den Heiligen I*. – [27] ebd. – [28] *Präfation von den Märtyrern*. – [29] L. Scheffczyk, *Maria in der Verehrung der Kirche*, Wien 1981, S. 9. – [30] Johannes Paul II., *Ansprache*, 11.10.1985. – [31] Johannes Paul II., Enz. *Veritatis splendor*, 93. – [32] J. Escrivá, *Der Weg*, Nr. 801.

13

EIN JUNGER MANN FRAGT NACH DEM SINN

Der Dekalog als Lebensweisung.
Jesu Einladung zur Nachfolge.
Von sich absehen.

I. Die drei Synoptiker schildern in gleich langen, aber in Nuancen verschiedenen Berichten[1] die Begegnung des Herrn mit dem *reichen Jüngling*, die uns das heutige Evangelium nach Matthäus[2] vor Augen führt. Wir werden in unserer Meditation auch die Fassung nach Markus heranziehen, damit wir uns besser in das Geschehen hineinversetzen können – »als ob du ein weiterer Teilnehmer wärest«[3]. Bei Markus tritt der junge Mann ungestüm auf – er *fiel vor ihm auf die Knie* –, redet Jesus als *guter Meister* an und fragt geradewegs: *Was muß ich tun, um das ewige Leben zu gewinnen?* In einem klassischen Werk heißt es dazu: »Nicht oft war Jesus einem Menschen begegnet, der ähnlich bildsam war, wirklich ganz mit dem beschäftigt, was auch den Kern des Evangeliums ausmachte: mit der Sorge um das Heil der Seele. Indes aus so ehrlichem Herzen hier die religiöse Leidenschaft auch hervorbrach, es war eine gewisse Übertreibung darin. Jesus, der als wahrer Mensch immer darauf bedacht war, den Sinn der Menschen auf Gott zu lenken, antwortet: ›Was nennst du mich gut? Niemand ist gut als Gott allein!‹«[4]

Die Antwort des Herrn ist allen Juden wohlbekannt: *Halte die Gebote.* Zwar nichts Neues, die Antwort Jesu jedoch fordert den jungen Mann – und uns mit ihm – auf, tiefer über den Sinn der Gebote nachzudenken. Die ersten drei »beziehen sich vor allem auf die Liebe zu Gott, die sieben weiteren auf die Liebe zum Nächsten«[5]. Jesus hatte schon mit seiner Bemerkung: *Nur einer ist »der Gute«*, den Blick des Fragenden auf die erste Tafel der Gebote gelenkt und darauf, »daß Gott, der ›allein Gute‹, als Inbegriff und Quell alles Guten anzuerkennen sei«[6]. Dies ist dem jungen Mann wohl zu allgemein; wir sind froh – und auch den Herrn wird dies nicht gewundert haben –, daß er nachfragt: *Welche?* Nun nennt ihm Jesus die Gebote der zweiten Tafel des Dekalogs, die sich auf den Nächsten beziehen, und bekräftigt damit, daß der Dekalog ein unteilbares Ganzes ist: »Jedes seiner ›Worte‹ verweist auf alle anderen; sie bedingen einander. Die beiden Tafeln erhellen einander; sie bilden eine Einheit. Wer ein Gebot übertritt, verstößt gegen das ganze Gesetz. Man kann den Mitmenschen nicht ehren, ohne Gott, seinen Schöpfer, zu preisen. Man kann Gott nicht anbeten, ohne die Menschen, seine Geschöpfe, zu lieben. Der Dekalog bringt das gottbezogene und das gesellschaftliche Leben des Menschen in eine Einheit.«[7]

Papst Johannes Paul II. nennt zu Beginn seiner Enzyklika *Veritatis splendor* das Gespräch Jesu mit dem reichen Jüngling »eine nützliche Spur (...), um seine Morallehre in lebendiger, eindringlicher Weise neu zu hören«[8]. Möge uns diese Zeit des Gebetes dazu anregen, in den Geboten des Dekalogs die von Christus erneuerte Wegweisung für unser Leben zu sehen. »Aus dem Mund Jesu, des neuen Mose, werden den Menschen die Gebote des Dekalogs wiedergeschenkt; er selbst bestätigt sie endgültig und stellt sie uns als Weg und Bedingung des Heils vor. Das Gebot verbindet sich mit einer Verheißung: im Alten Bund war Gegenstand der Verheißung der Besitz eines Landes, in dem das Volk ein Dasein in Freiheit und Gerechtigkeit führen können sollte (vgl. *Dtn* 6,20-25); im Neuen Bund ist Gegenstand der Verheißung das ›Himmelreich‹, wie Jesus zu Beginn der Bergpredigt – der Rede, die die umfassendste und vollständigste Darlegung des Neuen Gesetzes enthält (vgl. *Mt* 5-7) – in offenkundiger Bezugnahme auf die Mose von Gott am Berg Sinai übergebenen Zehn Gebote sagt. Auf dieselbe Wirklichkeit des Himmelreiches bezieht sich der Ausdruck *ewiges Leben*, das Teilnahme am Leben Gottes selbst ist: es findet seine vollkommene Verwirklichung erst nach dem Tod, ist aber im Glauben schon jetzt Licht der Wahrheit, Sinnquelle für das Leben, beginnende Teilhabe an einer Fülle in der Nachfolge Christi.«[9]

II. Der junge Mann steht vor Jesus: Unbefangen und ein wenig zu selbstsicher nimmt er Stellung: *Alle diese Gebote habe ich befolgt.* Und wieder fragt er: *Was fehlt mir jetzt noch?* Ihn treibt »die Sehnsucht nach einer Fülle, die über die legalistische Auslegung der Gebote hinausgeht«[10]. Er ist das Bild jedes Menschen, »der, bewußt oder unbewußt, an Christus, den Erlöser des Menschen herantritt und ihm die moralische Frage stellt. Für den jungen Mann ist es nicht zuerst eine Frage nach den Regeln, die befolgt werden müssen, als vielmehr eine Frage nach Sinnerfüllung für das Leben. Und in der Tat liegt dem Menschen bei jeder Entscheidung und jeder Handlung dieses Verlangen am Herzen; es ist die stille Suche und der innere Anstoß, der die Freiheit in Bewegung setzt. Diese Frage ist letzten Endes ein Appell an das absolute Gute, das uns anzieht und uns zu sich ruft, sie ist der Widerhall einer Berufung durch Gott, Ursprung und Ziel des Lebens des Menschen.«[11]

Gelegentlich erfahren wir im Umgang mit Freunden, Bekannten und Kollegen, wie treffend diese Worte des Papstes die heutige Situation vieler Menschen charakterisiert – gutwillig, aber ratlos; für Christus empfänglich, aber gegenüber der Kirche skeptisch, weil sie ihr wahres Gesicht nicht kennen. Vielleicht ließ sich Papst Johannes Paul II. beim Niederschreiben dieser Worte von einem Erlebnis bei der Begegnung mit der französischen Jugend im Jahre 1980 inspirieren: »An dem turbulenten und großartigen Abend im Parc des Princes zu Paris stieg plötzlich ein junger Mann mit einem Zettel in der Hand auf die Tribüne und stellte dem Heiligen Vater mit fieberhafter Hast eine Reihe von Fragen in jenem ehrerbietig herausfordernden Ton, den die Jugend gern Respekt-Personen gegenüber anschlägt. Er sagte, daß er Atheist sei, aber die Gelegenheit des Papstbesuches nicht versäumen wolle, um den Glauben zu finden. Als er seinen Zettel vorgelesen hatte, tauchte er im Tumult der Gesänge und Hochrufe unter. Es folgten weitere Fragen, und die seinen blieben unbeantwortet. Noch Monate später warf sich Johannes Paul II. vor, daß er sein verlorenes Schaf in den Brunnen der Anonymität hatte fallen lassen: (...) ›Wie konnte es nur geschehen, daß ich auf die Frage, oder vielmehr auf die Reihe der Fragen des jungen Mannes nicht eingegangen bin? Kann man so wichtige Fragen einfach vergessen? (...) Erst als ich wieder in Rom war, erinnerte ich mich an die unbeantwortete Frage. Ich habe sofort an Kardinal Marty geschrieben, um ihn zu bitten, diesen jungen Mann ausfindig zu machen und mich bei ihm zu entschuldigen.‹«[12]

Kehren wir zum heutigen Evangelium zurück. Der Herr sieht nicht einen Theoretiker vor sich, sondern einen Fragenden, der mit viel gutem Willen und der Bereitschaft zum Engagement Orientierung sucht. Markus skizziert es knapp: *Da sah ihn Jesus an, und weil er ihn liebte, sagte er...* Matthäus konzentriert sich mehr auf die Antwort: *Wenn du vollkommen sein willst, geh, verkauf deinen Besitz (...), dann komm und folge mir nach.* Jesus ruft ihn also – aber dem Ruf geht ein *Wenn du willst...* voraus. Keine Forderung, eher ein Angebot, vielleicht eine Bitte? Jetzt muß der Fragende selbst eine Vorleistung erbringen: das Herz frei machen. Wieder erfahren wir Entscheidendes für uns. »Das Entscheidungsrecht über sich selbst steht der Seele zu. Es ist das große Geheimnis der persönlichen Freiheit, daß Gott selbst davor Halt macht. Er will die Herrschaft über die geschaffenen Geister nur als ein freies Geschenk ihrer Liebe.«[13]

Geh, verkauf deinen Besitz und gib das Geld den Armen... Ist das möglich? »Kein Besitz darf den Besitzer besitzen. Das ist leichter gefordert als erfüllt. Wie leicht und wie oft ›hängt das Herz‹ an kleinen Götzen! Wer ichhaft um sein Eigentum kreist, sei es ein Haus, Grund und Boden, eine Bibliothek, eine Sammlung, was auch immer, verstößt gegen das erste Gebot: Du sollst keine *anderen* Götter neben mir haben...«[14]

Komm und folge mir nach... »Dieses *Komm und folge mir nach* ist der zentrale Höhepunkt der ganzen Episode. Diese Worte machen deutlich, daß man das Christentum nicht als eine aus vielen verschiedenen Kapiteln bestehende Lektion lernen kann, sondern es immer mit einer Person, mit einem lebendigen Menschen verbinden muß: mit Jesus Christus. Jesus Christus ist der Führer: er ist das Vorbild. Man kann ihn auf verschiedene Weise und in verschiedenem Ausmaß zur ›Regel‹ seines eigenen Lebens machen. Jeder von uns ist gleichsam ein besonderes ›Material‹, aus dem – in der Nachfolge Christi – die eine, konkrete und absolut einmalige Lebensform gewonnen werden kann, die sich als christliche Berufung bezeichnen läßt.«[15]

III. *Als der junge Mann das hörte, ging er traurig weg; denn er hatte ein großes Vermögen.* Welch erbärmlicher Rückzug! »Die Traurigkeit des jungen Mannes gibt uns zu denken. Wir könnten versucht sein zu glauben, daß ein großes Vermögen, die Fülle der Güter dieser Welt uns glücklich machen. Am Beispiel des jungen Mannes im Evangelium sehen wir jedoch, daß sein großes Vermögen zu einem Hindernis geworden war, den Ruf Jesu, ihm zu folgen, anzunehmen. Er war nicht bereit, zu Jesus ja zu sagen und nein zu sich selbst, ja zur Liebe und nein zur Ausflucht. Wahre Liebe ist fordernd. Denn Jesus – unser Jesus selbst – hat gesagt: ›Ihr seid meine Freunde, wenn ihr tut, was ich euch auftrage‹ (*Joh* 15,14). Liebe verlangt Anstrengung und eine persönliche, verpflichtende Bindung an den Willen Gottes. Liebe bedeutet Disziplin und Opfer, aber sie bedeutet auch Freude und menschliche Erfüllung.«[16] Deshalb sagt der heilige Thomas, die Freude sei »keine von der Gottesliebe unterschiedene Tugend, sondern Akt oder Wirkung der Gottesliebe«[17], Frucht einer hochherzigen Antwort auf den Ruf zur Nachfolge. Der junge Mann »verlor die

Freude, weil er sich weigerte, seine Freiheit Gott hinzugeben«[18].

Freude und innerer Frieden sind mit Krankheit, Erschöpfung oder Schmerz vereinbar, nur mit der abgründigen Traurigkeit oder dem Zwiespalt des Herzens nicht. Meister Eckhart schreibt: »Ob dir's bewußt oder unbewußt ist – nie steht ein Unfriede in dir auf, der nicht vom Eigenwillen kommt, ob man es merkt oder nicht. Nicht das ist schuld, daß dich die Umstände oder die Dinge hindern; sondern du selbst bist es in den Dingen, der dich hindert. Denn du verhältst dich in ungeordneter Weise zu den Dingen. Darum beginne zuerst bei dir und laß dich! (...) Die Leute, die Frieden suchen in äußeren Dingen, es sei an bestimmten Stätten oder in bestimmten Verhältnissen, bei Leuten oder in Werken, in der Fremde, Armut oder Schmach – wie groß oder was immer es sei, es ist dennoch alles nichts und verleiht keinen Frieden.

Sie suchen auf unrechte Weise, die so suchen. Je weiter sie hinausgehen, desto weniger finden sie, was sie suchen. Sie gehen wie einer, der seinen Weg verfehlt; je weiter er geht, desto mehr geht er in die Irre. Doch was soll er nun tun? – Zuerst soll er sich selber lassen, dann hat er alle Dinge gelassen.

Wahrhaftig, ließe ein Mensch von einem Königreich ab oder von der ganzen Welt, behielte aber sich selbst, so hätte er noch nichts gelassen. Läßt der Mensch von sich selbst und behält dann etwas, sei es Reichtum, Ehre oder sonst etwas, so hat er dennoch alle Dinge gelassen.«[19]

Von sich lassen... von meiner Gesundheit, meiner Zukunft, meinen Hobbys... So wird man für Gottes Anregungen hellhörig und hört auf, Gott gegenüber bloß korrekt zu sein. Ein Blick in unsere Gegenwart genügt: »Das Leben ohne Gott und gegen Gott, das zunächst so verlockend und befreiend erscheint, hat in Wirklichkeit nur eine große Traurigkeit und einen wachsenden Zorn geschaffen. Der Mensch ist wütend gegen die Gesellschaft, gegen die Welt, gegen sich und gegen die anderen; sein Leben erscheint ihm als eine Fehlkonstruktion. (...) Er hat sein Lebenselement verloren, und alles schmeckt ihm nach Salz – nach Tod und nach Bitterkeit.«[20]

Hellhörig müssen wir sein, damit wir die Bitte des Herrn, von uns selbst zu lassen, bis in die winzigen Kleinigkeiten des Alltags hinein wahrnehmen. Dann werden wir die vorgesehene Zeit des Gebetes einhalten, Ordnung in einer üppig wuchernden Phantasie schaffen, einen kleinen Freundschaftsdienst gern leisten...: »Man muß fähig sein, sich hinzugeben, sich vor Gottes Angesicht brennend zu verzehren, gleich der Kerze, die man auf den Leuchter stellt, damit die Menschen nicht im Dunkeln bleiben; gleich der Öllampe, die vor dem Altar brennt und sich verzehrt, bis sie erlischt.«[21]

Der junge Mann ging traurig weg. »Er

vermochte den letzten Schritt nicht zu tun, er brachte die Kraft zur Ganzhingabe nicht auf. Vielleicht – es ist ein schöner Gedanke – hat er das später, nach Jesu Tod und Auferstehung, doch noch geschafft. Denn es ist anzunehmen, daß der Blick Jesu ihn nie mehr losließ. Wir wissen es nicht.«[22]

[1] vgl. *Mt* 19,16-30; *Mk* 10,17-31; *Lk* 18,18-30. – [2] *Mt* 19,16-22. – [3] J. Escrivá, *Freunde Gottes*, 253. – [4] M.-J. Lagrange, *Das Evangelium von Jesus Christus*, Heidelberg 1949, S. 420. – [5] *Katechismus der Katholischen Kirche*, 2067. – [6] ebd., 2052. – [7] ebd., 2069. – [8] Johannes Paul II., Enz. *Veritatis splendor*, 6. – [9] ebd., 12. – [10] ebd., 16. – [11] ebd., 7. – [12] A. Frossard, *Fürchtet euch nicht!*, München 1982, S. 49-51. – [13] Edith Stein, *Im verschlossenen Garten der Seele*, Freiburg 1989, S. 87. – [14] P. Berglar, *Petrus – Vom Fischer zum Stellvertreter*, München 1991, S. 76. – [15] Johanes Paul II., *Ansprache im Parc des Princes in Paris*, 1.6.1980. – [16] Johannes Paul II, *Predigt an die Jugend im großen Park von Boston*, 1.10.1979. – [17] Thomas von Aquin, *Summa theologica*, II-II, q.28, a.3. – [18] J. Escrivá, *Freunde Gottes*, 24. – [19] Meister Eckhart, *Die Gottesgeburt im Seelengrund*, Freiburg 1990, S. 37. – [20] J. Ratzinger, *Diener eurer Freude*, Freiburg 1982, S. 67. – [21] J. Escrivá, *Im Feuer der Schmiede*, Nr. 44. – [22] P. Berglar, a.a.O., S. 77.

14

DIE GÜTER DIESER ERDE

Götzen von heute.
Weder Verachten noch Vergötzen.
Nicht nur im groben Materialismus liegt die Gefahr.

I. Jesus und die Apostel sahen den jungen Mann weggehen, traurig und beschwert mit der Last seines Besitzes. Er hätte ein enger Freund des Herrn werden können, aber ihm war es so ergangen wie ungezählten Kindern dieser Welt, die dem Rufe Gottes nicht folgen, »weil sie ein verkehrtes Glück suchen, die Lust des Selbst-Bewahrens und Sich-Aneignens anstatt die Seligkeit des Sich-Verlierens und Sich-Verausgabens«[1].

Wir wollen – wie gestern – auch heute in die Nuancen gehen und als Ergänzung des Matthäus-Berichtes im heutigen Evangelium[2] auch den Bericht des Markus heranziehen. Wie bei der Begegnung mit dem jungen Mann erwähnt Markus auch hier den Blick des Herrn – zweimal sogar –, aber jetzt auf jene gerichtet, die ihm treu sind: *Da sah Jesus seine Jünger an… Jesus sah sie an*[3]. Lassen wir jetzt in unserem Gebet diesen Blick des Herrn auf uns ruhen.

Der Herr sagt zu den Jüngern: *Ein Reicher wird schwer ins Himmelreich kommen.* Er wiederholt es eindringlich: *Nochmals sage ich euch: Eher geht ein Kamel durch ein Nadelöhr, als daß ein Reicher in das Reich Gottes gelangt. Als die Jünger das hörten, erschraken sie sehr.* »Warum denn? Sie sind doch nicht reich! (...) Warum fragen sie: ›Wer kann dann gerettet werden?‹ Also rechnen sie sich auch zu den ›Reichen‹? Gewiß, und Jesus stimmt zu. Jenes Reichsein, worüber hier das Urteil gesprochen wird, bedeutet nicht das viele Geld gegenüber dem wenigen oder den großen Grundbesitz gegenüber dem kleinen Akker, sondern jeden Besitz. Die Tatsache des Besitzens überhaupt ist das Reichsein; und die Jünger erschrecken, weil sie mit im Spiel sind, wenn's auch nur ein Fischerboot und ein Häuschen ist, was sie haben. Das Haben überhaupt, selber und für sich – darauf kommt es hier an.«[4]

Die Habsucht, die Paulus einen *Götzendienst* nennt[5], ist »das deutlichste Zeichen moralischer Unterentwicklung«[6]. Sie verhärtet das Herz und kennt nur die eigenen Interessen. Das kann vom groben Verlangen nach Geld bis zum subtilen Streben nach Geltung und Ansehen gehen: »Vor dem Reichtum beugen alle die Knie; ihm huldigt die Menge, die ganze Masse der Menschen instinktiv. Sie bemessen das Glück nach dem Vermögen, und nach dem Vermögen bemessen sie auch das Ansehen. All das kommt aus der Überzeugung, daß man mit dem Reichtum alles könne. Reichtum ist eines der heutigen Idole, und die Bekanntheit ein anderes.«[7] Solche *Götzen* verdecken die innere Bedürftigkeit des Menschen und machen ihn »leicht zum Sklaven des *Besitzens* und des unmittelbaren Genießens, ohne eine andere Perspektive als die Vermehrung oder den ständigen Austausch der Dinge, die man schon besitzt, gegen andere immer perfektere. Das ist die sogenannte Konsumgesellschaft oder der Konsumismus, der so viele *Verschwendung* und *Abfälle* mit sich bringt. (...) Wir alle greifen mit den Händen die traurigen Auswirkungen dieser blinden Unterwerfung unter den reinen Konsum: vor allem eine Form von krassem Materialismus und zugleich eine tiefgehende Unzufriedenheit, weil man sofort erkennt, daß man – wenn man nicht gegen die Flut der Reklame und das ständige verlockende Angebot von Produkten gefeit ist – um so mehr haben möchte, je mehr man besitzt, während die tieferen Wünsche unerfüllt bleiben oder vielleicht schon erstickt sind.«[8] Es macht innerlich arm, wenn man das Ziel des Lebens im Reichwerden und in der Anhäufung von Gütern sieht. Die sklavische Liebe zum Irdisch-Materiellen legt Fesseln an für den Aufstieg zu Gott: *Ihr könnt nicht beiden dienen, Gott und dem Mammon.*[9] Auch die Hinwendung zum Mitmenschen leidet darunter, weil man vergißt, daß »ein Mensch nicht durch das groß ist, was er hat, sondern durch das, was er ist – nicht durch das, was er besitzt, sondern durch das, was er mit anderen teilt«[10]. Nur die Loslösung vom Besitz und vom Gebrauch der Güter schenkt jene innere Reife, die fähig macht, sich in der Nachfolge Christi dem Übernatürlichen zu öffnen. Fragen wir uns also: Leben wir Zucht und Maß? Meiden wir falsche Bedürfnisse?

II. Eine moderne Form der Habgier ist die Verfälschung des Auftrags, sich die Erde zu unterwerfen[11], im willkürlichen Umgang mit den Ressourcen der Natur. »Der Mensch, der seine Fähigkeit entdeckt, mit seiner Arbeit die Welt umzugestalten und in einem gewissen Sinne neu zu schaffen, vergißt, daß sich das immer nur auf der Grundlage der ersten Ur-schenkung der Dinge von seiten Gottes ereignet. Der Mensch meint, willkürlich über die Erde verfügen zu können, indem er sie ohne Vorbehalte seinem Willen unterwirft, als hätte sie nicht eine eigene Gestalt und eine ihr vorher von Gott verliehene Bestimmung, die der Mensch entfalten kann, aber nicht verraten darf. Statt seine Aufgabe als Mitarbeiter Gottes am Schöpfungswerk zu verwirklichen, setzt sich der Mensch an die Stelle Gottes und ruft dadurch schließlich die Auflehnung der Natur hervor, die von ihm mehr tyrannisiert als verwaltet wird.«[12] Gerade heute tut es not zu bedenken, daß Gott uns als sein *Abbild*, ihm *ähnlich*[13] erschaffen hat – ihm, *der alles, was da ist, liebt*[14]. Der uns anvertraute Auftrag verlangt, »die Unversehrtheit der Schöpfung zu achten. Tiere, Pflanzen und leblose Wesen sind von Natur aus zum gemeinsamen Wohl der Menschheit von gestern, heute und morgen bestimmt. Die Bodenschätze, die Pflanzen und die Tiere der Welt dürfen nicht ohne Rücksicht auf sittliche Forderungen genutzt werden. Die Herrschaft über die belebte und die unbelebte Natur, die der Schöpfer dem Menschen übertragen hat, ist nicht absolut; sie wird gemessen an der Sorge um die Lebensqualität des Nächsten, wozu auch die künftigen Generationen zählen; sie verlangt Ehrfurcht vor der Unversehrtheit der Schöpfung.«[15]

Der ehrfürchtige Blick auf die Schöpfung als Gottes Gabe bewahrt davor, die Natur als bloße *Verfügungsmasse* zu sehen. »Es mehren sich heute nachdenkliche Stimmen, die in der sittlichen und religiösen Ungebundenheit der Menschen und in der sich immer säkularisierter gebärdenden Gesellschaft einen Weg ins Scheitern und zu wachsendem Chaos erblicken. Der Mensch ist eben von Natur aus nicht sich selbst Anfang und Ziel. Der Mensch ist nicht das Maß aller Dinge! Er muß einsehen, daß es über ihm etwas Unverfügbares gibt: Gott, seinen Schöpfer, seinen Vater und Richter. Nur wenn wir gemeinsam bereit sind, an ihm wieder neu Maß zu nehmen in all unseren Lebensbereichen, können wir Tiefstes und Höchstes wagen, können wir unsere vollen Möglichkeiten entfalten und einsetzen. Es wird dann immer zum Besten und zum Heil der Mitmenschen und dieser Erde gereichen und nicht zu ihrer Unterjochung oder gar Vernichtung.«[16]

Eine Haltung der Ehrfurcht bewahrt uns vor der Gefahr, die Gaben der Erde und die großen menschlichen Errungenschaften – Kunst, Wissenschaften, Technik – zu vergötzen und zu verabsolutieren. Es ist aufschlußreich zu lesen, wie der heilige Augustinus rückblickend seinen früheren Drang nach umfassendem Wissen über die Gestirne relativiert: »Ob dir, Herr, Gott der Wahrheit, einer, der diese Dinge versteht, darum auch schon gefällt? Unselig fürwahr ist der Mensch, der all das weiß, aber dich nicht kennt; glückselig aber, wer dich kennt, wenn er auch von all dem nichts weiß. Wer aber dich kennt und zugleich all das weiß, ist glückseliger nicht wegen solchen Wissens, sondern allein deinetwegen, wenn er, dich erkennend, dich auch als den, der du bist, verherrlicht und dir Dank sagt und nicht eitel wird in seinen Gedanken.

Auch wenn er nicht einmal vom Sternbild des Wagens und seinem Umlauf weiß, ist er besser daran, als der Himmelsmesser, und der Sternenzähler und der Elementewäger, wenn dieser doch mit dir nicht rechnet, der du alles nach Maß, Zahl und Gewicht geordnet hast (*Weish* 11,21).«[17]

Wissen, Macht, Besitz... Wer darauf seine Hoffnung setzt, ist *wie ein kahler Strauch in der Steppe, der nie einen Regen kommen sieht; er bleibt auf dürrem Wüstenboden, im salzigen Land, wo niemand wohnt.* Wer sich hingegen ganz in Gottes Hände begibt, *ist wie ein Baum, der am Wasser gepflanzt ist und am Bach seine Wurzeln ausstreckt: Er hat nichts zu fürchten, wenn Hitze kommt; seine*

Blätter bleiben grün; auch in einem trockenen Jahr ist er ohne Sorge, unablässig bringt er seine Früchte.[18]

III. Wir wollen indessen unsere Aufmerksamkeit nicht nur auf die Gefahren im Umgang mit den irdischen Gütern lenken. Halten wir kurz – gleichsam als Atempause – beim Lob der Schöpfung inne: »Herr, wenn ich schöne lebendige Gestalten, liebliche Kreaturen anschaue, so sprechen sie zu meinem Herzen: Schau, wie lieblich der ist, aus dem wir geflossen sind, von dem alle Schönheit gekommen ist! Ich gehe durch Himmel und Erdreich, die Welt und den Abgrund, Wald und Heide, Berg und Tal: sie alle zusammen singen mir zu den herrlichen Gesang deines Lobes. Wenn ich dann sehe, wie unbegreiflich schön du alle Dinge ordnest, die schlechten und die guten, so werde ich wortlos, Herr, wenn ich aber daran denke, daß du der bist, den meine Seele auserwählt hat, so möchte mein Herz vor Loben zerspringen.«[19]

Wie sollen wir mit Geld, Besitz und Wohlstand umgehen? Paulus gibt den Christen in Korinth die Faustregel: Weil *die Zeit kurz ist*, soll, *wer kauft*, sich so verhalten, *als würde er nicht Eigentümer*, und *wer sich die Welt zunutze macht, als nutze er sie nicht*[20]. Gregor der Große erläutert die Weisung des Apostels: »Wer das Nötige zusammenträgt, um Nutzen daraus zu ziehen, dabei aber klug voraussieht, daß er seinen Besitz bald wieder aufgeben muß, besitzt so, als besäße er nicht. Wer das Lebensnotwendige sein eigen nennt und vermeidet, daß sein Besitz die Herrschaft über sein Herz gewinnt, so daß all dies der Reifung seiner Seele dient – die ja nach Höherem strebt – und dieser niemals schadet, bedient sich dieser Welt so, als ziehe er keinen Nutzen aus ihr«[21]. Innere Freiheit ist die Art, in der wir die Güter der Welt adeln können, nicht indem wir »den wirtschaftlichen Gütern nachjagen wie jemand, der auf Schatzsuche geht. Unser Schatz ist (...) Christus, und auf ihn muß sich unsere ganze Liebe richten, *denn wo dein Schatz ist, da ist auch dein Herz.*«[22] Dann gesellt sich zum schlichten Blick für die Schönheit der Schöpfung das lautere Wollen: *Gib mir weder Armut noch Reichtum, nähr mich mit dem Brot, das mir nötig ist.*[23] Es ist die Art des Vaterunsers: *Unser tägliches Brot gib uns heute...* Wir bitten um *Brot* – um das Wesentliche. Wir überlassen es Gott, was er uns geben und was er uns vorenthalten will. Wir bitten für *uns*, für alle. Und wir bitten für das *heute*, anders als der begüterte, erfolgreiche Landmann im Gleichnis, der nicht bittet, sondern nur überlegt und plant – für morgen und übermorgen, die vielleicht nicht mehr kommen.

Realistisch betrachtet, liegt für die meisten von uns die eigentliche Gefahr nicht in einer grob materialistischen Gesinnung, sondern im fein gesponnenen Netz einer Alltagswelt, die uns gefangennehmen kann. Dazu Johannes vom Kreuz: »Mir scheint es keinen Unterschied zu machen, ob ein Vogel mit einer dünnen statt mit einer dicken Schnur festgebunden ist, denn er wird mit der dünnen ebenso festsitzen wie mit der dicken, solange es ihm nicht gelingt, sie zu zerreißen und davonzufliegen. Gewiß ist die dünne Schnur leichter zu zerreißen; so leicht es aber auch sein mag, wenn es ihm nicht gelingt, die Fesseln zu sprengen, wird er nicht aufsteigen können.«[24] Welche dünnen Fäden halten uns gefesselt? Die Abhängigkeit von bestimmten Konsumgütern? Die narzistische Sorge darum, was andere über uns denken? Die Sucht nach beruflichem Erfolg? Oder ein geradezu panisches Bedachtsein auf die Gesundheit?

Wie kann man sich von solchen Anhänglichkeiten befreien? Wenn das Herz für die anderen offen bleibt, die unsere Brüder und Schwestern in Christus, die Kinder Gottes sind. Dann werden wir über das nur Geschuldete hinaus freigebig und bereit, den eigenen Besitz zu teilen.»Darum soll der Mensch, der sich dieser Güter bedient, die äußeren Dinge, die er rechtmäßig besitzt, nicht nur als ihm persönlich zu eigen, sondern muß er sie zugleich auch als Gemeingut ansehen in dem Sinn, daß sie nicht ihm allein, sondern auch anderen von Nutzen sein können.«[25]

Eine russische Legende erzählt von einem reichen Mann, in dessen Leben sich alles nur ums Geld gedreht hatte und der sich selbst in den Sarg noch einen Beutel voll Gold legen ließ. Als er nun im Jenseits hungrig wurde und sich etwas kaufen wollte, zog er Kopeken aus seiner vollen Tasche. Aber man sagte ihm: »Wir nehmen hier nicht Kopeken an, die du besitzt, sondern nur die, welche du verschenkt hast. Hast du jemals etwas gegeben?« Mit den Worten eines Kirchenvaters: »O Mensch, gib den Armen und damit dir selbst; denn was du nicht dem anderen überläßt, das besitzest du nicht!«[26]

[1]P. Berglar, *Petrus – Vom Fischer zum Stellvertreter*, München 1991, S. 77. – [2] *Mt* 19,23-30. – [3] *Mk* 10,23.27. – [4] R. Guardini, *Der Herr*, Würzburg 1951, S. 334. – [5] vgl. *Kol* 3,5. – [6] Paul VI., Enz. *Populorum progressio*, 19. – [7] J. H. Newman, *Über die Heiligkeit*. – [8] Johannes Paul II., Enz. *Sollicitudo rei socialis*, 28. – [9] *Mt* 6,24. – [10] Johannes Paul II., *Ansprache in Manila*, 18.2.1981. – [11] vgl. *Gen* 1,28. – [12] Johannes Paul II., Enz. *Centesimus annus*, 37. – [13] vgl. *Gen* 1,26. – [14] *Weish* 11,24. – [15] *Katechismus der Katholischen Kirche*, 2415. – [16] Johannes Paul II., *Ansprache in Speyer*, 4.5.1987. – [17] Augustinus, *Bekenntnisse*, V,4. – [18] *Jer* 17,5-8. – [19] Heinrich Seuse, *Das Büchlein der Ewigen Weisheit*. – [20] vgl. *1 Kor* 7,30. – [21] Gregor der Große, *Homilien über die Evangelien*, 36. – [22] J. Escrivá, *Christus begegnen*, 35. – [23] *Spr* 30,7-9. – [24] Johannes vom Kreuz, *Lebendige Liebesflamme*, 11,4.. – [25] II. Vat. Konz., Konst. *Gaudium et spes*, 69. – [26] Petrus Chrysologus, *Predigt über Gebet, Fasten und Almosen*, 42.

15

ARBEITER IM WEINBERG

Verdienst und Gnade.
Die Laien.
Schweigespirale und Engagement.

I. *Mit dem Himmelreich ist es wie mit einem Gutsbesitzer, der früh am Morgen sein Haus verließ, um Arbeiter für seinen Weinberg anzuwerben.* Das Gleichnis, das wir im heutigen Evangelium[1] hören, läßt sich aus verschiedenen Perspektiven betrachten. Da ist zuerst die Sorge des Gutsbesitzers um seine Felder. *Um Arbeiter für seinen Weinberg anzuwerben*, verläßt er das Haus *früh am Morgen, (...) um die dritte Stunde, (...) um die sechste und um die neunte Stunde*, ja sogar noch *um die elfte Stunde*, kurz vor Sonnenuntergang. Dann – gegen Ende – ergibt sich ein neuer, entscheidender Gesichtspunkt, als es nämlich um den Lohn geht. Der Gutsbesitzer scheint sich mehr nach subjektiven Maßstäben als nach dem Quantum der geleisteten Arbeit zu richten. Diese Maßstäbe lassen sich nicht quantifizieren, dennoch folgen sie weder Willkür noch Laune, denn das Vereinbarte wird eingehalten: *Dir geschieht kein Unrecht. Hast du nicht einen Denar mit mir vereinbart? Nimm dein Geld und geh!* Jenseits der Vereinbarung gilt hier ein anderer Maßstab. *Ich will dem letzten ebensoviel geben wie dir.* Die Erzählung wird zu einem Bild für Gottes Güte und Freigebigkeit. Der Aufbau betont diesen Gesichtspunkt durch die umgekehrte Reihenfolge bei der Auszahlung, die im Leben wenig logisch wäre. Im Gleichnis ist sie dramaturgisch erforderlich, damit die Erstgekommenen Zeugen des ganzen Vorgangs werden. Sie, die mehr als die zuletzt Gekommenen gearbeitet haben, erwarten einen entsprechend höheren Lohn und murren, als es dann anders kommt.

Das Gleichnis rückt die Unterstellung der Arbeiter, man habe sie unangemessen behandelt, zurecht. Der Herr will wohl betonen, daß es noch andere Maßstäbe als die des Vereinbarten gibt, um so indirekt seine Antwort auf die Frage nach dem Lohn der Nachfolge zu ergänzen, die Petrus ihm gestellt hatte. Im gestrigen Evangelium hörten wir, wie Petrus, erschüttert von den harten Worten über die Reichen, sich an Jesus wandte: *Du weißt, wir haben alles verlassen und sind dir nachgefolgt. Was werden wir dafür bekommen?*[2] »Man sieht ja die Szene plastisch vor sich: Der Meister hat mit großem Ernst gesagt, was dem Heil entgegensteht, und mit großer Liebe, wodurch es dennoch erlangt wird. Die Bestürzung der Jünger weicht. Sie werden wieder guten Mutes. Es sind im Grunde rechte Kinder – weshalb Jesus sie auch manchmal so anredet –, und der kindlichste von allen ist dieser Petrus. Immer muß er alles gleich aussprechen, was ihm in Herz und Sinn kommt, und was ihm in Herz und Sinn kommt, ist in den größten Augenblicken seines Lebens erhaben und ergreifend, oft aber auch unausgegoren, an der Sache vorbei, mitunter sogar töricht. Auch jetzt – welche Mischung aus Naivität und ein wenig musterschülerhafter Zufriedenheit mit sich selbst! Er hält sich nicht damit auf, die Güte Gottes zu preisen, die auch den ›an sich‹ unrettbaren Reichen rettet – er zeigt sich vielmehr kindlich-stolz darauf, daß er dem Ruf Jesu gefolgt ist und ›alles verlassen‹ hat. Es klingt wie: Meister, du kannst dich doch eigentlich sehr darüber freuen, daß wir sofort auf dich gehört und alles im Stich gelassen haben. Die eben von dir genannten Hindernisse für die Begüterten bestehen für uns nicht. Folglich... Und hier wird Simon verstummt sein, wohl aus einer gewissen Hemmung heraus, so unverblümt nach der Belohnung zu fragen. (...) Noch konnte Petrus es nicht erfassen, daß die Frage nach dem Lohn der Nachfolge und Ganzhingabe in sich sinnlos ist, weil nachfolgen zu dürfen, sich ganz hingeben zu können, schon das größte Geschenk ist, das jemandem zuteil werden kann, weil es das Glück in dieser und die Seligkeit in jener Welt in sich schließt.«[3]

Jesus antwortet Petrus mit einem Hinweis auf den Lohn: wer um seines Namens willen alles verläßt, *wird dafür das Hundertfache erhalten und das ewige Leben.* Die Arbeiter im Weinberg bekommen ohne Rücksicht auf Leistung je einen Denar. »Gegenüber Gott gibt es von seiten des Menschen kein Verdienst im eigentlichen Sinn. Zwischen ihm und uns besteht eine unermeßliche Ungleichheit, denn wir haben alles von ihm, unserem Schöpfer, empfangen (...). Das Verdienst des Menschen kommt im Grunde Gott zu, denn seine guten Taten gehen in Christus aus den zuvorkommenden und helfenden Gnaden des Heiligen Geistes hervor.«[4] Dankbar erfahren wir, daß Gottes Maßstäbe andere sind als die irdischen. Er belohnt uns nach seinem Erbarmen: »Mein einziges Verdienst ist die Barmherzigkeit des Herrn. Ich werde nicht an Verdiensten arm sein, solange er nicht an Barmherzigkeit arm ist. Und da seine Barmherzigkeit groß ist, sind auch meine Verdienste groß.«[5]

II. Das Gleichnis trägt sich während der arbeitsreichen Zeit der Weinlese zu. Der Besitzer des Weinbergs sieht den Abend kommen und hält nach weiteren Hilfskräften Ausschau, damit das Tagewerk vor Sonnenuntergang abgeschlossen werden kann. Mit den Arbeitern der ersten Stunde hatte er als Lohn einen Denar ausgemacht. Denen der dritten, der sechsten und der neunten Stunde sagte er nur: *Ich werde euch geben, was recht ist.* Ihnen, die eine Stunde vor Sonnenuntergang gedungen werden, wird nichts versprochen. Es heißt nur: *Geht auch ihr in meinen Weinberg!* Mit diesem Bild öffnet Jesus unseren Blick »für den weit ausgedehnten Weinberg des Herrn und für die großen Scharen von Männern und Frauen, die er ruft und sendet, darin zu arbeiten. Der Weinberg ist die ganze Welt (vgl. *Mt* 13,38), die nach dem Plan Gottes für das endgültige Kommen des Reiches gewandelt werden muß.«[6]

Wer ist mit dem Weinbergbesitzer gemeint? »Da es sich hier um ein Gleichnis des Reiches Gottes handelt, ist also Hausherr Jesus Christus selber, und der Lohn, den er gibt, ist das ewige Leben. Dieser Lohn ist für alle der gleiche; die Frage nach den Unterschieden in der Herrlichkeit wird hier nicht aufgeworfen. Gott will sein Gut nicht mehren, er will nur das Heil der Menschen, und so hört er nicht auf, um sie zu werben. Alle, die seinen Ruf hören, empfangen, was er ihnen aus freien Stücken geben will, auch wenn sie nicht mehr Zeit fanden, viele gute Werke zu tun, noch Gelegenheit hatten, sich durch besondere Leistungen auszuzeichnen. Der Herr ist in seiner unendlichen Güte mit diesem Wenigen zufrieden, er sieht nur auf den guten Willen am Ende.«[7]

Wen meint der Herr mit den Arbeitern, die zu verschiedenen Tageszeiten zur Arbeit im Weinberg gedungen werden? Uns alle. Zuerst die verschiedenen Lebenssituationen, in denen Gott die Menschen zur Nachfolge ruft. Einige vernehmen den Ruf sehr früh, schon in der Jugend, andere erst am Abend ihres Lebens, wieder andere nachdem sie viele Um- oder Irrwege gegangen oder lange Zeit ihrem Glauben nur oberflächlich gefolgt sind. Jeder aber soll die Welt wie einen Weinberg betrachten, in dem er dazu berufen ist, am göttlichen Heilsplan teilzunehmen und mit Christus am Heilswerk der Erlösung mitzuwirken. Papst Johannes Paul II. greift das Gleichnis am Anfang seines Schreibens *Christifideles laici* auf, um besonders die Berufung und Sendung der Laien in Kirche und Welt zu betonen: »Geht auch ihr. Der Ruf ergeht nicht nur an die Hirten, an die Priester, an die Ordensleute. Er umfaßt alle. Auch die Laien sind persönlich vom Herrn berufen, und sie empfangen von ihm eine Sendung für die Kirche und für die Welt.«[8] Sie sollen »den Ruf Christi vernehmen, in seinem Weinberg zu arbeiten, in dieser herausragenden und dramatischen Stunde der Geschichte am Übergang zum dritten Jahrtausend an der Sendung der Kirche teilzunehmen: lebendig, verantwortlich und bewußt. (...) Neue kirchliche, gesellschaftliche, wirtschaftliche, politische und kulturelle Gegebenheiten rufen heute mit besonderer Intensität nach dem Engagement der Laien. Sich der Verantwortung zu entziehen, war schon immer verfehlt. Heute aber liegt darin eine noch größere Schuld. Niemandem ist es erlaubt, untätig zu bleiben.«[9] Besonders den Laien »kommt ein spezifischer und unersetzlicher Beitrag zu: Durch sie wird die Kirche Christi in den verschiedensten Bereichen der Welt als Zeichen und Quelle der Hoffnung und der Liebe präsent«[10]. Wir können durch vielfache Formen des Engagements »auf das Heil zugehen und den anderen dazu verhelfen, daß auch sie das Heil erfahren«[11]. Etwa indem wir einem Freund zeigen, wie man betet, indem wir ihm den Weg zum Bußsakrament ebnen, ihn zur Teilnahme an einem Grundkurs über den Glauben einladen oder ihn dafür gewinnen, ein apostolisches Werk finanziell zu unterstützen. Der heilige Gregor der Große mahnt: »Überprüft eure Lebensweise, geliebteste Brüder, und seht, ob ihr schon Arbeiter des Herrn seid. Ein jeder von euch überdenke, was er tut, und überlege, ob er dem Weinberg des Herrn dient.«[12]

III. *Niemand hat uns angeworben...* Auch heute leben viele fern von Glauben und Kirche: aus Unwissenheit die einen, andere aus Gleichgültigkeit. Wahrscheinlich haben wir selbst schon erfahren, wie schwer es sein kann, jemanden aus seiner Lethargie zu reißen: »der eine bekam Angst; der andere holte sich Rat bei einem ›Lebenskundigen‹, der ihn falsch beriet«[13], ein dritter hatte sich von einer Umwelt anstekken lassen, die gafft und kritisiert, aber den eigenen Einsatz scheut. Viele wollen sich nur anpassen und fürchten sich vor einem entschlossenen Bekenntnis, denn sie meinen, es könnte sie gesellschaftlich isolieren. In der Demoskopie spricht man von der *Schweigespirale*, die durch die Neigung der Anpassungswilligen zum Schweigen und der Engagierten zum Reden entsteht. Im ersten Fall nimmt die soziale Wirkkraft der Überzeugungen ab, weil man sich aus Angst, isoliert zu werden, einer entschlossen vorgetragenen Meinung anpaßt; letztere fürchten nicht die Mißbilligung durch die Mehrheit und sind bereit, sich zu exponieren. Sie setzen sich schließlich durch.

Die ersten Generationen von Christen zeugen eindrucksvoll von der Kraft einer selbstbewußten, aktiven Minderheit. Im sogenannten *Diognetbrief* aus dem 3. Jahrhundert heißt es: »Was im Leib die Seele ist, das sind in der Welt die Christen (...). Auf einen so wichtigen Posten hat Gott sie gestellt, dem sich zu entziehen ihnen nicht erlaubt ist.«[14] Deshalb sind die Christen der Urzeit überall präsent: der Kaufmann unter Kaufleuten, der Soldat unter Soldaten, ja selbst der rechtlose Sklave ist manchmal der Künder der Frohen Botschaft in einer Familie. Die Christen »nehmen am wirtschaftlichen und sozialen Leben teil, sie sind in den Alltag verwoben und leben wie jedermann. In diesem Miteinander des gemeinsamen Lebens bereiten sich die Bekehrungen vor.«[15]

Auch heute brauchen wir dieses gläubige, starke Selbstbewußtsein: »Die Christen müssen Vorläufer sein, wenn es gilt, Überzeugungen zu wecken und Lebensformen einzuführen, die entschieden mit einer aufreibenden und freudlosen Konsumhektik brechen.«[16] Die persönlichen Beziehungen in der Familie oder unter Freunden, Bekannten, Kollegen und Nachbarn bieten die Gelegenheit dazu: durch ein gewinnendes Verhalten im Beruf, die gläubige Reaktion in der Stunde der Not, durch Hilfsbereitschaft, durch einen Hinweis auf die Kraft des Gebetes.... Gelegentlich wird selbst die nur kurze Begegnung mit einem Mitreisenden oder einem Kunden ihn nachdenklich stimmen. So tragen wir dazu bei, daß keiner von denen, die in unserer Nähe sind, klagend oder resignierend sagen kann: Ich wußte nichts davon, keiner hat mich *angeworben.*

Das heutige Evangelium erinnert uns an die Notwendigkeit, uns wie die Arbeiter im Weinberg zu engagieren. Unkraut und Getreide, Gutes und Böses, Gerechtigkeit und Ungerechtigkeit, Not und Hoffnung wachsen gleichzeitig. »So sieht das immense und steinige Feld aus, das sich den Arbeitern auftut, die der Gutsbesitzer in seinen Weinberg sendet. Die Kirche: wir alle, Hirten und Gläubige, Priester, Ordensleute und Laien, arbeiten auf diesem Feld.«[17] Uns ist aufgetragen – jedem nach seinen Möglichkeiten –, die zeitliche Ordnung christlich zu gestalten; deshalb »können die Laien nicht darauf verzichten, sich in die ›Politik‹ einzuschalten, das heißt in die vielfältigen und verschiedenen Initiativen auf wirtschaftlicher, sozialer, gesetzgebender, verwaltungsmäßiger und kultureller Ebene, die der organischen und systematischen Förderung des Allgemeinwohls dienen. (...) Alle und jeder einzelne haben die Pflicht und das Recht, sich an der Politik zu beteiligen, wenn auch auf verschiedene und komplementäre Weise und aufgrund verschiedener und komplementärer Aufgaben und Verantwortungen. Die Anklage des Arrivismus, der Idolatrie der

Macht, des Egoismus und der Korruption, die nicht selten gegen Regierungsleute, Abgeordnete der Parlamente, dominierende Klassen und politische Parteien erhoben werden, sowie die verbreitete Meinung, die Politik sei ein Bereich unbedingter moralischer Gefährdung, rechtfertigen auf keine Weise den Skeptizismus oder die Abwendung der Christen von den öffentlichen Angelegenheiten.«[18]

[1] *Mt* 20,1-16. – [2] *Mt* 19,27. – [3] P. Berglar, *Petrus – Vom Fischer zum Stellvertreter*, München 1991, S. 79. – [4] *Katechismus der Katholischen Kirche*, 2007-2008. – [5] Bernhard von Clairvaux, *Predigt über das Hohelied*, 61. – [6] Johannes Paul II., Apost. Schreiben *Christifideles laici*, 30.12.1988, 1. – [7] M.-J. Lagrange, *Das Evangelium von Jesus Christus*, Heidelberg 1949, S. 425. – [8] Johannes Paul II., a.a.O., 2. – [9] ebd., 3. – [10] ebd., 7. – [11] Johannes Paul II., *Katechese*, 25.10.1978. – [12] Gregor der Große, *Homilien über die Evangelien*, 19,2. – [13] J. Escrivá, *Die Spur des Sämanns*, Nr. 205. – [14] *Brief an Diognet*, 6. – [15] A. Hamman, *Die ersten Christen*, Stuttgart 1985, S. 72. – [16] Johannes Paul II., *Ansprache an die Vollversammlung der Päpstlichen Kommission »Justitia et Pax«*, 11.11.1978. – [17] Johannes Paul II., Apost. Schreiben *Christifideles laici*, 7. – [18] ebd., 42.

16

ZUM HOCHZEITSMAHL GERUFEN

Die Hintergründe eines Gleichnisses.
Über die Gefahr, die göttliche Einladung zu überhören.
Die Eucharistie, eine persönliche Begegnung.

I. Die meisten Gleichnisse unseres Herrn sind aus dem täglichen Leben genommen: dem Leben der Fischer, der Bauern, der Hausfrauen... Manche Bilder sind von großer dichterischer Kraft, so die Schönheit der Feldblumen, die ein Fingerzeig auf die verschwenderische Güte des Vaters im Himmel ist. Andere Bilder knüpfen an aktuelle Ereignissse an, die dem Leser meist unbekannt bleiben und die er auch nicht zu kennen braucht, um gut zu beten. Es lohnt sich indes, hier und da solchen Zusammenhängen nachzuspüren. Der Meinung mancher Exegeten zufolge dürfte das Gleichnis des heutigen Evangeliums[1] aktuelle Bezüge gehabt haben.

Es geht um einen König, der die zur Hochzeit seines Sohnes geladenen Gäste straft, weil sie seine Einladung verschmähen, und der dann das Fest mit anderen Gästen feiert. Er befiehlt seinen Dienern: *Geht also hinaus auf die*

Straßen und ladet alle, die ihr trefft, zur Hochzeit ein. Bei Lukas klingt der Befehl recht drastisch: *Nötige die Leute zu kommen, damit mein Haus voll wird.*[2] Die Diener *holten alle zusammen, die sie trafen, Böse und Gute, und der Festsaal füllte sich mit Gästen.* Die jüdischen Zuhörer werden ihm verständnisvoll zugenickt und sich an die Besiedlung von Tiberias, der Stadtgründung des Herodes Antippas, erinnert haben. Der Vierfürst schreckte vor den kalten Wintern seiner Residenzstadt Sepphoris im Bergland von Galiläa zurück und ließ sich eine neue am südwestlichen Ufer des Sees Gennesaret erbauen, »im hellenistischen Stil jener Zeit, mit Stadion, Forum und Akropolis, und umgab sie mit einer Mauer. Da aber ein Teil der neuen Stadt auf einem Friedhof errichtet wurde, blieb das Betreten der Stadt für einen gesetzestreuen Juden verboten. Aus diesem Grund wird Tiberias im Evangelium nur ganz beiläufig erwähnt (*Joh* 6,23), obwohl viele Ereignisse sich in der Nähe der neuen Hauptstadt abspielten.«[3] Herodes mußte schließlich Bewohner, teils unter Zwang, aus allen Gegenden als Siedler nötigen. »Tiberias«, heißt es beim jüdischen Historiker Flavius Josephus, »war von zusammengelaufenem Volk bewohnt, worunter sich auch viele Galiläer und gezwungene Ankömmlinge befanden, die mit Gewalt dort angesiedelt wurden, obwohl sie zum Teil den besseren Ständen angehörten. Auch die Bettler, die im ganzen Land aufgefangen wurden, erhielten hier Wohnung angewiesen und bekamen mancherlei Vorrechte. Um sie an die Stadt zu fesseln, ließ Herodes ihnen Häuser bauen und Ländereien zuteilen, da es ihm wohlbekannt war, daß ihnen nach jüdischen Vorschriften das Wohnen daselbst nicht gestattet war.«[4]

Jesus spielt auf die Eitelkeit eines Kleinfürsten an, die wahrscheinlich in aller Munde war, und benutzt sie als *Aufhänger* für eine Belehrung. Das Bild vom Mahl war dem jüdischen Volk vertraut, weil die Propheten es oft gebraucht hatten, um auf das messianische Festmahl der Endzeit in der heiligen Stadt hinzuweisen: *Der Herr der Heere wird auf diesem Berg für alle Völker ein Festmahl geben mit den feinsten Speisen, ein Gelage mit erlesenen Weinen, mit den besten und feinsten Speisen, mit besten, erlesenen Weinen.*[5]

Jetzt deutet der Herr an, daß der Augenblick dieser universalen Einladung gekommen ist. Die Güter der Menschwerdung und der Erlösung sind allen Menschen zugedacht, da gibt es keinen ausgewählten Kreis mehr; und wir denken besonders an das Mahl, das Jesus uns, *als seine Stunde gekommen war, um aus dieser Welt zum Vater hinüberzugehen*[6], bereitete: an die Eucharistie, »das Brot unserer Pilgerschaft«[7], »das Sakrament des Hinübergangs vom Tod zum Leben, aus dieser Welt zum Vater«[8].

Die Eingeladenen jedoch reagieren abweisend: *Der eine ging auf seinen Acker, der andere in seinen Laden*... Und auch heute erfährt die Güte Gottes Gleichgültigkeit und weckt sogar Aggressivität: *andere fielen über seine Diener her, mißhandelten sie und brachten sie um.* Dem Herrn sind alle Entschuldigungen gegenwärtig, die sich Menschen im Lauf der Jahrhunderte einfallen lassen, um Distanz zu ihm zu halten. Er zwingt niemanden. Aber er lehrt uns durch das Gleichnis: das Mahl soll gefeiert werden; denn in ihm – in der Eucharistie – »gipfelt das Handeln, durch das Gott die Welt in Christus heiligt, wie auch die Verehrung, welche die Menschen Christus und mit ihm dem Vater im Heiligen Geist erweisen.«[9] Wir beschließen diesen Abschnitt mit einem Blick auf die abweisende Kälte der einen und das freudige Staunen der anderen. Die ersten sind uns Warnung, die zweiten Anlaß, für die Gabe der Eucharistie zu danken.

II. *Jesus erzählte ihnen noch ein anderes Gleichnis...* Mit diesem Satz verbindet der Evangelist das Gleichnis vom königlichen Hochzeitsmahl mit den vorausgegangenen Gleichnissen von den ungleichen Söhnen und von den bösen Winzern und verweist auf den gleichbleibenden Kreis der Zuhörer, die Hohenpriester und dic Ältesten des Volkes, zu denen Jesus spricht. Sie sind die Jasager, ohne doch die Bitte des Vaters zu erfüllen; sie sind die bösen Winzer, die sich nicht nur weigern, dem Herrn das ihm Zustehende abzuliefern, sondern die seine Boten auch noch mißhandeln, ja sogar den zuletzt gesandten Sohn töten: *sie packten ihn, warfen ihn aus dem Weinberg hinaus und brachten ihn um*[10].

Wir denken an das Werben Gottes: zuerst um Israel, das er trotz seiner Untreue und Hartherzigkeit nicht aufgibt; dann um alle Menschen durch die Sendung des Sohnes, der als Geschenk seiner erbarmenden Liebe in die von Sünde, Tod und Zerstörung gekennzeichnete Welt kommt. »Das Hochzeitsmahl, das Gott seinem Sohn, dem Messias, bereitet, bedeutet nach einem der prophetischen Sprache des Alten Testaments geläufigen Bild das Erscheinen des Gottesreiches, in unserer Sprache die mystische Vereinigung des Herrn mit seiner Kirche (...). Die längst Eingeladenen sind das jüdische Volk und seine Vertreter, an die Jesus seine Einladung richtet. Die Auserwählung des Volkes durch Jahwe bildet die erste Einladung ins Gottesreich.«[11] Nachdem die zuerst Eingeladenen sich als unwürdig erwiesen haben, geht die Einladung an andere, »die nicht zu ihnen gehören und nicht Eingesessene der Königsstadt sind«[12]: *Geht also hinaus auf die Straßen und ladet alle, die ihr trefft, zur Hochzeit ein.*

Die Einladung zum Hochzeitsmahl bedeutet im umfassenden heilsgeschichtlichen Sinn die Teilnahme am künftigen Reich Gottes; daher im zweiten Teil des Gleichnisses der Hinweis auf den prüfenden Blick des Königs, auf das Gericht. Aber die Worte *Mein Mahl ist fertig* sind gleichzeitig eine Einladung an uns heute. Der Herr ruft uns zu einem tieferen Umgang mit ihm, zu größerer Hingabe, zu festerem Vertrauen. Auch wir sind in Gefahr, die göttliche

Einladung zu überhören oder geringzuschätzen, weil uns andere Dinge wichtiger werden können. Der heilige Augustinus läßt uns bitten: »Hilf uns, Herr, böse und eitle Ausreden beiseite zu lassen, damit wir zum Hochzeitsmahl kommen... Nichts soll unsere Teilnahme verhindern: weder der Stolz soll uns ruhmsüchtig erheben noch die böse Neugierde uns an die Erde drücken und von Gott abwenden, noch die Sinnlichkeit die Freuden des Herzens verderben... Kamen zum Mahl nicht auch die Bettler, die Kranken, die Krüppel, die Blinden? (...) Auch wir werden dort als Bettler erscheinen, denn uns lädt einer ein, der reich ist, aber um unseretwillen arm wurde, damit er mit seiner Armut die Armen bereichere. Wir werden als Kranke erscheinen, denn nicht die Gesunden bedürfen des Arztes, sondern jene, die krank sind. Wir werden als Krüppel erscheinen und dir sagen: ›Festige meine Schritte, wie du es verheißen hast‹ (*Ps* 119,133). Wir werden als Blinde kommen und dich bitten: ›Erleuchte meine Augen, damit ich nicht entschlafe und sterbe‹ (*Ps* 13,4).«[13]

Worin liegt die eigentliche Gefahr? »Man kann auf verschiedene Weise gegen die Liebe zu Gott verstoßen. Die *Gleichgültigkeit* läßt uns die Liebe Gottes vergessen; sie leugnet ihre Kraft. Die *Undankbarkeit* unterläßt es, die Liebe Gottes anzuerkennen. Die *Lauheit* zögert, die göttliche Liebe zu erwidern; in ihr kann die Weigerung liegen, sich dieser Liebe auszusetzen. *Überdruß* in geistlichen Dingen, *acedia* oder auch geistige Trägheit genannt, kann so weit gehen, daß man die von Gott kommende Freude verschmäht.«[14] Wir schließen diesen Abschnitt mit einem Gebet des heiligen Thomas Morus in höchster Not, kurz vor seiner Hinrichtung: »Nimm von mir, o Herr, diese Lauheit, diese kalte Art der Betrachtung und diese Stumpfheit, in der ich zu dir bete. Gib mir Wärme, Freude und geistige Wachheit in meinen Gedanken an dich. Und gewähre mir die Gnade, nach deinen heiligen Sakramenten zu verlangen, vor allem aber, voller Freude zu sein in der Gegenwart deines heiligen Leibes, geliebter Retter Christus, im heiligen Sakrament des Altares.«[15]

III. Der drängende Wunsch des Königs, das Festmahl zu feiern trotz der Absage der Gäste, erinnert uns an die Empfindungen Jesu beim letzten Zusammentreffen mit seinen Jüngern: *Als die Stunde gekommen war, begab er sich mit den Aposteln zu Tisch. Und er sagte zu ihnen: Ich habe mich sehr danach gesehnt, vor meinem Leiden dieses Paschamahl mit euch zu essen.* »Das Vorgefühl der Trennung und all das Schwere, das kommen soll, erfüllt den Augenblick. Die kleine Gemeinde hat sich aber nicht in einer beliebigen oder nur persönlichen Weise versammelt, sondern bei der Feier des Passah-Mahles. Dieses bezieht sich auf ein längst vergangenes Ereignis: den Auszug des Volkes aus Ägypten (...). In dieses Erinnerungsmahl des Alten Bundes gründete Christus das Mysterium des Neuen Bundes, das Geheimnis des christlichen Glaubens. Die Stiftung der Stunde aber weist hinaus in alle Zukunft.«[16] Bis der geheimnisvolle Tag kommt, da *das Mahl seine Erfüllung findet im Reich Gottes*[17], schenkt sich uns Jesus Tag für Tag im eucharistischen Opfer seines Leibes und Blutes, das die Vorwegnahme des Hochzeitsmahles des Lammes im himmlischen Jerusalem ist.

Das Gleichnis hat einen überraschenden Ausgang: *Der Festsaal füllte sich mit Gästen*, aber dies allein genügte dem König nicht; als er *eintrat, um sich die Gäste anzusehen, bemerkte er unter ihnen einen Mann, der kein Hochzeitsgewand anhatte. Er sagte zu ihm: Mein Freund, wie konntest du hier ohne Hochzeitsgewand erscheinen?*[18] Woher plötzlich diese Strenge? Daß die große Ehre unerwartet kam, ist in den Augen des Königs keine Entschuldigung für die Nachlässigkeit des Geladenen, sich des Rufes auch würdig zu erweisen. Der überraschende Abschluß des Gleichnisses erinnert uns an den persönlichen Charakter jeder Eucharistiefeier. Wir feiern in Gemeinschaft, aber wir dürfen uns nicht hinter ihr verstecken, sondern müssen uns persönlich auf die Begegnung vorbereiten. Was uns in der Kommunion gegeben wird, »ist nicht ein Stück Körper, nicht eine Sache, sondern es ist er selbst, der Auferstandene – die Person, die sich uns mitteilt in ihrer durch das Kreuz hindurchgegangenen Liebe«[19].

Wir müssen unser Gewissen prüfen, die Lumpen ablegen. »Zu einem würdigen Empfang hochangesehener Menschen gehören Licht, Musik, festliche Kleidung; und wie erst müssen wir uns vorbereiten, um Christus in unsere Seele aufzunehmen? Haben wir schon einmal darüber nachgedacht, wie wir uns benehmen würden, wenn wir nur einmal in unserem Leben Christus empfangen könnten?«[20] Die Kirche lehrt: »Wer sich einer schweren Sünde bewußt ist, muß das Sakrament der Buße empfangen, bevor er die Kommunion empfängt.«[21] Aber neben der Läuterung des Gewissens gehören zur würdigen Einstimmung auch die äußeren Zeichen der Ehrfurcht. Sie sind gleichsam die leibhaftige Antwort darauf, daß der Herr sich uns leibhaft schenkt. Das bedeutet, daß »unsere Frömmigkeit, unser Gebet den Ausdruck im Leib verlangt. Weil der Herr sich als Auferstandener im Leibe gibt, müssen wir mit Seele und Leib antworten. Alle geistigen Möglichkeiten unseres Leibes gehören notwendig zur Gestalt der Eucharistie: Singen, Reden, Schweigen, Sitzen, Stehen, Knien (...). Knien ist der leibhaftige Ausdruck unseres Ja zur wirklichen Gegenwart Jesu Christi, der als Gott und Mensch, mit Leib und Seele, mit Fleisch und Blut unter uns anwesend ist.«[22]

Wer bestrebt ist, die Kommunion häufig zu empfangen, entspricht damit der Sehnsucht Jesu Christi. Wir wissen aber aus Erfahrung, daß man sich schnell an Großes gewöhnen kann und es dann nicht mehr wirklich wahrnimmt. Um dieser Gefahr zu entgehen, »kann sich der Gläubige nur demütig und in festem Glauben das Wort des Hauptmanns zu eigen machen: ›Herr, ich bin nicht würdig, daß du eingehst unter mein Dach, aber sprich nur ein Wort, so wird meine Seele gesund‹.«[23]

Unsere Unwürdigkeit wird uns zur häufigen Beichte führen, auch dann, wenn wir uns keiner schweren Sünde bewußt sind; außerdem werden wir uns bemühen, die Gegenwart Gottes im Lauf des Tages durch geistige Kommunionen zu verlebendigen und dem Herrn in unseren täglichen Aufgaben und Pflichten zu begegnen. »Bitte Jesus, bei dir zu sein, mit dir zu arbeiten, damit es dir gelingt, die Arbeit in Gebet zu verwandeln.«[24]

[1] *Mt* 22,1-14. – [2] vgl. *Lk* 14,16-24. – [3] ebd. – [4] Flavius Josephus, *Jüdische Altertümer*, 18,2,3. – [5] *Jes* 25,6. – [6] *Joh* 13,1. – [7] *Katechismus der Katholischen Kirche*, 1392. – [8] ebd., 1524. – [9] Kongregation für den Gottesdienst, *Instruktion Eucharisticum mysterium*, 25.5.1967, 6. – [10] *Mt* 21,39. – [11] F. Tillmann, *Die sonntäglichen Evangelien*, Düsseldorf 1965, S. 667. – [12] ebd. – [13] Augustinus, *Predigt*, 112,8. – [14] P. Berglar, *Die Stunde des Thomas Morus*, Frankfurt 1987, S. 347. – [15] ebd. – [16] R. Guardini, *Der Herr*, Würzburg 1951, S. 434. – [17] *Lk* 22,15-16. – [18] *Mt* 22,11-12. – [19] J. Ratzinger, *Eucharistie – Mitte der Kirche*, München 1978, S. 55. – [20] J. Escrivá, *Christus begegnen*, 91. – [21] *Katechismus der Katholischen Kirche*, 1385. – [22] J. Ratzinger, a.a.O., S. 65-66. – [23] *Katechismus der Katholischen Kirche*, 1386. – [24] Mutter Teresa, *Beschaulich inmitten der Welt*, Einsiedeln 1990, S. 21.

17

MIT GANZEM HERZEN

Gottes zuvorkommende Liebe.
Die Liebe Christi erschließt dem Menschen seine höchste Berufung.
Selbstliebe und Nächstenliebe.

I. *Meister, welches Gebot im Gesetz ist das Wichtigste?* Der Evangelist informiert uns über die innere Absicht des Fragenden; denn der Gesetzeslehrer *wollte ihn auf die Probe stellen*[1]. »In welchem Raume läuft die Frage? Nicht in dem der lebendigen Wahrheit, sondern der Gelehrtendisputation. Ja, sie ist nicht einmal so gemeint, als ein, wenn auch beschränkter, so doch anständiger Kampf von schulmäßig festgelegten Theologen, sondern nur als List. Jesus soll sich im Gestrüpp der Lehrmeinungen verfangen. Entweder soll er als Unwissender dastehen oder aber in Gegensatz zu irgendeiner angesehenen Gruppe kommen, so daß man dem Volke sagen kann: Ihr seht, er versteht nichts vom Gesetz!«[2] Der Herr antwortet knapp und doch eingehender, als der Fragende erwarten konnte, zwei Gebote verbindend, die im Gesetz weit voneinander getrennt stehen: *Du sollst den Herrn, deinen Gott, lieben mit ganzem Herzen, mit ganzer Seele und mit allen deinen Gedanken. Das ist das wichtigste und erste Gebot. Ebenso wichtig ist das zweite: Du sollst deinen Nächsten lieben wie dich selbst.*

Auch wir wollen in unserem Gebet die Frage des Gesetzeslehrers stellen, aber weder nur theoretisch noch arglistig. Indem wir uns in die Antwort des Herrn vertiefen, lernen wir, das Hauptgebot der Liebe nicht bloß als Gebot zu sehen, sondern als »die erste Gabe; sie enthält alle weiteren Gaben. Diese Liebe hat Gott ›ausgegossen in unsere Herzen durch den Heiligen Geist, der uns gegeben ist‹ (*Röm* 5,5)«[3]. Gottes zuvorkommende Liebe zu uns ist die Quelle, aus der alles Gute strömt, und das Ziel, wohin alles fließt. »Hier wurzelt eure tiefste Freude, hier eure Kraft und euer Halt. Wenn ihr leider einmal Bitternis oder Drangsal zu ertragen habt, Unverständnis erfahrt oder sündigt, richtet gleich eure Gedanken auf den, der euch immer liebt. Mit seiner grenzenlosen Liebe – der Liebe eines Gottes – läßt er alle Prüfungen bestehen, füllt die Leere in uns aus, vergibt uns alle unsere Sünden und schenkt uns einen neuen Schwung zum Weitergehen auf einem sicheren und freudigen Weg.«[4] Davon hängt es ab, ob ein Leben sinnerfüllt oder orientierungslos verläuft: »Es gibt keinen, der nicht liebt. Nur fragt sich, was er liebt. Es wird also von uns nicht verlangt, das Lieben aufzugeben, sondern zu wählen, was wir lieben wollen. Doch was wählen wir, wenn wir nicht zuvor erwählt werden? Wir lieben ja auch nicht, wenn wir nicht zuvor geliebt werden. (...) Wenn du darüber nachdenkst, wie der Mensch dazu kommt, Gott zu lieben, findest du nur den einen Grund: Gott hat ihn zuvor geliebt. Der, den wir lieben, hat sich hingegeben und schuf uns damit die Möglichkeit, selbst zu lieben. (...) Da wir eine solche Zuversicht besitzen, laßt uns Gott aus der Kraft Gottes lieben!«[5] Dann erscheint alles, was uns widerfährt – auch das Mühsame und Bedrängende – als Gabe und Geschenk. Und wir entdecken, daß die Gottesliebe kein dem Menschen von außen hinzukommendes Gebot ist, sondern die eigentliche Art und Weise, wie der Mensch – Geschöpf und Kind Gottes – seinsgerecht lebt und sich verwirklicht.

Der heilige Bernhard sagt seinen Zuhörern: »Ihr wollt von mir hören, warum und wie man Gott lieben müsse. Nun denn: der Grund, Gott zu lieben, ist Gott selbst; das Maß der Liebe, ihn ohne Maß zu lieben. Ist das klar genug gesagt? Ja, aber nur für den, der es begreift.« Er will es auch denen, »die langsam sind im Auffassen«, verdeutlichen: »Aus zweifachem Grunde muß man Gott um seiner selbst willen lieben, einmal, weil nichts mit mehr Recht, und dann, weil nichts mit größerem Nutzen geliebt werden kann. Die Frage, warum Gott geliebt werden soll, läßt eine doppelte Antwort zu. Man kann darüber im Zweifel sein, worüber die Entscheidung geht, ob er zu lieben ist um eines Verdienstes von seiner Seite und welchen Verdienstes willen oder um eines Vorteiles und welchen Vorteiles für uns. Auf beide Fragen gebe ich die gleiche Antwort: ich finde einfach keinen anderen Grund, ihn zu lieben, als ihn selbst. (...) Wenn wir also auf die Frage nach dem Grund unserer Gottesliebe sein Verdienst betrachten, so ist es vornehmlich dieses: er hat uns zuerst geliebt. Würdig fürwahr ist er aller Gegenliebe, besonders wenn wir bedenken, wer, wen und wie sehr er geliebt hat.«[6]

II. Die Liebe Gottes zu uns ist »die letzte Antwort auf alle Warum-Fragen der Bibel: Warum die Schöpfung, warum die Menschwerdung Gottes, warum die Erlösung... Wenn die gesamte Bibel als geschriebenes Wort sich in gesprochenes Wort verwandeln könnte und zu einer einzigen Stimme würde, so würde diese Stimme, die mächtiger ist als das Rauschen des Meeres, wohl ausrufen: ›Gott liebt euch!‹ Jesus ist diese komprimierte Stimme der ganzen Heiligen Schrift, wenn er sagt: Der Vater liebt euch (*Joh* 16,27).«[7] Die ganze Heilige Schrift tut nichts anderes, als daß sie uns »von der Liebe Gottes erzählt«[8]. Die alttestamentlichen Propheten tun es mit Bildern aus dem innigsten Raum menschlicher Erfahrung: Gott kümmert sich um sein widerspenstiges Volk mit der Liebe eines Vaters – Ansporn und Fürsorge – und einer Mutter – Zärtlichkeit und Geborgenheit: *Je mehr ich sie rief, desto mehr liefen sie von mir weg. (...) Ich war es, der Efraim gehen lehrte, ich nahm ihn auf meine Arme. Sie aber haben nicht erkannt, daß ich sie heilen wollte. Mit menschlichen Fesseln zog ich sie an mich, mit den Ketten der Liebe. Ich war da für sie wie die Eltern, die den Säugling an ihre Wangen heben.*[9]

Angesichts der Größe der Gottesliebe fragt der Psalmist: *Was ist der Mensch, daß du an ihn denkst, des Menschen Kind, daß du dich seiner annimmst?*[10] Gott antwortet auf diese erstaunte Frage des Menschen mit der entscheidenden Tat der Offenbarung seiner Liebe im Geheimnis der Menschwerdung: *Gott hat die Welt so sehr geliebt, daß er seinen einzigen Sohn hingab, damit jeder, der an ihn glaubt, nicht zugrunde geht, sondern das ewige Leben hat.*[11] »Tatsächlich klärt sich nur im Geheimnis des fleischgewordenen Wortes das Geheimnis des Menschen wahrhaft auf. Denn Adam, der erste Mensch, war das Vorausbild des zukünftigen (*Röm* 5,14), nämlich Christi des Herrn; Christus, der neue Adam, macht eben in der Offenbarung des Geheimnisses des Vaters und seiner Liebe dem Menschen den Menschen selbst voll kund und erschließt ihm seine höchste Berufung.«[12] Das Gelingen oder Mißlingen eines Lebens hängt von der Intensität der Antwort auf diesen Ruf ab. »Wer etwas mit ganzer Kraft heiß liebt, so daß ihm nichts anderes schmeckt und zu Herzen geht als allein das Gemeinte und nichts sonst – wahrlich: wo und bei wem immer ein solcher Mensch ist, was immer er beginnt, was immer er tut, nie verlischt in ihm das Geliebte. Und in allen (anderen) Dingen erblickt er eben jenes geliebten Dinges Bild. Es ist ihm in dem Maße gegenwärtig, in dem er es liebt, ja noch mehr. Dieser Mensch sucht nicht nach Ruhe, denn ihn stört keine Unruhe.«[13] Dieser Mensch – können wir hinzufügen – sieht sich dort, wo Gott ihn hingestellt hat, von den Erweisen der göttlichen Liebe umgeben: Sie zeigt sich in gewöhnlichen wie in außergewöhnlichen Situationen, in freudigen Anläßen oder im Schmerz. Überall vermag er die Stimme Gottes zu vernehmen, die ihn fragt: »Denkst du an mich? Bin ich dir gegenwärtig? Suchst du mich als Halt, als Licht in deinem Leben, als deine Rüstung, als dein Alles?«[14]

Nicht darin besteht die Liebe, daß wir Gott geliebt haben, sondern daß er uns geliebt und seinen Sohn als Sühne für unsere Sünden gesandt hat.[15] Er, der Sohn, macht in der Abschiedsstunde die Jünger auf das Maß seiner Liebe aufmerksam: *Es gibt keine größere Liebe, als wenn einer sein Leben für seine Freunde hingibt.*[16] Johannes Chrysostomos entfaltet diese Worte des Herrn: »Ich bin dir Freund, ich bin dir Haupt und Glied, ich bin dir Bruder, Schwester, Mutter; alles bin ich dir, und nur dies will ich von dir: dein Vertrauter zu sein. Für dich wurde ich arm und bedürftig, für dich wurde ich gekreuzigt und begraben; für dich halte ich im Himmel Fürsprache bei Gott, dem Vater, und bin auf Erden sein Gesandter bei dir. Alles bist du für mich, Bruder und Miterbe, Freund und Glied. Was willst du noch?«[17]

Was wollen wir noch? Er hat *mich geliebt und sich für mich hingegeben*[18]. Nehmen wir uns vor, oft zu betrachten, von welcher Liebe der

Herr getrieben wurde »und welche Liebe uns Gott gezeigt hat, daß er uns ein solches Pfand seiner Zuneigung schenkte, denn Liebe verlangt Gegenliebe«[19].

III. Der Herr nennt ein zweites Gebot, das ebenso wichtig ist wie das erste: *Du sollst deinen Nächsten lieben wie dich selbst.* Sollte aber die Liebe zum Nächsten nicht so sein, daß sie *nicht ihren Vorteil sucht*[20]? Ist *wie dich selbst* nicht egoistisch? Wieso nimmt Jesus also die Selbstliebe als den selbstverständlichen Maßstab für die Nächstenliebe?

Selbstliebe gründet in der geschöpflichen Natur des Menschen. Er strebt »naturhaft und mit Notwendigkeit«[21] nach Glückseligkeit. Dies geschieht »›von Schöpfungs wegen‹, das heißt, es geschieht zwar einerseits aus dem innersten und eigensten Impuls der Kreatur; andererseits stammt der allererste Anstoß dieses Impulses nicht aus dem Herzen dieses gleichen geschaffenen Wesens, sondern aus dem alle Dynamik der Welt in Gang bringenden Akt der *creatio*; man könnte sagen, es stammt ›von anderswo her‹ – wäre nicht der *Creator* uns innerlicher als wir uns selbst. (...) Wer den Menschen und also auch sich selber bis in die Tiefe der geistigen Existenz hinein als *creatura* begreift, der weiß zugleich, daß wir im Akt der Erschaffung, ohne gefragt worden zu sein, ja, ohne auch nur gefragt werden zu können, auf unser Ziel hin, wie ein Pfeil, abgeschossen worden sind und daß also in unserem Glückseligkeitsverlangen eine Schwerkraft wirkt, über die wir deshalb keine Gewalt haben, weil wir selber diese Schwerkraft sind.«[22]

Die Selbstliebe, die Jesus meint, wünscht dem Nächsten dasselbe wie was einer für sich selbst wünscht: die Gottesnähe, solange er noch unterwegs ist und die Vollendung in Gott am Ende des irdischen Weges. Sie schafft Anteilnahme und gibt die Kraft, die Schwächen und Fehler anderer in Geduld zu ertragen und – wenn möglich – ihnen zu helfen, sie zu überwinden: »Ich kann einfach nicht glauben, daß eine Seele, die der Barmherzigkeit so nahe gekommen ist und erkennt, wer sie ist und wieviel Gott ihr gegeben hat, daß also eine solche Seele es nicht fertigbrächte zu verzeihen und nicht geneigt wäre, zu dem wieder gut zu sein, der sie beleidigt hat, da sie ja das Geschenk und die Gnade vor Augen hat, die Gott ihr erwiesen hat. Darin sieht sie Zeichen seiner großen Liebe, und so ist sie glücklich, wenn sich ihr eine Gelegenheit bietet, um ihm ihre Liebe zu zeigen.«[23] Dann spürt man, daß es keine Alternative: *Gottesliebe oder Nächstenliebe* gibt, und daß die Gottesliebe sich auch in der Sorge um die Not anderer ausdrückt. Meister Eckhart formuliert es anschaulich: »Wäre der Mensch in solcher Verzückung wie Sankt Paulus, und wüßte ich (in solcher Verfassung) von einem siechen Menschen, der von dir eines Süppleins bedürfte, ich hielte es für sehr viel besser, du ließest aus Liebe von dieser Verzückung ab und dientest dem Bedürftigen mit desto größerer Liebe.«[24]

Die in Gott gründende Liebe zu unseren Brüdern und Schwestern setzt nichts von dem außer Kraft, was uns aus eigenem an Liebe und Bejahung möglich und oft genug auch selbstverständlich ist; vielmehr umfaßt sie alle Gestalten menschlicher Liebe. So lieben wir einen Freund, »sofern er unser Gefährte in der Glückseligkeit sein wird (oder sein soll). Natürlich könnte man skeptisch fragen, was es denn in concreto besagen solle, den anderen als den möglichen Gefährten künftiger Glückseligkeit zu lieben. Was eigentlich könnte sich dadurch ändern? Ich glaube, es würde sich in der Tat sehr viel ändern, wenn ich es zustande brächte, einen anderen Menschen (sei dies der Freund, die Geliebte, der Sohn, der Nachbar, der Gegner und Konkurrent oder auch ein Unbekannter, der meiner Hilfe bedarf) wirklich als einen, ebenso wie ich selbst, zur Vollendung in der Glückseligkeit Berufenen (...) zu betrachten; der andere träte damit, für mein Bewußtsein, einfach in eine neue Dimension der Realität.«[25]

Bitten wir Maria, die Mutter der schönen Liebe, um eine solche Liebe: fest gegründet in Gott, auf ihn hinzielend und offen für alle Menschen.

[1] *Mt* 22,34-40. – [2] R. Guardini, *Der Herr*, Würzburg 1951, S. 376. – [3] vgl. *Katechismus der Katholischen Kirche*, 733. – [4] Johannes Paul II., *Ansprache*, 1.3.1980. – [5] Augustinus, *Predigt*,

34,1-3.5-6. – [6] Bernhard von Clairvaux, *Von der Gottesliebe*, 1. – [7] R. Cantalamessa, *Das Leben in Christus*, Graz 1990, S. 18. – [8] Augustinus, *Vom ersten katechetischen Unterricht*, 1,8,4. – [9] *Hos* 11,2-4. – [10] *Ps* 8,4-5. – [11] *Joh* 3,16. – [12] II. Vat. Konz., Konst. *Gaudium et spes*, 22. – [13] Meister Eckhart, *Die Gottesgeburt im Seelengrund*, Freiburg 1990, S. 45. – [14] J. Escrivá, *Im Feuer der Schmiede*, Nr. 506. – [15] *1 Joh* 4,10. – [16] *Joh* 15,13. – [17] Johannes Chrysostomos, *Homilien über das Matthäusevangelium*, 76. – [18] *Gal* 2,20. – [19] Theresia von Avila, *Leben*, 22,14. – [20] *1 Kor* 13,5. – [21] Thomas von Aquin, *Summa theologica*, I, q.94, a.1. – [22] J. Pieper, *Über die Liebe*, München 1972, S. 125. – [23] Theresia von Avila, *Weg der Vollkommenheit*, 36. – [24] Meister Eckhart, a.a.O., S. 51. – [25] J. Pieper, a.a.O., S. 178-179.

18

EINHEIT DES LEBENS

Schriftgelehrte und Pharisäer.
Sein und Tun.
Die Reichtümer der Taufe aktualisieren.

I. *In jener Zeit wandte sich Jesus an das Volk und an seine Jünger und sprach: Die Schriftgelehrten und die Pharisäer haben sich auf den Stuhl des Mose gesetzt. Tut und befolgt also alles, was sie euch sagen, aber richtet euch nicht nach dem, was sie tun; denn sie reden nur, tun selbst aber nicht, was sie sagen.*[1] Wer waren diese Menschen, die im Evangelium immer wieder als die Widersacher Jesu erscheinen? Der Herr erkennt sie als legitime Nachfolger des Mose ausdrücklich an; aber gleichzeitig warnt er vor ihrer Gesinnung, weil sie ihrer besonderen Verantwortung als Verkünder und Ausleger des Gesetzes in ihrer praktischen Lebensführung nicht gerecht werden. Sie *haben sich auf den Stuhl des Mose gesetzt*... Dieser Ausdruck ist kein bloßes Bild, denn »in den Synagogen gab es für sie besondere steinerne Ehrensessel, die den Namen ›Lehrstuhl des Moses‹ trugen. Diese waren die sichtbaren Symbole ihrer Lehrautorität.«[2]

Es handelt sich bei den *Schriftgelehrten und Pharisäern* um zwei verschiedene Gruppen, auch wenn sie meistens zusammen genannt werden.

Die pharisäischen Gemeinschaften bildeten sich als Reaktion der Frommen auf das sich ausbreitende hellenistische Heidentum im 3. Jahrhundert v.Chr. Da das Gesetz auf hebräisch geschrieben war und das Volk nur aramäisch sprach, mußte es erläutert werden. Dies nun war die Aufgabe der Schriftgelehrten. Sie »bildeten einen Stand, während die Pharisäer eine religiöse Richtung innerhalb des Judentums waren. Die Mehrzahl der Schriftgelehrten gehörte allerdings der pharisäischen Richtung an, die ja nichts anderes sein wollte als die praktische Verwirklichung des von den Schriftgelehrten aufgestellten gesetzlichen Frömmigkeitsideals. Waren die Schriftgelehrten (ihr jüdischer Name war *Rabbiner*) die gebildeten Theologen und Gesetzeslehrer (...) des Spätjudentums, so waren die gewöhnlichen Pharisäer einfache Leute, meist aus den Kreisen der Kaufleute, Gewerbetreibenden und Bauern, die in streng geschlossenen Gemeinschaften miteinander verbunden waren.«[3] Schriftgelehrter zu werden »erforderte ein jahrelanges Studium, das sich hauptsächlich um drei Punkte drehte: die Sabbatruhe, den Zehnten und die gesetzliche Reinheit (...). Erst mit vierzig Jahren wurde ein Schüler in den Stand der Schriftgelehrten aufgenommen. Er durfte nun den Ehrentitel *Rabbi* führen und war in der Öffentlichkeit am langen Talar, der mit vier Quasten versehen war, zu erkennen. Dem Schriftgelehrten öffneten sich die führenden Stellungen in Rechtspflege, Verwaltung und Unterricht. (...) So wird verständlich, daß die Schriftgelehrten – wie einst die Propheten – als Lehrer und Verkünder des göttlichen Willens im Volke mit unbegrenzter Achtung und ehrfürchtiger Scheu verehrt wurden. Ihre Worte waren absolute Autorität.«[4] Wer fromm leben wollte, mußte das Gesetz gut kennen, und dies bedeutete: er mußte sich an die Experten halten. Diese wiederum waren versucht, ihre eigenen Deutungen für wichtiger zu halten als das schlichte Gebot Gottes: »Das Gesetz in einer ins kleinste kasuistisch ausgestalteten Form (...) wurde durch sie zum Kern der Religion, die dadurch trotz des leidenschaftlichen Ernstes, den man dem Pharisäismus nicht absprechen kann, zwangsläufig einer starken Veräußerlichung anheimfiel.«[5] Dies war die Tragik jener Gruppe, zu der viele Gutwillige wie Nikodemus gehörten. Sie waren die religiöse Elite des Volkes, dazu berufen, den Eifer für das Gesetz Gottes und für die heilige Überlieferung lebendig zu erhalten; aber viele schlossen sich in ihre legalistische Welt ein und beschränkten die Liebe Gottes auf ihren engen Horizont. So ist der Ausdruck *Pharisäer* nicht nur als Umschreibung für bornierte Selbstgerechtigkeit, sondern auch für Heuchelei und für das Auseinandergehen von Wort und Tat in unsere Sprache eingegangen.

Am Anfang des Pharisäertums stand die instinktive Abwehr gegen die Aushöhlung des Glaubens. Auch heute ist »der Instinkt nötig, der uns wittern läßt, woher die Geister kommen«[6]. Aber die Abwehr von Glaubensgefahren darf uns nicht zu *Abgesonderten* – dies bedeutet ursprünglich der Ausdruck *Pharisäer* – werden lassen. Abkapselung kann zu Selbstgerechtigkeit, Verbitterung und – am Ende – zu mangelnder Authentizität führen. Nicht verkrampft, sondern gelassen und freudig müssen wir die Reichtümer unseres Glaubens verbreiten: »Die Christen müssen Vorläufer sein, wenn es gilt, Überzeugungen zu wecken und Lebensformen einzuführen, die entschieden mit einer aufreibenden und freudlosen Konsumhektik brechen.«[7]

II. Welcher Kontrast zwischen Jesus und seinen Widersachern! Bei ihm gibt es kein Auseinanderfallen von Reden und Tun. Alles, was er sagt und tut, gründet in dem, was er ist. Sein Tun ist gleichsam die Verleiblichung seiner Lehre und der Garant seiner Sendung: *Diese Werke, die ich vollbringe, legen Zeugnis dafür ab, daß mich der Vater gesandt hat.*[8] Er hat in der Tat »durch das Zeugnis seines Lebens und in der Kraft seines Wortes die Herrschaft des Vaters ausgerufen«[9] und kann von sich selbst sagen: *Die Worte, die ich zu euch sage, habe ich nicht aus mir selbst. Der Vater, der in mir bleibt, vollbringt seine Werke.*[10] Jesus schaut stets auf den Vater, er tut allein das, was dem Vater gefällt.[11] Die Apostelgeschichte scheint eine Reihenfolge zwischen Wort und Tat des Herrn betonen zu wollen, wenn sie von Jesus sagt: *coepit facere et docere*[12]. »Jesus begann sein Wirken mit Taten – und dann lehrte er. Du und ich, wir müssen durch tätiges Zeugnis Beispiel geben. Wir dürfen kein Doppelleben führen und etwas lehren, für das wir nicht einstehen. Zumindest müssen wir darum kämpfen, daß Lehren und Handeln in uns nicht auseinanderklaffen.«[13]

Die Einheit von Sein und Handeln, die wir in der Nachfolge des Herrn anstreben, erwächst aus der Berufung zur Heiligkeit, die in der Taufe grundgelegt wird: »Da sie Christus angezogen und sich vom Heiligen Geist genährt haben, sind die Christen ›heilig‹ und darum befähigt und verpflichtet, die Heiligkeit ihres Seins in der Heiligkeit ihres ganzen Wirkens zu zeigen. (...) Die Berufung zur Heiligkeit ist mit der Sendung sowie mit der Verantwortung, die den Laien in der Kirche und in der Welt anvertraut ist, aufs engste verknüpft.«[14] Es gilt, sich bewußt zu halten, daß wir vor Gottes Angesicht stehen, von dem alles kommt; daß er unser Vater ist; daß wir nicht unsere Ehre, sondern die Ehre Gottes suchen sollen; konkret gesagt, geht es darum, »das Alltägliche im irdischen Leben so zu gestalten, daß man es versteht, auf den Himmel zu schauen, dies heißt: auf Gott, höchstes und endgültiges Ziel unserer Bemühungen und unserer Anliegen«[15]. Daß wir Kinder Gottes sind, soll ständig im Hintergrund unseres Denkens und Handelns sein: in den großen und kleinen Nöten des Lebens, in der Art, wie wir das berufliche Umfeld apostolisch fruchtbar machen, wie wir Mißerfolge aufzuopfern wissen, in der überlegten Gestaltung von Freizeit und Erholung... In allem Reden und Tun muß Gott gegenwärtig sein, denn »die irdischen Dinge gedeihen nur dann, wenn wir das Höhere nicht vergessen: Wir dürfen den aufrechten Gang nicht verlieren, der den Menschen auszeichnet. Wir dürfen nicht nur nach unten schauen – wir müssen uns aufrichten, nur dann leben wir recht. Wir müssen auf der Suche nach dem Größeren bleiben, und wir müssen denen Helfer sein, die sich aufzurichten mühen, um das wahre Licht zu finden, ohne das alles in der Welt Finsternis ist.«[16]

Diese Ausrichtung des Lebens auf Gott hin ist für alle Christen wesentlich, aber sie ist gerade für jene besonders wichtig, die von Gott die Berufung erhalten haben, sich mitten in der Welt zu heiligen: »Die Einheit des Lebens der Laien ist von entscheidender Bedeutung. Sie müssen sich in ihrem alltäglichen beruflichen und gesellschaftlichen Leben heiligen. Um ihre Berufung zu erfüllen, müssen die Laien ihr Tun im Alltag als Möglichkeit der Vereinigung mit Gott und der Erfüllung seines Willens sowie als Dienst an den anderen Menschen betrachten, um sie in Christus zur Gemeinschaft mit Gott zu führen.«[17] Fragen wir uns also: Wie steht es mit unseren Werken? Sind sie Zeugnis unseres Glaubens an Christus? Gelingt es uns, unser Tun im gewöhnlichen Alltag auf Gott auszurichten? Wird Christus in unserem Tun für die anderen greifbar?

III. Die Anklage des Herrn im heutigen Evangelium richtet sich gegen Menschen, die als Zeugen des Glaubens versagen. Denn ihnen fehlt der Einklang von Denken und Handeln, Wort und Werk, mithin die Glaubwürdigkeit. Es liegt nahe, hier vor allem an jene zu denken, die andere zu erziehen und zu bilden haben: Eltern, Lehrer, Priester... Ihr christliches Zeugnis wird nur dann glaubwürdig und anziehend sein, wenn »durch die Werke des Jüngers das Antlitz des Meisters hindurchschimmert«[18] und wenn »die Menschen, denen wir begegnen, sagen können: Der ist ein Christ, denn er haßt nicht, er weiß zu verstehen, er ist nicht fanatisch, er hat sich in der Gewalt, er kann Opfer bringen, er sucht den Frieden, er liebt«[19].

Der Herr warnt nicht nur vor den falschen Lehrern, er erhebt den Anspruch, der einzige Lehrer und Meister zu sein. Nicht aufgrund irgendwelcher moralischen Überlegenheit, sondern als der Sohn Gottes, der er »von Natur aus und nicht durch Adoption«[20] ist, und als jener, dessen menschliche Natur »kein anderes Subjekt als die göttliche Person des Sohnes Gottes« hat. Alles an der Menschennatur Christi – seine Worte und seine Taten – ist »seiner göttlichen Person als ihrem eigentlichen Träger zuzuschreiben«[21].

Die Einheit von Wort und Werk, Handeln und Sein ist das, was wir in unserem Leben anstreben müssen. Meister Eckhart präzisiert: »Die Leute brauchten nicht so viel nachzudenken, was sie tun sollen, sondern sie sollten nachdenken, was sie seien. (...) Nicht gedenke Heiligkeit zu gründen auf ein Tun; Heiligkeit soll man gründen auf ein Sein, denn die Werke heiligen nicht uns, sondern wir sollen die Werke heiligen. (...) Sofern wir sind und am Sein teilhaben, in dem Maße heiligen wir alle unsere Werke, es sei Essen, Schlafen, Wachen oder was es sonst sei.

Die aber nicht am großen Sein teilhaben, welche Werke sie auch wirken mögen, aus denen wird nichts. So merke hier, daß man allen Fleiß darauf setzen soll, daß man gut sei; und nicht so sehr, was man tue oder von welcher Art die Werke sind, sondern wie der Grund der Werke ist.«[22]

Die Glaubwürdigkeit des eigenen Lebens steht am Anfang des apostolischen Zeugnisses und ist dessen Voraussetzung, denn »ein wahrer Apostel sucht nach Gelegenheiten, Christus auch mit seinem Wort zu verkünden, sei es den Nichtgläubigen, um sie zum Glauben zu führen, sei es den Gläubigen, um sie zu unterweisen, zu stärken und zu einem einsatzfreudigen Leben zu erwecken«[23]. Da wir nicht Zeugnis von uns geben wollen, sondern von Christus, ist es nötig, sich von ihm formen zu lassen: »Wer so zu einem Menschen sprechen will, daß es dorthin gelangt, wo die eigentlichen Entscheidungen fallen, muß durch Christus kommen. Er muß sein Denken läutern lassen, indem er es in die Gedanken Christi einfügt. Er muß sein Reden wahr machen lassen, indem er es in sein Reden hineingibt. Dann denkt und redet er richtig, und der Gedanke kommt an die Stelle, wohin er soll. Er muß seine Absicht durch die Gesinnung Christi ausrichten, seinen Willen von Christi Liebe durchwirken lassen.«[24]

Der heilige Paulus wünscht den Ephesern, der himmlische Vater möge ihnen gewähren, *daß sie in ihrem Innern durch seinen Geist an Kraft und Stärke zunehmen*[25]. Er deutet an, daß dieses Innere des Menschen sich nicht mit einem äußerlichen, oberflächlichen Leben zufrieden gibt, sondern in den Tiefen Gottes leben will, *die der Geist ergründet*[26]. »Im Licht des Glaubens erschließt sich uns ein wundervoller Horizont: Die zahlreichen Laien, Männer und Frauen, die in ihrem Leben und ihrem alltäglichen Tun oft ungesehen und sogar unverstanden, von den Großen dieser Erde nicht anerkannt, aber vom Vater in Liebe angeschaut, unermüdliche Arbeiter im Weinberg des Herrn sind und so demütige, aber – durch die Kraft der Gnade Gottes – große Mitwirkende am Wachstum des Reiches Gottes in der Geschichte werden.«[27]

Erbitten wir vom Herrn, daß wir freudig, gelassen, beharrlich und mutig Zeugnis von Christus geben: »Uns aber verleihe Gott, mit dem Herzen zu glauben, mit dem Munde zu bekennen und im Werke zu beweisen, daß der

Bund Gottes in unserem Fleisch ist, auf daß die Menschen unsere guten Werke sehen und den Vater preisen, der im Himmel ist, durch Jesus Christus, unseren Herrn. Ihm sei die Ehre in alle Ewigkeit, Amen.«[28]

[1] *Mt* 23,1-12. – [2] *Regensburger Neues Testament*, Bd. 1, Regensburg 1959, S. 319. – [3] ebd., Bd. 2, Regensburg 1958, S. 59. – [4] G. Kroll, *Auf den Spuren Jesu*, Stuttgart 1988, S. 187-188. – [5] *Regensburger Neues Testament*, Bd. 2, S. 61. – [6] J. Meisner, *Gedanken zur Neuevangelisierung*, in: *Seelsorge am Anfang?*, St.Ottilien 1990, S. 14. – [7] Johannes Paul II., *Ansprache an die Vollversammlung der Päpstlichen Kommission »Justitia et Pax«*, 11.11.1978. – [8] *Joh* 5,36. – [9] II. Vat. Konz., Konst. *Lumen gentium*, 35. – [10] *Joh* 14,10. – [11] vgl. *Joh* 8,29. – [12] vgl. *Apg* 1,1. – [13] J. Escrivá, *Im Feuer der Schmiede*, Nr. 694. – [14] Johannes Paul II., Apost. Schreiben *Christifideles laici*, 30.12.1988, 16-17. – [15] Johannes Paul II., *Ansprache beim Engel des Herrn*, 8.11.1979. – [16] J. Ratzinger, *Auf Christus schauen*, Freiburg 1989, S. 118. – [17] Johannes Paul II., Apost. Schreiben *Christifideles laici*, 17. – [18] J. Escrivá, *Christus begegnen*, 105. – [19] ebd., 122. – [20] *Katechismus der Katholischen Kirche*, 465. – [21] ebd., 466 und 468. – [22] Meister Eckhart, *Die Gottesgeburt im Seelengrund*, Freiburg 1990, S. 39. – [23] II. Vat. Konz., Dekret *Apostolicam actuositatem*, 6. – [24] R. Guardini, *Der Herr*, Würzburg 1951, S. 191. – [25] vgl. *Eph* 3,16. – [26] vgl. *1 Kor* 2,10. – [27] Johannes Paul II., Apost. Schreiben *Christifideles laici*, 17. – [28] Origenes, *Über die Ursprünge*, 7.

19

FELS UND SCHLÜSSELTRÄGER

Das Bekenntnis bei Cäsarea Philippi.
Selig bist du...
Im Dienst der Einheit.

I. Jesus hat Judäa verlassen und sich an die äußerste Grenze Israels begeben. Hier in der Gegend von Cäsarea Philippi und schon auf heidnischem Gebiet, bleibt er unbehelligt vom Gedränge des Volkes und vor allem vom hartnäckigen Streiten der Pharisäer, die ihn von Jerusalem bis nach Galiläa verfolgten. Die Jünger mögen sich gefragt haben, was denn Jesus mit einer solchen Wanderung bezwecken wolle, wußten sie doch, daß ihr Meister den Heiden das Reich Gottes nicht predigte. Auch wenn sie ihm nun schon lange folgen, bleibt ihnen vieles ein Rätsel. Wenn er so mächtig in Wort und Tat ist, warum entzieht er sich jedesmal dem Volk, wenn es ihn zum Messias ausrufen will? Jetzt hält der Herr den Augenblick für gekommen, sie tiefer in das Geheimnis seiner Sendung einzuführen, und außerdem will er sich eine Zeitlang ausschließlich ihrer Formung widmen.

Zunächst will Jesus, daß man sich zu ihm bekennt. Dann wird sich der Blick weiten auf das neue Volk Gottes hin, das er sammeln wird, und auf das seinen Weg durch die Jahrhunderte sichernde Felsenfundament. Dies ist die Mitte des heutigen Evangeliums[1]. Danach folgt – wie wir im Evangelium am kommenden Sonntag hören werden – die schwierige Belehrung über die Erlösung, die nicht in der Erfüllung irdischer Messiaserwartungen geschehen wird, sondern am Kreuzesholz.

Der Herr weiß, daß die Jünger all dies nicht verstehen werden, ihm genügt indes, daß sie es von ihm hören und ihm vertrauen. Schrittweise führt er sie zum Bekenntnis, indem er sie fast beiläufig fragt: *Für wen halten die Leute den Menschensohn?* Die Antworten lassen auf die kursierenden Vermutungen und Gerüchte um die Person Jesu schließen: keiner hielt ihn bloß für einen gewöhnlichen Menschen, aber keiner konnte in seiner unspektakulären Gestalt auch den erwarteten Messias sehen, höchstens seinen Wegbereiter: Ist er vielleicht Johannes der Täufer, der – gleichsam als göttliche Antwort auf die Willkür des Herodes – wiederkehrt? Oder ist er jener Elija, der als Vorbote des Messias angekündigt war? Oder der große Prophet Jeremia? Jesus geht auf diese Mutmaßungen nicht näher ein. Er will zur entscheidenden Frage kommen: *Ihr aber, für wen haltet ihr mich?*

Jesus läßt das Bekenntnis dem Belehren vorausgehen... Da haben wir bereits eine erste Anregung für unser Gebet. Ohne Zweifel ist begriffliche Klarheit über seine Gestalt – gerade in unserer Zeit – sehr wichtig; dennoch genügt es nicht, über ihn richtig informiert zu sein oder von ihm wie in einer *talkshow* zu sprechen: am Anfang muß das Bekennen stehen. Es genügt nicht, »eine Meinung zu wiederholen, es ist notwendig, Zeugnis abzulegen, sich verpflichtet zu fühlen durch das Zeugnis, das man gibt, und dann in dieser Verpflichtung bis zum äußersten zu gehen. Die besten Freunde, Jünger, Apostel Christi wurden immer jene, die eines Tages in sich selbst die klare, unumgängliche Frage gehört haben, angesichts der alle anderen zweitrangig und überflüssig werden: ›Für dich, wer bin ich?‹«[2] Unser ganzes Leben hängt von unserer Antwort auf die Frage ab.

Leo der Große sagte seinen Zuhörern im 5. Jahrhundert: »Alle Apostel fragt der Herr, was die Menschen von ihm dächten, und sie geben ihre Antwort gemeinsam, solange sie sich auf die menschliche Unwissenheit mit ihrem Schwanken beziehen. Sobald nach dem gefragt wird, was die Jünger selbst denken, legt der zuerst Zeugnis ab für den Herrn, der in der apostolischen Würde der erste ist.«[3] Petrus antwortet: *Du bist der Messias, der Sohn des lebendigen Gottes!* Es ist »jenes Bekenntnis, das erstmals in der Weltgeschichte, in der Heilsgeschichte die Einheit von ›Menschensohn‹ und ›Gottessohn‹ vom glaubenden Menschen her erkannte und aussprach. Ein ungeheures Ereignis der Menschheitsgeschichte! Der Fischer Simon aus Galiläa ermißt zwar noch nicht die Tiefe und die Folgen seines Bekenntnisses, doch er wirft seinen grenzenlosen Glauben weit über seinen begrenzten Verstand hinaus. (...) Er stürzte sich Hals über Kopf in den Glauben, lange bevor der Kopf begriff und der Hals sich reckte.«[4]

II. *Selig bist du, Simon Bar Jona...* »Nur ein einziges Mal hat Christus eine bestimmte Person, einen konkreten historischen Menschen in einem konkreten historischen Augenblick, in direkter Anrede seliggesprochen. Nicht seine Mutter, nicht seinen Pflegevater Josef, nicht Johannes, den ›Jünger, den er liebhatte‹ – nur Simon Petrus. Allein diese Tatsache schon müßte allen Christen durch Mark und Bein gehen.«[5] Warum nennt ihn Jesus *selig*? *Nicht Fleisch und Blut haben dir das offenbart, sondern mein Vater im Himmel*: »Darum bist du selig, weil dich mein Vater gelehrt hat, weil keine menschliche Meinung dich täuschen konnte, sondern Eingebung vom Himmel dich unterrichtete.«[6]

Du bist Petrus – der Fels. Jesus verwendet das aramäische Wort *Kephas*, das – anders als das uns geläufige *Petrus* – kein Eigenname war, weil es ihm um das Bild des *Felsen* geht: *auf diesen Felsen werde ich meine Kirche bauen.* Deshalb mußte *Kephas* – anders als bei Eigennamen sonst üblich – bei der Niederschrift des Evangeliums ins Griechische übersetzt werden.

Der neue Rufname soll gewiß keine Charakterschilderung des Apostels sein: »Die Benennung ›Fels‹ gibt keinen pädagogischen oder psychologischen Sinn; sie ist nur aus dem Mysterium, das heißt christologisch und ekklesiologisch zu verstehen: Simon Petrus wird durch Jesu Auftrag sein, was er durch ›Fleisch und Blut‹ gerade nicht ist.«[7] Nach Papst Leo dem Großen will Jesus sagen: »Ich bin der unzerstörbare Fels, der Schlußstein, der beide (Juden und Heiden) vereint (vgl. *Eph* 2, 20.14), das Fundament, außer dem kein anderes gelegt werden kann (*1 Kor* 3,11). Dennoch bist auch du Fels, weil du durch meine Kraft gestärkt wirst und mit mir durch Teilnahme gemeinsam haben darfst, was für mich eigene Vollmacht ist. (...) Auf diese Kraft werde ich den ewigen Tempel errichten, und auf der Festigkeit dieses Glaubens wird sich der erhabene Bau meiner Kirche erheben und bis in den Himmel hineinragen.«[8] Tatsächlich gibt die Verheißung des Herrn, *die Mächte der Unterwelt werden die Kirche nicht überwältigen* nur einen Sinn, wenn sie – über den sterblichen Einzelnen hinaus – das Petrusamt meint, das durch die Jahrhunderte sichtbares Fundament der Kirche sein soll.

Ich werde dir die Schlüssel des Himmelreiches geben; was du auf Erden binden wirst, das wird auch im Himmel gebunden sein, und was du auf Erden lösen wirst, das wird auch im Himmel gelöst sein. »Die Gewalt, zu ›binden.‹ und zu ›lösen‹, besagt die Vollmacht, in der Kirche von Sünden loszusprechen, Lehrurteile zu fällen und disziplinarische Entscheide zu treffen. Jesus hat der Kirche diese Autorität durch den Dienst der Apostel und insbesondere des Petrus anvertraut, dem er als einzigem die Schlüssel des Reiches ausdrücklich übergeben hat.«[9] Die erste Lesung der heutigen Messe[10] erinnert uns daran, daß das Bild von den Schlüsseln bereits im Alten Testament eine Rolle spielt. Gott kündigt durch den Propheten Jesaja an, er werde Eljakim *die Schlüssel des Hauses Davids auf die Schulter* legen, so daß, *wenn er öffnet, niemand schließen kann; wenn er schließt, niemand öffnen kann.*

Das Wort vom Verwalter des davidischen Hauses, er werde *den Ehrenplatz einnehmen*, läßt sich ebenso auf Petrus übertragen. Dessen herausgehobene Stellung im Neuen Testament zeigt sich nicht nur darin, daß er in den Apostellisten stets an erster Stelle genannt wird.[11] Er erscheint als Wortführer bei der Wahl des Matthias[12], nach dem Pfingstereignis[13], vor dem Sanhedrin[14], bei der Bestrafung von Ananias und Safira[15], ebenso bei der bahnbrechenden Aufnahme des ersten Heiden Kornelius[16] in die junge Kirche und beim Jerusalemer Konzil[17]. Nicht nur der Respekt vor dem Wortführer, sondern die Anteilnahme für einen Vater spricht aus jener bewegenden Szene des Petrus in Not[18]: *Die Gemeinde aber betete inständig für ihn zu Gott.* Als der Apostel, von Herodes ins Gefängnis geworfen und von einem Engel wunderbar befreit, zum Haus der Maria, der Mutter des Markus, ging und an das Außentor pochte, erkannte eine Magd *die Stimme des Petrus, doch vor Freude machte sie das Tor nicht auf, sondern sie lief hinein und berichtete: Petrus steht vor dem Tor.* Dem Staunen folgte die Freude.

Wie damals erfährt auch heute der Petrusnachfolger Anfeindung und Widerspruch; er soll auch die Stärkung unserer Gebetsnähe erfahren: »Größte Wertschätzung und Liebe, tiefe Verehrung, ergebenen Gehorsam und herzliche Anteilnahme sollst du dem Papst, dem Stellvertreter Christi auf Erden, entgegenbringen.

Wir Katholiken müssen bedenken: Nach Gott und nach der heiligen Maria, unserer Mutter, folgt in der Rangordnung der Liebe und Autorität der Heilige Vater.«[19]

III. »Unter allen Kirchen und kirchlichen Gemeinschaften ist sich die katholische Kirche bewußt, das Amt des Nachfolgers des Apostels Petrus, des Bischofs von Rom, bewahrt zu haben, den Gott als ›immerwährendes und sichtbares Prinzip und Fundament der Einheit‹ eingesetzt hat und dem der Heilige Geist beisteht, damit er alle anderen an diesem wesentlichen Gut teilhaben läßt.«[20] Der römische Bischof besitzt »volle, höchste und universale Gewalt über die Kirche und kann sie immer frei ausüben. Die Ordnung der Bischöfe aber, die dem Kollegium der Apostel im Lehr- und Hirtenamt nachfolgt, ja, in welcher die Körperschaft der Apostel immerfort weiter besteht, ist gemeinsam mit ihrem Oberhaupt, dem Bischof von Rom, und niemals ohne dieses Haupt gleichfalls Träger der höchsten und vollen Gewalt über die ganze Kirche.«[21]

Der Bischof von Rom gewährleistet, daß »der Episkopat selbst einer und ungeteilt sei«[22]. Dieser Dienst der Einheit verlangt von ihm, »wie ein Wächter zu ›wachen‹ (episkopein), so daß dank der Hirten in allen Teilkirchen die wirkliche Stimme des Hirten Christus zu hören ist. Auf diese Weise verwirklicht sich in jeder der ihnen anvertrauten Teilkirchen die *una, sancta, catholica et apostolica Ecclesia.* Alle Kirchen befinden sich in voller und sichtbarer Gemeinschaft, weil alle Hirten in Gemeinschaft mit Petrus und so in der Einheit Christi sind. Mit der Vollmacht und Autorität, ohne die dieses Amt illusorisch wäre, muß der Bischof von Rom die Gemeinschaft aller Kirchen gewährleisten. Dadurch ist er der Erste unter den Dienern an der Einheit.«[23]

Wenden wir uns von neuem dem Evangelium zu. Es fällt auf, daß für Jesus Petrus Simon bleibt: *Simon, Sohn des Johannes, liebst du mich mehr als diese?*[24] Er bleibt der treue und – wie konnte es anders sein – mit menschlicher Schwäche behaftete Jünger, der – gutwillig aber kurzsichtig – sich als Wortführer versucht und scheitert. Als Jesus von seinem Leiden und Tod gesprochen hatte, *nahm ihn Petrus beiseite und machte ihm Vorwürfe; er sagte: Das soll Gott verhüten, Herr! Das darf nicht mit dir geschehen! Jesus aber wandte sich um und sagte zu Petrus: Weg mit dir, Satan, geh mir aus den Augen! Du willst mich zu Fall bringen; denn du hast nicht das im Sinn, was Gott will, sondern was die Menschen wollen.*[25] Der Träger des Petrusamtes ist

– wie jeder Mensch – gefährdet. Deshalb braucht er unser Gebet, damit er wirklich *servus servorum Dei*, »Diener der Diener Gottes« ist, wie Papst Gregor der Große im 6. Jahrhundert treffend formulierte: »Diese Definition schützt am besten vor der Gefahr, die Amtsvollmacht (und im besonderen den Primat) vom Dienstamt zu trennen, was der Bedeutung von Amtsvollmacht im Sinne des Evangeliums widersprechen würde: ›Ich aber bin unter euch wie der, der bedient‹ (*Lk* 22,27), sagt unser Herr Jesus Christus, das Haupt der Kirche.«[26]

Christus selbst ist es, der den jeweiligen Träger des Amtes, einen schwachen Menschen, durch die Jahrhunderte trägt: *Simon, Simon, der Satan hat verlangt, daß er euch wie Weizen sieben darf. Ich aber habe für dich gebetet, daß dein Glaube nicht erlischt. Und wenn du dich wieder bekehrt hast, dann stärke deine Brüder.*[27] »Lukas hebt hervor, daß Christus dem Petrus aufträgt, die Brüder zu stärken, ihn aber gleichzeitig seine menschliche Schwäche und die Notwendigkeit seiner Bekehrung erkennen läßt. Es ist gerade so, als würde vor dem Hintergrund der menschlichen Schwachheit des Petrus voll offenkundig werden, daß sein besonderes Amt in der Kirche vollständig seinen Ursprung aus der Gnade hat; es ist, als würde sich der Meister ganz besonders seiner Bekehrung widmen, um ihn auf die Aufgabe vorzubereiten, die er sich anschickt, ihm in seiner Kirche anzuvertrauen, und würde ihm gegenüber sehr anspruchsvoll sein.«[28]

In der Enzyklika *Ut unum sint* bemerkt der Papst, daß »die Überzeugung der katholischen Kirche, in Treue zur apostolischen Überlieferung und zum Glauben der Väter im Amt des Bischofs von Rom das sichtbare Zeichen und den Garanten der Einheit bewahrt zu haben, freilich eine Schwierigkeit für den Großteil der anderen Christen darstellt, deren Gedächtnis durch gewisse schmerzliche Erinnerungen gezeichnet ist.«[29] Es stimmt: »Das Unproportioniertsein der Menschen zu solcher Funktion ist so schreiend, so eklatant, daß gerade in der Beauftragung des Menschen mit der Felsfunktion sichtbar wird, daß es nicht diese Menschen sind, die die Kirche halten, sondern er allein, der dies mehr trotz der Menschen als durch die Menschen tut. Das Geheimnis des Kreuzes ist vielleicht nirgends so greifbar anwesend wie in der kirchengeschichtlichen Realität des Primats. (...) Wenn die Kirche im Glauben an diesen Worten festhält, ist dies nicht Triumphalismus, sondern die Demut, die staunend und dankbar den Sieg Gottes über die menschliche Schwachheit und durch sie hindurch erkennt.«[30]

Das Petrusamt stammt aus der Gnade und dem Erbarmen Gottes und verpflichtet seinen Träger: »Durch seine Bindung an das dreifache Liebesbekenntnis des Petrus, das dem dreifachen Verrat entspricht, weiß sein Nachfolger, daß er Zeichen der Barmherzigkeit sein muß. Sein Dienst ist ein Dienst der Barmherzigkeit, geboren aus einem Barmherzigkeitsakt Christi.«[31]

Beherzigen wir also den Rat: »Liebe und verehre den Heiligen Vater, bete und bringe Opfer für ihn! Deine Liebe zu ihm soll mit jedem Tag wachsen! Er ist das Felsenfundament der Kirche. In ihm dauert der Dienst der Heiligung und der Leitung der Kirche, den Jesus dem Apostel Petrus anvertraute, durch die Jahrhunderte bis zum Ende der Zeiten fort.«[32]

[1] *Mt* 16,13-20. – [2] Johannes Paul II., *Ansprache in Belo Horizonte*, 1.7.1980. – [3] Leo der Große, *Predigt*, 4. – [4] P. Berglar, *Petrus – Vom Fischer zum Stellvertreter*, München 1991, S. 20. – [5] ebd. – [6] Leo der Große, a.a.o., 4. – [7] J. Ratzinger, *Zur Gemeinschaft gerufen*, Freiburg 1991, S. 51. – [8] Leo der Große, a.a.O., 4. – [9] *Katechismus der Katholischen Kirche*, 553. – [10] *Jes* 22,19-23. – [11] vgl. *Mt* 10,2-4; *Mk* 3,16-19; *Lk* 6,14-16. – [12] vgl. *Apg* 1,13. – [13] vgl. *Apg* 2,14-36. – [14] *Apg* 4,8 ff. – [15] vgl. *Apg* 5,1ff. – [16] vgl. *Apg* 10. – [17] vgl. *Apg* 15,6-12. – [18] vgl. *Apg* 12, 1-17. – [19] J. Escrivá, *Im Feuer der Schmiede*, Nr. 135. – [20] Johannes Paul II., Enz. *Ut unum sint*, 88. – [21] II. Vat. Konz., Konst. *Lumen gentium*, 22. – [22] vgl. II. Vat. Konz., a.a.O., 18. – [23] Johannes Paul II., a.a.O., 94. – [24] *Joh* 21,15. – [25] *Mt* 16,22-23. – [26] Johannes Paul II., a.a.O., 88. – [27] *Lk* 22,31-32. – [28] Johannes Paul II., a.a.O., 91. – [29] ebd., 88. – [30] J. Ratzinger, a.a.O., S. 69. – [31] Johannes Paul II., a.a.O., 93. – [32] J. Escrivá, *Im Feuer der Schmiede*, Nr. 134.

20

FREIHEIT UND NACHFOLGE

Stunde der Entscheidung.
Menschenwürde und Freiheit.
Was heißt Nachfolge?

I. Als Josua, der Nachfolger des Mose, *alt und betagt geworden*[1] war, fühlte er sich gedrängt, das Volk Israel, das er in das verheißene Land geführt hatte, auf die Verpflichtungen des Bundes neu einzuschwören. Er *versammelte alle Stämme Israels in Sichem* und erinnerte sie an die lange Geschichte des Volkes, die mit dem gottgewollten Auszug Abrahams *von jenseits des Stroms* begonnen hatte, wo *die Väter von Urzeiten an anderen Göttern dienten.* Nunmehr waren die Israeliten seßhaft geworden und der Gefahr ausgesetzt, sich fremden Göttern zuzuwenden. Hier setzt die erste Lesung[2] vom heutigen Sonntag ein: Josua will, daß die Israeliten sich erneut für Gott entscheiden: *Wenn es euch nicht gefällt, dem Herrn zu dienen, dann entscheidet euch heute, wem ihr dienen wollt.* Sie können sich wieder *den Göttern* zuwenden, *denen eure Väter jenseits des Stroms dienten*; oder sie können *den Göttern der Amoriter, in deren Land ihr wohnt*, dienen. Aber er überläßt das Volk nicht sich selbst, sondern setzt ein deutliches Beispiel der Treue: *Ich aber und mein Haus, wir wollen dem Herrn dienen.* Das Volk besinnt sich und folgt ihm auch hier, so wie es ihm bei der Landnahme gefolgt war: *Auch wir wollen dem Herrn dienen, denn er ist unser Gott.*

Die alttestamentliche Erneuerung der Treue stimmt uns auf das heutige Evangelium[3] ein. Auch dort geht es um eine Entscheidung. Die Menschen haben die wunderbare Brotvermehrung noch frisch in Erinnerung. Viele von denen, die dabei waren, sitzen jetzt in der Synagoge von Kafarnaum Jesus gegenüber und sind verwirrt, weil er rätselhaft spricht. Das Brot, das er so freigebig ausgeteilt hatte, wird jetzt zum *Brot des Lebens* – eines Lebens, das sie sich anders vorgestellt hatten. »Die wunderbare Brotvermehrung schien ihnen ein Vorgeschmack des Überflusses an Gütern, die sie vom Messias erwarteten: Ernten von übermannshohem Getreide, Reben von unerschöpflich fließendem Wein. Wenn sie doch dafür lieber die wahre Nahrung der Seele suchen wollten, jene Nahrung, die zu ewigem Leben bleibt! Diese Nahrung wird niemand anders als er – Jesus – geben, denn der Vater hat ihm sein Siegel aufgedrückt und seine Lehre durch Wunder bezeugt. Die Einwohner Kafarnaums hatten deren genug gesehen, um Jesus als Meister, als einen Erwählten zu erkennen, der ihnen Gottes Willen offenbaren konnte.«[4] Doch sie versagen sich seiner Rede vom Brot des Lebens, das man essen soll, um ins ewige Leben zu gelangen.

Viele Zuhörer entscheiden sich angesichts dieser Worte: *Was er sagt, ist unerträglich.*

Wer kann das anhören? Und die so sprechen, sind nicht die Widersacher des Herrn, sondern *viele seiner Jünger, die ihm zuhörten.* Viele waren ihm zwar äußerlich nah und standen doch in innerer Distanz zu ihm. Sie waren bereit, ihm zu folgen, solange der Weg einsichtig, die Lehre plausibel war. Warum hilft ihnen der Herr nicht? Hätte er nicht sagen können: »So habe ich es nicht gemeint?« Doch Jesus sagt nicht das Wort, das alles hätte aufklären können; er beharrt auf dem Gesagten: *Wenn ihr das Fleisch des Menschensohnes nicht eßt und sein Blut nicht trinkt, habt ihr das Leben nicht in euch. Wer mein Fleisch ißt und mein Blut trinkt, hat das ewige Leben, und ich werde ihn auferwecken am Letzten Tag.*

Daraufhin zogen sich viele Jünger zurück und wanderten nicht mehr mit ihm umher. Die Lehre des Herrn läßt sich nicht restlos verstehen. Irgendwann mußte die Stunde der Entscheidung und damit die Scheidung der Geister kommen. Es geht darum, ihm ohne Vorbehalte zu glauben.

II. Kafarnaum war eine Stunde der Entscheidung – auch für die Zwölf. Sie folgten dem Herrn schon geraume Zeit und hatten ihm ihre Zuneigung mehrfach bewiesen; doch jetzt galt es zu verstehen, daß Nachfolge mehr als nur Zuneigung war. Die Frage des Herrn ist eher verhalten denn werbend: *Wollt auch ihr weggehen?* Was sollen sie antworten? Verstehen sie besser als die anderen, was Jesus gesagt hat? Wohl nicht. Aber sollen sie den Meister verlassen, nur weil sie ihn nicht verstehen? Wieder tritt Petrus als Wortführer auf. Er gibt die einzig mögliche Antwort, die nicht auf Wissen gründet, sondern auf Glauben: *Herr, zu wem sollen wir gehen? Du hast Worte des ewigen Lebens.*

Sich derart kompromißlos festzulegen, ist das nicht eine Knebelung der Freiheit? Heute neigen viele dazu, Freiheit mit Bindungslosigkeit zu verwechseln, die, ihren Gegenstand ständig ändernd, sich den jeweiligen Launen des Augenblicks überlassen kann. Jemand, der unter der Atmosphäre der Unfreiheit in der ehemaligen DDR gelebt und gelitten hat, meint, viele, die in Unfreiheit zu leben hatten, hätten geglaubt, »Freiheit sei etwas, das man ohne Gegenleistung erhalten kann. Sie haben eine Freiheit ohne Risiko erwartet. Eine Freiheit, die man, wie soll ich sagen, abheben kann bei Bedarf. Eine verwaltete Freiheit. Eine bequeme Freiheit. Da kann ich nur sagen: Nichts ist unbequemer als die Freiheit. Aber auch nichts ist begehrenswerter... Aber frei sein heißt sich entscheiden müssen, und das hat man nicht gesehen. (...) Ich wünschte nur, daß der Wohlstand und die schönen Dinge, die vielen Kleinigkeiten, die das Leben farbig, bunt, freudig machen, nicht dazu führen, daß man habgierig wird und menschlich erkaltet.«[5] Es lasse sich sogar vermuten, daß, »wenn dieser Lebensstandard von einem Regime geboten worden wäre, das die geistige Freiheit unterdrückt hätte, das die meisten nicht gekümmert hätte. Hauptsache, sie wären im Konsumieren nicht gestört worden – Reisefreiheit eingeschlossen. Ich kenne Menschen, die so ein Regime sogar bevorzugen würden – ein Regime, das materiellen Wohlstand bietet bei, ich will es zurückhaltend formulieren, Verschonung mit geistig-moralischem Anspruch.«[6]

Freiheit, so sagt das Zweite Vatikanische Konzil, ist »ein erhabenes Kennzeichen des Bildes Gottes im Menschen: Gott wollte nämlich den Menschen ›der Macht der eigenen Entscheidung überlassen‹ (vgl. *Sir* 15,14), so daß er seinen Schöpfer aus eigenem Entscheid suche und frei zur vollen und seligen Vollendung in Einheit mit Gott gelange.«[7] Die liturgischen Texte von heute deuten an, daß es bei der Freiheit um ein *Ja* und um ein *Nein* geht. Die Lesung ermahnt uns zum *Nein*: allen *fremden Göttern* – Hedonismus, Relativismus, Egoismus – abzuschwören; das Evangelium ermutigt uns zum *Ja*: zur Wahrheit des Geschöpfseins und zur Nachfolge Christi. »Freiheit ist Wahrheit. Ein Mensch ist frei, wenn er ganz das ist, was er seinem Wesen nach sein soll. Freiheit ist die Weise, wie einer ganz er selbst ist und zu allen Dingen in rechtem Verhältnis steht. Zu dieser Freiheit aber führt der Weg durch den Gehorsam.«[8]

III. *Wollt auch ihr weggehen?* »Diese Frage des Herrn ertönt durch die Jahrhunderte; durch sie lädt uns seine Liebe ein, zu erkennen, daß er allein ›Worte des ewigen Lebens‹ hat.«[9] *Wir sind zum Glauben gekommen...* Auch diese Antwort des Petrus hallt durch die Jahrhunderte, von großen Heiligen eindrucksvoll gesprochen, von unbekannten Zeugen still gelebt. Es ist die Antwort der Nachfolge.

Wann begann für uns der Weg der Nachfolge Christi? Zuächst ohne unser Zutun – und schon dies verdeutlicht, »daß die Heilsgnade ganz ungeschuldet ist«[10] –, als unsere Eltern die Taufe für uns erbaten; da wurden wir »dem Pascha-Mysterium Christi gleichgestaltet«[11]. In der unbeschwerten Zeit der Kindheit wuchsen wir in den Glauben hinein, ohne daß wir es eigentlich merkten. Die Firmung bereitete uns dann auf ein Zeugnis vor, das wir noch nicht voll geben konnten. Als später die ersten Konflikte, Anfechtungen und Kämpfe, vielleicht auch Krisen, kamen, begannen wir zu ahnen, was es heißen kann, eine Stunde – oder auch nur einen Augenblick – der Entscheidung zu erleben. Seitdem haben wir im Kleinen häufig die Szene von Kafarnaum durchlebt und – hoffentlich – wie Petrus und die Elf reagiert.

Wir haben erfahren, daß der Ruf des Herrn weder den Glauben noch die Beharrlichkeit erzwingt. »Das Entscheidungsrecht über sich selbst steht der Seele zu. Es ist das große Geheimnis der persönlichen Freiheit, daß Gott selbst davor Halt macht. Er will die Herrschaft über die geschaffenen Geister nur als ein freies Geschenk ihrer Liebe. Er kennt die Gedanken des Herzens, er durchschaut die tiefsten Gründe und Abgründe der Seele, in die ihr eigener Blick nicht dringt, wenn Gott sie nicht eigens dafür erleuchtet. Aber er will nicht von ihr Besitz ergreifen, ohne daß sie selbst es will. Doch tut er alles, um die freie Hingabe ihres Willens an den Seinen als Geschenk ihrer Liebe zu erlangen und sie dadurch zur beseligenden Vereinigung führen zu können.«[12]

Im Rückblick auf schwierige Situationen erkennen wir, daß Gott uns auch dann nahe bleibt, wenn wir mit der Dunkelheit des Verstandes, der Kälte des Gefühls oder der Bedrängnis der Triebe zu kämpfen haben: »Gott kommt uns immer mit seiner Gnade zuvor, und in einem jeden Leben gibt es Schönes und Gutes, das wir leicht als Gnade, als Lichtstrahl göttlicher Güte erkennen können, wenn wir nur die Augen unseres Herzens offenhalten. Und wenn wir das tun, wenn wir zuerst überhaupt Gott in seiner Güte kennengelernt haben, dann können wir auch lernen, in den dunklen Wegen zu vertrauen, daß Gott uns immer noch als Gnade vorausgeht, daß er es gut mit uns meint.«[13]

Nachfolge Christi ist Lebensgemeinschaft mit dem gekreuzigten, auferstandenen und verherrlichten Christus, so daß man in der jeweils konkreten Situation die Rufe, die er an jene richtete, die damals in irdischer Gemeinschaft mit ihm lebten, im Heiligen Geist als Rufe an sich selbst begreift. Nachfolge, das ist nur ein anderes Wort für Berufen zur Heiligkeit.[14] Sie erfordert Hellhörigkeit für die täglichen Eingebungen des Heiligen Geistes und dann Folgsamkeit. »Der Glaubenswahrheit, daß Gott Mensch geworden ist und in der Kraft der Menschwerdung sich immer weiter im christusförmigen Menschen ›verleiblichen‹ will, entspricht auf der Seite dieses Menschen die Hochherzigkeit, die ›magnanimitas‹ der sich steigernden und wachsenden Offenheit für Gott und seinen Willen.«[15] Denn »Gott geht mit einer Seele immer nur bis hart an die Grenze, wo kein Widerstreben mehr möglich ist; aber diese Grenze überschreitet Gott nie, sondern diese Grenze muß die Seele selbst überschreiten. Denn die Gnade ist keine Gewalt, sondern Freiheit. Zum Leben wird der Mensch gezwungen, und zum Sterben wird er gezwungen, und zwischen diesen beiden ist er in fast allen Stücken gebunden an dieses oder jenes. Nur zu Gott allein wird niemand gezwungen, hier hat Gott die Seele des Menschen völlig freigemacht.«[16]

Der Weg der Nachfolge ist ein Weg der Freiheit, ein Weg indes, »der gegen die natürliche Schwerkraft gerichtet ist, gegen die Schwerkraft des Egoismus, der Suche nach dem bloß Materiellen und nach dem Maximum an Lustgewinn, das man mit Glück verwechselt. Nachfolge ist ein Weg durch die aufgeregten, stürmischen Wasser, den wir nur gehen können, wenn wir im Schwerefeld der Liebe Jesu Christi sind, den Blick auf ihn gerichtet und so getragen von der neuen Schwerkraft der Gnade, die uns den Weg zur Wahrheit und zu Gott hin möglich macht, den wir aus eigenem nicht durchschreiten können. Deswegen ist Nachfolge Christi mehr als Zustimmung zu einem bestimmten Programm, mehr als Sympathie und Solidarität mit einem Menschen, den wir als Vorbild ansehen. Wir folgen nicht nur Jesus, einem Menschen; wir folgen Christus, dem Sohn des lebendigen Gottes. Wir gehen einen göttlichen Weg.«[17]

Zu wem sollen wir gehen, Herr? »Die Liebe Gottes weist den Weg der Wahrheit, der Gerechtigkeit, des Guten. Wenn wir uns dazu entschließen, dem Herrn zu antworten: Meine Freiheit für dich!, dann sind wir von allen Ketten befreit, die uns an bedeutungslose Dinge gefesselt hielten, an lächerliche Sorgen, an niedrige Ambitionen.«[18] Maria, die Mutter der Gnade und Barmherzigkeit, möge uns den Weg weisen.

[1] *Jos* 23,1. – [2] *Jos* 24,1-2.15-17.18. – [3] *Joh* 6,60-69. – [4] M.-J. Lagrange, *Das Evangelium von Jesus Christus*, Heidelberg 1949, S. 236. – [5] R. Kunze, *Wo Freiheit ist...* Gespräche 1977-1993, Frankfurt 1994, S. 195. – [6] ebd. – [7] II. Vat. Konz., Konst. *Gaudium et spes*, 17. – [8] R. Guardini in: *Neue Jugend und katholischer Geist*, 20. – [9] *Katechismus der Katholischen Kirche*, 1336. – [10] ebd., 1250. – [11] ebd., 1239. – [12] Edith Stein, *Im verschlossenen Garten der Seele*, Freiburg 1989, S. 87. – [13] J. Ratzinger, *Auf Christus schauen*, Freiburg 1989, S. 117. – [14] vgl. II. Vat. Konz., Konst. *Lumen gentium*, 39-46. – [15] L. Scheffczyk, *Katholische Glaubenswelt*, Aschaffenburg 1978, S. 302. – [16] Gertrud von le Fort, *Das Schweißtuch der Veronika*, Frankfurt 1959, S. 205. – [17] J. Ratzinger, *Diener eurer Freude*, Freiburg 1989, S. 68-69. – [18] J. Escrivá, *Freunde Gottes*, 38.

21

UNTERWEGS NACH JERUSALEM, DER HEILIGEN STADT

Prophetisch geschaut, doch schon jetzt gegenwärtig.
Drei Lehren und drei Bilder.
Weltweites apostolisches Zeugnis.

I. Gott wird die *Völker aller Sprachen, deren Taten und Gedanken er kennt, zusammenrufen, und sie werden kommen und meine Herrlichkeit sehen* – alle, nicht nur die Angehörigen des Volkes Israel. Bis zu *den fernen Inseln* wird die Kunde gelangen – bis zu den Völkern in weiten Fernen, jenseits aller bekannten Grenzen, *die noch nichts von mir gehört haben, und meine Herrlichkeit noch nicht gesehen haben.*

Wann wird dies sein? Die erste Lesung dieses Sonntags[1] läßt das Wann und Wie in der Schwebe, wie es der Art prophetischer Schau entspricht, in welcher Zeit- und Heilsgeschichte, Gegenwart und Zukunft, Vorläufigkeit und Vollendung ineinanderfließen. »Die prophetische Erfahrung hebt die Schranken auf, in welche das geschichtliche Dasein den Menschen einschließt. Geschichtlich lebend sind wir hier und nicht dort; wissen ums Anwesende und nicht ums Ferne. Und so ist es recht; denn dadurch hat unser Tun seine Stelle und vollzieht Entscheidung. Die Eingrenzung wird in der Prophetie durch den Heiligen Geist aufgehoben. Im Geiste schaut der Prophet das Ferne und das Gegenwärtige. Er steht hinter dem Raum und sieht die Dinge zusammen. (...) Die Zeiten schieben sich ihm ineinander, denn er steht hinter der Zeit. (...) Geschichtlich lebend, sehen wir nur die Erscheinung; ihr Sinn ist verhüllt. Der Sinn dessen, was geschieht, leuchtet immer nur auf; muß erraten werden und verbirgt sich wieder. So leben wir im Geheimnis, auf Hoffnung hin... Dem Propheten enthüllt sich der Sinn. Verborgenes und Offenbares gehen in eins. Durch den Geist wird ihm das Geheime offenbar.«[2]

Der Prophet verkündet Gottes Wort, daß Menschen *aus allen Völkern (...) zu meinem heiligen Berg nach Jerusalem* kommen werden. Jerusalem und vor allem der Berg Zion, auf dem der Tempel stand, werden im Neuen Testament zu Sinnbildern für die endgültige Heimat des neuen Volkes Gottes – *das himmlische Jerusalem, das unsere Mutter* ist[3]. Die Offenbarung des Johannes schildert *die heilige Stadt Jerusalem, wie sie von Gott her aus dem Himmel herabkam, erfüllt von der Herrlichkeit Gottes. Sie glänzte wie ein kostbarer Edelstein, wie ein kristallklarer Jaspis. (...) Einen Tempel sah ich nicht in der Stadt. Denn der Herr, ihr Gott, der Herrscher über die ganze Schöpfung, ist ihr Tempel, er und das Lamm. Die Stadt braucht weder*

Sonne noch Mond, die ihr leuchten. Denn die Herrlichkeit Gottes erleuchtet sie, und ihre Leuchte ist das Lamm. Die Völker werden in diesem Licht einhergehen.[4]

Das neue Volk Gottes und die himmlische Stadt der Vollendung sind bereits in der Vorläufigkeit des Irdischen in Umrissen wahrnehmbar, in der Kirche sichtbar: Durch die Taufe sind wir schon jetzt *zum Berg Zion hingetreten, zur Stadt des lebendigen Gottes, dem himmlischen Jerusalem, zu Tausenden von Engeln, zu einer festlichen Versammlung und zur Gemeinschaft der Erstgeborenen, die im Himmel verzeichnet sind*[5]. Die Kirche »wird erst in der himmlischen Herrlichkeit vollendet werden, wenn die Zeit der allgemeinen Wiederherstellung kommt«[6], aber »schon sind die Enden der Zeiten zu uns gekommen, und die Erneuerung der Welt ist unwiderruflich begründet und wird in dieser Weltzeit auf eine gewisse wirkliche Weise vorweggenommen: Denn die Kirche wird schon auf Erden durch eine wahre, wenn auch unvollkommene Heiligkeit ausgezeichnet.«[7] Sie trägt als »pilgernde Kirche in ihren Sakramenten und Einrichtungen, die zu dieser Zeit gehören, die Gestalt dieser Welt, die vergeht, und weilt selbst unter den Geschöpfen, die seufzen und bis jetzt noch in Wehen liegen und die Offenbarung der Kinder Gottes erwarten.«[8]

Alles in der Schöpfung drängt hin zur Vollendung in der *Stadt auf dem heiligen Berg, im himmlischen Jerusalem*: »Für Dinge, die nach unten streben, ist der Grund unten gelegt; die Kirche aber, die unten steht, drängt zum Himmel. Dort also ist unser Grundstein gelegt.«[9]

II. Lukas streut immer wieder in sein Evangelium Hinweise darauf ein, daß Jesus auf dem Weg nach Jerusalem ist, als möchte er es besonders unterstreichen.[10] Jerusalem ist die eigentliche Mitte im irdischen Leben Jesu: Hier wurde er im Tempel dargestellt und gläubig zum erstenmal erkannt[11], hier ließ der Zwölfjährige erstmals sein Geheimnis aufblitzen.[12] Vor allem aber: Jerusalem ist der Ort, wo *sich alles erfüllen* soll, *was bei den Propheten über den Menschensohn steht*[13]. Hier wird er seine Hingabe vollziehen, denn *ein Prophet darf nirgendwo anders als in Jerusalem umkommen*[14]. Hier *wird er den Heiden ausgeliefert, wird verspottet, mißhandelt und angespuckt werden, und man wird ihn geißeln und töten. Aber am dritten Tag wird er auferstehen.*[15] Deshalb weint Jesus einmal über die Stadt und ihr irdisches Schicksal: *Wenn doch auch du an diesem Tag erkannt hättest, was dir Frieden bringt. Jetzt aber bleibt es vor deinen Augen verborgen. Es wird eine Zeit für dich kommen, in der deine Feinde rings um dich einen Wall aufwerfen, dich einschließen und von allen Seiten bedrängen. Sie werden dich und deine Kinder zerschmettern und keinen Stein auf dem andern lassen; denn du hast die Zeit der Gnade nicht erkannt.*[16]

Das heutige Evangelium[17] schildert eine der zahlreichen Begegnungen Jesu, während er lehrend *auf seinem Weg nach Jerusalem von Stadt zu Stadt und von Dorf zu Dorf* zieht. Jemand möchte gleich die Frage beantwortet haben, die die Propheten im Unbestimmten lassen: *Herr, sind es nur wenige, die gerettet werden?* Wer war der Neugierige? Einer der Jünger? Ein Passant? Wir wissen es nicht.

Ohne den Fragenden zu tadeln, nennt ihm Jesus nicht die Zahl der Auserwählten, sondern belehrt ihn über das Wesentliche. Er antwortet in drei Bildern, die den sittlichen Ernst betonen, der jeden kennzeichnen muß, der ins Reich Gottes eintreten will: *Bemüht euch mit allen Kräften, durch die enge Tür zu gelangen.* Dies die erste Lehre. »Die zweite Lehre und das zweite Bild betreffen die Notwendigkeit, sich zur rechten Zeit mit guten Werken an der Himmelspforte einzustellen. Jesus spricht diesmal von einem Festsaal, der bei den Juden das geläufige Symbol des Lebens bei Gott war. Die Eingeladenen, die dem Rufe gefolgt waren, sind eingetreten, und der Hausherr hat sich erhoben, um die Türe zu verschließen. Aber es stellen sich noch weitere Gäste ein und bitten um Einlaß. Der Herr sagt: Ich kenne euch nicht. Da wundern sie sich: Aber wir haben vor deinen Augen gegessen und getrunken, und auf unseren Straßen hast du gelehrt. Es handelt sich also um seine Landsleute, um die Hörer dieses Messias, der die Pforte zum Reich Gottes öffnet. (...) Wird der Anspruch der Juden, die doch die Brüder des Messias nach dem Fleische sind, auf den sie sich zuerst berufen haben, also zu nichts nütze sein? Nein – und das ist die dritte Lehre. Die Pforte öffnet sich, aber nicht, um ihnen den Weg freizugeben. Sie können deutlich die großen Ahnen erkennen, die Väter, auf die sie so stolz waren, Abraham, Isaak und Jakob im Reiche Gottes zu Tische sitzend. Und während man sie zurückdrängt und verjagt, um den Eingang frei zu machen, kommen andere von Osten und Westen und scharen sich um die Patriarchen.«[18]

Gott *will, daß alle Menschen gerettet werden*[19]. Jesus starb und *der Vorhang im Tempel riß mitten entzwei*[20] – als Zeichen dafür, daß nach seinem Tod das Privileg, zum alten auserwählten Volk zu gehören, aufgehoben und auf alle ausgeweitet wurde. *Er vereinigte die beiden Teile (Juden und Heiden) und riß durch sein Sterben die trennende Wand der Feindschaft nieder. (...) Er stiftete Frieden und versöhnte die beiden durch das Kreuz mit Gott in einem einzigen Leib.*[21] »Zum neuen Gottesvolk werden alle Menschen gerufen. Darum muß dieses Volk eines und ein einziges bleiben und sich über die ganze Welt und durch alle Zeiten hin ausbreiten. So soll sich das Ziel des Willens Gottes erfüllen, der das Menschengeschlecht am Anfang als eines gegründet und beschlossen hat, seine Kinder aus der Zerstreuung wieder zur Einheit zu versammeln (vgl. *Joh* 11,52).«[22]

Begleiten wir den Herrn auf seinem Weg nach Jerusalem. Nicht aus Neugier, sondern im

Wissen um Treue und Untreue in der bewegten Geschichte Jerusalems, das auch Sinnbild für unser eigenes Lebens sein kann. Denn *die Tochter Zion*[23] war, wie es drastisch heißt, *zur Dirne geworden, die treue Stadt*[24]. Ihre Bewohner hatten die Verbannung als Strafe Gottes erfahren und sich *an den Strömen von Babel* nach der Heimat gesehnt: *da saßen wir und weinten, wenn wir an Zion dachten. Wir hängten unsere Harfen an die Weiden in jenem Land. (...) Wie könnten wir singen die Lieder des Herrn, fern, auf fremder Erde? Wenn ich dich je vergesse, Jerusalem, dann soll mir die rechte Hand verdorren. Die Zunge soll mir am Gaumen kleben, wenn ich an dich nicht mehr denke.*[25]

III. Der Jerusalemer Tempel war nur *Abbild und Schatten der himmlischen Dinge*[26], wo *alljährlich nur an die Sünden erinnert* wurde, während wir *durch die Opfergabe des Leibes Jesu Christi ein für allemal geheiligt sind*[27]. Die zweite Lesung erinnert uns daran, daß wir das Werk der Erlösung weitertragen sollen: *Macht die erschlafften Hände wieder stark und die wankenden Knie wieder fest, und ebnet die Wege für eure Füße, damit die lahmen Glieder nicht ausgerenkt, sondern geheilt werden.*[28]

Das prophetische Wort, daß *man von Osten und Westen und von Norden und Süden kommen* wird, ist seit Christus in der Kirche bereits Wirklichkeit. Aber »als sichtbare Gemeinschaft und als äußeres Zeichen der in ihr wirkenden Gnade Christi bedarf die Kirche auch sichtbar erhobener personaler Zeichen, in denen ihre innere Heiligkeit bekundet und verbürgt wird«[29]. *Ich stelle bei ihnen* – gemeint sind die Völker – *ein Zeichen auf*, hörten wir in der ersten Lesung. Die Christen in der Welt sollen solche Zeichen sein – Einladung und Ansporn, nach persönlicher Heiligung zu streben –, jeder in seiner Situation und in seiner Zeit: »Jede Generation von Christen muß ihre eigene Zeit erlösen und heiligen. Hierzu müssen sie die Sorgen ihrer Mitmenschen verstehen und teilen, damit sie ihnen mit der Sprachengabe näherbringen können, wie sie auf das Wirken des Heiligen Geistes und auf den stets überfließenden Reichtum des göttlichen Herzens antworten können. Uns Christen fällt in unserer Zeit die Aufgabe zu, der Welt, in der wir sind und leben, die Botschaft des Evangeliums zu verkünden, die alt und zugleich immer neu ist. (...) Allen diesen Menschen, überall, wo sie sind, und gleichgültig, ob wir sie in einem Augenblick des Jubels oder einer Niederlage antreffen, müssen wir die feierlichen und bestimmten Worte des Apostels Petrus in der Zeit nach Pfingsten zurufen: Christus ist der Eckstein, der Erlöser, die Fülle unseres Lebens, denn außerhalb von ihm ist kein anderer Name unter dem Himmel den Menschen gegeben, in dem wir gerettet werden sollen (*Apg* 4,12).«[30]

Wieviele Menschen – vielleicht ganz in unserer Nähe: in der eigenen Familie, unter Freunden und Kollegen – wissen zwar von Christus, kennen ihn aber nicht wirklich. Fragen wir uns, wie wir ihnen helfen können. Sicherlich zuerst durch unser natürliches Verhalten. Manchmal können wir ihnen auch einen konkreten Rat geben: ein passendes Buch zu lesen, das Gespräch mit einem erfahrenen Seelsorger zu suchen, das der erste Schritt zum Empfang des Bußsakramentes sein kann, oder sich einmal für ein Wochenende zur geistlichen Besinnung zurückzuziehen. Erinnern wir uns an die theoretische Frage des Neugierigen im heutigen Evangelium. Jesus gibt ihm eine sehr konkrete, handlungsorientierte Antwort: »Was tagelange Glaubensdiskussionen mit einem zweifelnden oder ungläubigen Gesprächspartner nicht bewirkten, nämlich Klarheit zu gewinnen, bewirkte die Befolgung eines praktischen Rates, einfach wieder zu beten oder erst einmal zur Beichte zu gehen. Es ist der Rat, der in die gleiche Richtung weist wie jener, den Jesus seinen suchenden und fragenden Jüngern gab: Kommt und seht!«[31]

Jeder kann, in der je eigenen Situation, apostolisches Zeugnis geben. Denn »Pflicht und Recht zum Apostolat haben die Laien kraft ihrer Vereinigung mit Christus, dem Haupt. Denn durch die Taufe dem mystischen Leib Christi eingegliedert und durch die Firmung gestärkt, werden sie vom Herrn selbst mit dem Apostolat betraut. Das Apostolat verwirklicht sich in Glaube, Hoffnung und Liebe, die der Heilige Geist in den Herzen aller Glieder der Kirche ausgießt. Ja, das Gebot der Liebe, das der große Auftrag des Herrn ist, drängt alle Christen, für die Ehre Gottes, die durch das Kommen seines Reiches offenbar wird, und für das ewige Leben aller Menschen zu wirken, damit sie den einzigen und wahren Gott erkennen und den, den er gesandt hat, Jesus Christus (vgl. *Joh* 17,3).

Allen Christen ist also die ehrenvolle Last auferlegt, mitzuwirken, daß die göttliche Heilsbotschaft überall auf Erden von allen Menschen erkannt und angenommen wird.«[32] Gottes Reich ist auf Erden schon im Geheimnis da; es wird immer weiter verkündet werden, bis Christus es dereinst dem Vater übergeben wird: »das ewige, alles umfassende Reich (...), das Reich der Wahrheit und des Lebens, das Reich der Heiligkeit und der Gnade, das Reich der Gerechtigkeit, der Liebe und des Friedens.«[33]

[1] *Jes* 66,18-21. – [2] R. Guardini, *Der Herr*, Würzburg 1951, S. 367-368. – [3] *Gal* 4,25-26. – [4] *Offb* 21,10.22-24. – [5] *Hebr* 12,22-24. – [6] II. Vat. Konz., Konst. *Lumen gentium*, 48. – [7] ebd. – [8] ebd. – [9] Augustinus, *Erklärung der Psalmen*, 29. – [10] vgl. *Lk* 9,31; 9,51; 17,11; 18,31; 19,11. – [11] vgl. *Lk* 2,22-38. – [12] vgl. *Lk* 2,41-50. – [13] *Lk* 18,31. – [14] *Lk* 13,33. – [15] *Lk* 18,31-33. – [16] *Lk* 19, 41-44. – [17] *Lk* 13,22-30. – [18] M.-J. Lagrange, *Das Evangelium von Jesus Christus*, Heidelberg 1949, S. 381. – [19] *1 Tim*, 2,4. – [20] *Lk* 23,45. – [21] *Eph* 2,14-16. – [22] II. Vat. Konz., a.a.O., 13. – [23] *Klgl* 2,1. – [24] *Jes* 1,21. – [25] *Ps* 137,1-2.4-5. – [26] *Hebr* 8,5. – [27] *Hebr* 10,3.9. – [28] *Hebr* 12,12-13. – [29] L. Scheffczyk, *Maria in der Verehrung der Kirche*, Wien 1981, S. 9. – [30] J. Escrivá, *Christus begegnen*, 132. – [31] F. Hengsbach, *Plädoyer für den Glauben*, Köln 1991, S. 92. – [32] II. Vat. Konz., Dekret *Apostolicam actuositatem*, 3. – [33] *Präfation vom Königtum Christi.*

22

PAULUS UND DIE THESSALONICHER

In Sorge um die Neubekehrten.
Als Vater und Freund.
Der Segen der geistlichen Leitung.

I. *Wie eine Mutter für ihre Kinder sorgt, so waren wir euch zugetan.*[1] Diese Worte der Lesung gelten den Christen in der Stadt, die heute Saloniki heißt, jenen Thessalonichern also, denen Paulus etwa um das Jahr 50 *das Evangelium nicht nur mit Worten verkündet, sondern auch mit Macht und mit dem Heiligen Geist und mit voller Gewißheit*[2] gepredigt hatte. Es war ihm nicht möglich, sich der Festigung der jungen Gemeinde zu widmen, weil die eifersüchtig gewordenen Juden *einige nichtsnutzige Männer, die sich auf dem Markt herumtrieben*, gegen ihn einsetzten und die Stadt in Aufruhr brachten.[3] Jetzt ist der Apostel um die Glaubenstreue der jungen Gemeinde besorgt. Wie kann er sie stärken? Sobald es ihm möglich ist, schickt er ihnen einen Brief.

Der Apostel gibt Antwort auf grundsätzliche Fragen, die klärungsbedürftig sind. Als erstes aber will er das Herz der Thessalonicher bewegen: er erinnert sie an die Zeit, da er sie *nicht nur am Evangelium Gottes teilhaben lassen wollte, sondern auch an unserem eigenen Leben; denn ihr wart uns sehr lieb geworden.* Paulus stellt ihnen die *Vorgeschichte* ihrer Berufung vor Augen. Alles hatte damit begonnen, daß ihm während seiner zweiten Missionsreise *vom Heiligen Geist verwehrt wurde, das Wort in der Provinz Asien zu verkünden.* In einer nächtlichen Vision hatte er den Ruf eines Mazedoniers vernommen: *Komm herüber nach Mazedonien und hilf uns!*[4] Es war der Anfang der Evangelisierung Europas. Als er Philippi wegen eines öffentlichen Tumults verlassen mußte, schlug für die Thessalonicher die Stunde der Gnade. Auf der Via Egnatia, der Fortsetzung der Via Appia in den Osten des römischen Imperiums, erreichte Paulus ihre Stadt. Während der etwa drei Monate seines Wirkens bekehrten sich einige Juden und *eine große Schar gottesfürchtiger Griechen*[5] zum Glauben. So war die junge Gemeinde entstanden. Jetzt macht ihnen der Apostel all dies mit einem zweimaligen *ihr wißt* von neuem bewußt: *Ihr wißt selbst, Brüder, daß wir nicht vergebens zu euch gekommen sind. Wir hatten vorher in Philippi viel zu leiden und wurden mißhandelt, wie ihr wißt.*

Die Lage der ungefestigten Gemeinde beunruhigt ihn. Er fürchtet, sie könnte dem Ansturm eines feindseligen Milieus nicht gewachsen sein. In Athen angekommen, handelt er: *Darum hielten wir es nicht länger aus; wir beschlossen, allein in Athen zurückzubleiben, und schickten Timotheus, unseren Bruder und Gottes Mitarbeiter am Evangelium Christi, um euch zu stärken und in eurem Glauben aufzurichten, damit keiner wankt in diesen Bedrängnissen.*[6] Als er den inzwischen zurückgekehrten Timotheus in Korinth trifft, der ihm von der Treue der Thessalonicher berichtet, schreibt ihnen der Apostel. Die Sorge, seine Arbeit könnte zunichte gemacht werden, ist noch nicht unbegründet, aber der Bericht des Timotheus hat ihn mit Zuversicht erfüllt, so daß der Brief jetzt auch ein Lobgesang auf die Treue der schwer Geprüften sein kann: er nennt sie *unsere Hoffnung, unsere Freude, der Kranz unseres Ruhmes vor Jesus unserem Herrn (...), unsere Ehre und Freude*[7].

Paulus war sich bewußt, mit der Verkündigung des Wortes nur einen Anfang gemacht zu haben. Er lehrt uns, sich für das spirituelle Wachsen jener mitverantwortlich zu wissen, die durch uns zum Glauben gekommen sind oder ihn wiederentdeckt haben. Er betet für sie, hält Kontakt zu ihnen und erinnert sie – bevor er Grundsätzliches klärt – an die Anfänge ihrer Berufung. Er spricht ihr Herz an. Wäre dies nicht eine weitere Anregung für uns? Manch trübe Stimmung und manche Krise würden schwinden, wenn man einen Blick zurücktäte in die eigene Lebensgeschichte. Dann erscheint alles, was war – erste Begegnungen und Gespräche, spätere Erfahrungen und Initiativen, gemeinsam erlebte Freude und Nöte – als ein Siegel, eine Bekräftigung, daß Gott uns berufen hat.

II. Den Brief durchzieht eine väterliche Sorge, die antike Briefform wird verinnerlicht, schon der Gruß wird zu einem Ruf des gemeinsamen Glaubens: *Paulus, Silvanus und Timotheus an die Gemeinde von Thessalonich, die in Gott, dem Vater, und in Jesus Christus, dem Herrn, ist.* Paulus wünscht ihnen einen Frieden, der mehr ist als der Wunsch eines höflichen Briefschreibers, denn er wurzelt in der Gnade Gottes: *Gnade sei mit euch und Friede,* heißt es in beiden Briefen. Und im zweiten Brief ergänzt er: *von Gott, dem Vater, und dem Herrn Jesus Christus.*

Der Apostel fühlt sich als Vater und Freund derer, die er für den Glauben an Christus gewonnen hat. Er verbirgt diese Gefühle nicht, als erstes – wie gesagt – will er ihr Herz ansprechen, er bekräftigt, in welcher Gesinnung er zu ihnen kam: nicht, um sie *irrezuführen, in schmutziger Weise auszunutzen oder zu betrügen, sondern weil Gott uns geprüft und uns das Evangelium anvertraut hat, nicht also um den Menschen, sondern um Gott zu gefallen, der unsere Herzen prüft.* Widrige Umstände hatten ihn gezwungen, sie zu verlassen, aber er vergißt sie nicht; aus der Ferne dankt er Gott *für euch alle, sooft wir in unseren Gebeten an euch denken; unablässig erinnern wir uns vor Gott, unserem Vater, an das Werk eures Glaubens, an die Opferbereitschaft eurer Liebe und an die Standhaftigkeit eurer Hoffnung auf Jesus Christus, unseren Herrn.* Die Berufung steht am Anfang eines Weges, den der Mensch dann in Freiheit, offen für die Gnadenimpulse Gottes, weitergehen soll. Paulus sieht deshalb seine Aufgabe nicht als beendet an. Er will die Thessalonicher auf ihrem Weg zum endgültigen Ziel begleiten: *daß unser Gott euch eurer Berufung würdig mache und in seiner Macht allen Willen zum Guten und jedes Werk des Glaubens vollende*[8].

Lassen wir uns im Gebet von der Haltung des Apostels anregen. Das heutige Evangelium[9] liefert einen traurigen Kontrast dazu: denn die Schriftgelehrten und Pharisäer, eifersüchtige Hüter des Gesetzes und mit allen Spitzfindigkeiten der Kasuistik wohlvertraut, haben das Gespür für die Menschen verloren. Das *Wehe euch!* des Herrn ist kein Fluch und keine Verwünschung, eher ein Ausdruck des Schmerzes über die Abgestumpftheit dieser *Heuchler*, die *blinde Führer* und *blinde Narren* sind.

Wie anders ist die Haltung des Paulus! Er darf mit Recht schreiben: *Ihr habt von uns gelernt, wie ihr leben müßt, um Gott zu gefallen, und ihr lebt auch so; werdet darin noch vollkommener!*[10] Aus seiner Sorge spricht nicht nur die Verantwortung eines Glaubenslehrers für die Integrität der geoffenbarten Wahrheit, sondern auch die Liebe des Freundes und die Klugheit des geistlichen Ratgebers. Die Treue zum Glauben, die ja Treue zur Person Christi ist, verschmilzt mit der Liebe zu jenen, die diesen Glauben in Leben verwandeln sollen. Er muß den Thessalonichern Orientierung geben, und er tut es; aber mit freundschaftlicher Anteilnahme. *Ihr seid unserem Beispiel gefolgt und dem des Herrn*[11], schreibt er. Nun können ihn die Thessalonicher in ihrer schwierigen Situation darin nachahmen: *Laßt euch nicht so schnell aus der Fassung bringen und in Schrecken jagen. Laßt euch durch niemand und auf keine Weise täuschen!*

Während seines ersten Besuchs in Deutschland griff Papst Johannes Paul II. diese Worte auf. In München wandte er sich an die Jugend mit folgenden Worten: »Alle diese Nöte und Schwierigkeiten gehören zu jenen Widerständen, an denen wir unser Wachsen in der grundlegenden Wahrheit nähren und bewähren müssen. Ein wahrlich nicht geringer Trost liegt darin, daß es trotz vieler Schatten und Düsternisse auch sehr, sehr viel Gutes gibt. Es fehlt nicht deshalb, weil man zu wenig darüber spricht. Oft muß man das viele Gute, das im Verborgenen am Werk ist und vielleicht erst später einmal strahlend sichtbar wird, entdekken wollen und anerkennen. Was hat zum Beispiel eine Mutter Teresa von Kalkutta erst alles im Kleinen und Verborgenen tun müssen, ehe eine überraschte Welt auf sie und ihr Werk aufmerksam wurde? Laßt euch also nicht so schnell aus der Fassung bringen!«[12]

III. In einer gewissen Ähnlichkeit zum Glauben selbst, der *aus dem Hören* kommt[13], erfordert auch der geistliche Fortschritt das Hinhören auf einen erfahrenen Seelenführer. Es ist sehr menschlich und sehr übernatürlich zugleich, jemandem unsere Seele anvertrauen zu können. Paulus nimmt sich Zeit für die mündliche Unterweisung der Christen in Ephesus und

Korinth, in Thessalonich und Rom – all jener, die er in seinen Briefen *meine Kinder* nennt, *für die ich von neuem Geburtswehen erleide, bis Christus in euch Gestalt annimmt*[14].

Die Kirche hat immer die geistliche Leitung als ein erprobtes Mittel geistlichen Fortschritts empfohlen. Der Seelenführer »muß die Seele hinführen zum eigentlichen Seelenführer, zum Heiligen Geist«[15]. Er weckt in uns den Hunger und Durst nach Gott und die Sehnsucht, in Christus umgestaltet zu werden, nennt uns konkrete Schritte im asketischen Kampf, regt höhere Ziele für unser inneres Leben an und hilft uns, das Wort des Apostels Wirklichkeit werden zu lassen: *Legt den alten Menschen ab. (...) Zieht den neuen Menschen an, der nach dem Bild Gottes erschaffen ist in wahrer Gerechtigkeit und Heiligkeit.*[16]

»Noverim te, noverim me..., daß ich dich erkenne, daß ich mich erkenne«, betet der heilige Augustinus. Die wahre Selbsterkenntnis erwächst aus der Konfrontation mit Gott, jenseits augenblicklicher Stimmungen und subjektiver Wertungen. Keiner ist in der Lage, im inneren Leben sich selbst zu leiten, denn jeder sieht sich gerne schon als den, der er sein möchte. Wo es einen beharrlichen Bekehrungswillen gibt, da hat der Hochmut, blind für guten Rat, keine Chance. Auch verstecktere Formen des Hochmuts können den Blick auf die eigene Lebenswirklichkeit verstellen: eine selbstgefällige Art, die zum Leichteren neigt, eine Naivität, die Gefahren übersieht... Ja, es kann sogar vorkommen, »daß man gerade den Rat sucht, der dem eigenen Egoismus Vorschub leistet, und unter dem Deckmantel einer ›Autorität‹ die innere Stimme des eigenen Gewissens zum Schweigen bringt. Und unter Umständen wird dann solange immer wieder der Ratgeber gewechselt, bis man schließlich den ›wohlwollendsten‹ gefunden hat.«[17]

Eine weitere Gefahr für den geistlichen Fortschritt ist die Resignation, uns nach mehrfachem Scheitern einzureden, alles sei umsonst. Die heilige Theresia schreibt: Gott »will und liebt beherzte Seelen, wenn sie nur in Demut wandeln und nicht auf sich selbst vertrauen (...). Ich staune darüber, wieviel auf diesem Weg darauf ankommt, daß man sich zu großen Dingen ermutige. Hat die Seele auch noch nicht die Kräfte, sie sogleich auszuführen, so macht sie doch schon einen Flug und kommt weit voran, wenn sie auch, einem Vöglein gleich, das noch zu wenig flügge ist, müde wird und ausruht.«[18]

Und was die Eigenart des geistlichen Leiters angeht, warnt die Heilige von Avila vor denen, »die uns den langsamen Krötengang lehren und sich schon damit zufrieden geben, wenn die Seele im Jagen nach Eidechsen sich tapfer erweist. (...) Es liegt also viel daran, daß der geistliche Führer klug sei, ich will sagen, daß er einen guten Verstand und Erfahrung besitze. Verbindet er mit diesen Eigenschaften auch noch Gelehrsamkeit, so ist dies von ungemein großem Vorteile. Kann man aber diese drei Stücke in einer Person nicht vereinigt finden, so ist an den zwei ersteren mehr gelegen; denn im Fall der Not kann man wohl sonst noch Gelehrte finden, um sich bei ihnen Rat zu holen. Ich behaupte sogar, daß Anfängern gelehrte Führer wenig nützen, wenn diese nicht selbst auch das innerliche Gebet üben.«[19]

Welche Voraussetzungen sind nötig, um die geistliche Leitung fruchtbar zu empfangen? Ein Gespür dafür, daß das geistliche Gespräch in Gottes Gegenwart geschieht. Manchmal wird es in eine Beichte einmünden, die uns nicht nur menschliche Zuversicht gibt, sondern die sakramentale Gnade schenkt und auch die klare Einsicht: »Das Streben nach Umkehr ist nicht nur eine Tat des Menschen. Sie ist die Regung eines ›zerknirschten Herzens‹ (*Ps* 51,19), das durch die Gnade dazu gebracht und bewegt wird, der barmherzigen Liebe Gottes, der uns zuerst geliebt hat, zu entsprechen.«[20]

Sodann ist Beharrlichkeit nötig. Das innere Leben lebt nicht von der Improvisation, es nimmt Gestalt an mit der Zeit. Es ist wie ein Gemälde, das Pinselstrich um Pinselstrich entsteht. Auch die Seele formt sich so, und für viele heißt das: Woche für Woche. Und nach und nach, durch Niederlagen und durch Siege, arbeitet der Heilige Geist an uns. Die geduldige Bereitschaft, immer wieder zu beginnen, macht uns frei von der Gier nach sofortigen Erfolgen. Die Beharrlichkeit läßt uns auch dann Zeit für das Gespräch finden, wenn die eigenen Termine dicht gedrängt sind.

Schließlich brauchen wir eine, wie der selige Josemaría Escrivá zu sagen pflegte, »wilde Aufrichtigkeit« gegen die eingefleischte Neigung, eine »gute Figur« zu machen. Aufrichtigkeit bedeutet, die ganze Wahrheit zu sagen, unverstellt, schnörkellos, mit Selbstverleugnung, und deshalb gerade das als erstes zu sagen, was uns besonders beschämt. Und dann ist Fügsamkeit vonnöten, damit wir *wie der Ton in der Hand des Töpfers*[21] sind.

Empfehlen wir uns Maria an. In Erwartung des Heiligen Geistes wird sie »zum Bild, ja sogar zum Urbild der das Heil empfangenden und an die Menschheit vermittelnden Kirche, aber auch zum Urbild aller heilsempfangenden Menschen.«[22]

[1] *1 Thes* 2,1-8. – [2] *1 Thes* 1,5. – [3] vgl. *Apg* 17,5-10. – [4] vgl. *Apg* 16,6-10. – [5] vgl. *Apg* 17,4. – [6] *1 Thes* 3,1. – [7] *1 Thes* 2,19-20. – [8] vgl. *2 Thes* 1,1-5.11-12. – [9] *Mt* 23,13-22. – [10] *1 Thes* 4,1. – [11] *1 Thes* 1,6. – [12] Johannes Paul II., *Ansprache in München*, 19.11.1980. – [13] vgl. *Röm* 10,17. – [14] *Gal* 4,19. – [15] R. Graber, *Die Gaben des Heiligen Geistes*, Regensburg 1936, S. 123. – [16] *Eph* 4,22.24. – [17] J. Escrivá, *Gespräche*, Nr. 93. – [18] Theresia von Avila, *Leben*, 13,2-3. – [19] ebd. 13,16. – [20] *Katechismus der Katholischen Kirche*, 1428. – [21] *Jer* 18,6. – [22] L. Scheffczyk, *Maria im Glauben der Kirche*, Wien 1980, S. 59.

23

GERECHTIGKEIT VOR GOTT UND VOR DEN MENSCHEN

Gerechtigkeit: Zuhause, in der Gesellschaft, weltweit.
Alttestamentliches Gesetz und Kirchenrecht.
Wer ist der Andere?

I. »Als Zeichen der Verheißung und des Bundes hätte das Gesetz das Herz und die Einrichtungen des aus dem Glauben Abrahams hervorgegangenen Volkes bestimmen sollen.«[1] Das Leben unter dem Gesetz war – so der Kirchenvater Irenäus von Lyon im 2. Jahrhundert – »eine Pädagogik und eine Weissagung zukünftiger Güter«[2]. Israel, das – anders als die Nachbarn ringsum – nicht auf irdische Macht bauen konnte, sollte vor der Versuchung bewahrt werden, sich dem verführerischen Glanz heidnischer Kulturen auszuliefern. »Eben hier lag der Sinn des Gesetzes. In jedem Augenblick sollte das Volk göttlichen Forderungen begegnen. Überall standen Gebote des Herrn und erklärten, daß man etwas solle oder nicht dürfe. (...) Mitten in der unendlichen Weltverfangenheit der unerlösten Menschheit sollte ein Volk heranwachsen, das Recht und Unrecht von Gottes Wort her unterschied; für Mächte wach war, die aus dem Geiste, richtiger aus dem Heiligen her sprachen; um Werte und Ordnung unirdischer Herkunft im eigenen Dasein wußte. (...) Daß Israel den Glauben an den einen Gott durch jene Welt hindurchgetragen hat, war ein Wunder, und es dazu erzogen zu haben, das Werk des Gesetzes. Das Gewissen vertiefte sich. Die stillen, herzreinen, aufrichtig gesinnten Gestalten, die uns im Neuen Testament begegnen, sind aus seiner Schule hervorgegangen.«[3]

Aus der Schule des Gesetzes stammen aber auch jene Schriftgelehrten und Pharisäer, die mit ihrer Haarspalterei aus der schlichten Gesetzesfrömmigkeit eine schwierige Kunst gemacht hatten. In seinen Auseinandersetzungen mit ihnen geht es dem Herrn nicht um spitzfindige Kasuistik, sondern um die Mitte des ganzen Gesetzes: um das Doppelgebot der Gottes- und Nächstenliebe. Jesus liebt, bewahrt und hält das Gesetz, und deshalb können wir sagen, daß »das überaus reiche Erbe des Gesetzes und der Propheten, das aus Geschichte und Erfahrung des Volkes Gottes im Alten Testament allmählich gewachsen war, (...) in neuer und vertiefter Weise zum Erbe des Neuen Testamentes gehört.«[4] Obwohl der heilige Paulus lehrt, *daß der Mensch nicht durch Werke des Gesetzes gerecht wird, sondern durch den Glauben an Jesus Christus*[5], »schließt er dennoch weder die Verpflichtungskraft des Dekalogs aus (vgl. *Röm* 13,8-10; *Gal* 5,13-25; 6,2), noch leugnet er die Bedeutung der Disziplin in der Kirche Gottes (vgl. *1 Kor* Kap. 5 und 6). So lassen uns die Schriften des Neuen Testamentes viel besser eben diese Bedeutung der Disziplin begreifen, und wir können um so besser die Bande erkennen, die jene aufs innigste mit dem Heilscharakter der Lehre des Evangeliums verknüpfen.«[6]

Welche Stellung nimmt das Gesetz nun in der Kirche ein? Da Christus sie hier auf Erden als sichtbares Gefüge verfaßt hat, bedarf sie einer eigenen Ordnung. »Die mit hierarchischen Organen ausgestattete Gesellschaft und der geheimnisvolle Leib Christi, die sichtbare Versammlung und die geistliche Gemeinschaft, die irdische Kirche und die mit himmlischen Gaben beschenkte Kirche sind nicht als zwei verschiedene Größen zu betrachten, sondern bilden eine einzige komplexe Wirklichkeit, die aus menschlichem und göttlichem Element zusammenwächst.«[7] Das Kirchenrecht ist kein bloßes Gerüst, das nur äußerlich mit der eigentlichen Kirche, der des Geistes, verbunden wäre, sondern es erwächst aus dem Wesen der Kirche selbst: »Weil auch sie nach Art eines sozialen und sichtbaren Gefüges gestaltet ist, bedarf sie der Richtlinien, damit ihre hierarchische und organische Struktur sichtbar wird und die Ausübung der ihr von Gott anvertrauten Dienste, insbesondere der geistlichen Gewalt und der Verwaltung der Sakramente, ordnungsgemäß geregelt wird, damit die wechselseitigen Beziehungen unter den Gläubigen in einer auf der Liebe beruhenden Gerechtigkeit gestaltet werden, wobei die Rechte der einzelnen sichergestellt und umschrieben werden.«[8]

II. *Weh euch, ihr Schriftgelehrten und Pharisäer, ihr Heuchler!* sagt der Herr im heutigen Evangelium[9]. Das Gesetz schrieb vor: *Du sollst jedes Jahr den Zehnten von der gesamten Ernte geben, die dein Acker erbringt aus dem, was du angebaut hast.*[10] Das Gebot betraf die unentbehrlichen Nahrungsgüter wie *Korn, Wein und Öl*, aber die Pharisäer hatten es auch auf die Kräuter zum Würzen der Speisen ausgedehnt. Was, aus Liebe getan, ein Zeichen feinfühliger Aufmerksamkeit hätte sein können, entartete in bloß äußerliche Gesetzlichkeit. Denn: *Ihr gebt den Zehnten von Minze, Dill und Kümmel und laßt das Wichtigste im Gesetz außer acht: Gerechtigkeit, Barmherzigkeit und Treue.* Wie betroffen muß der Herr angesichts jener legalistischen Kleingeister gewesen sein! *Ihr siebt Mücken aus und verschluckt Kamele*: »Außen hochentwickelte Gewissenhaftigkeit; innen Härte des Herzens. Außen Gesetzestreue, innen Sünde – aber Sünde ohne Erkenntnis, ohne Reue und Erlösungsverlangen (*Mt* 15,7; 22,19; 23,13-35).

Auf diese Gesinnung ist Jesus gestoßen. (...) Überall prallte seine Liebeskraft auf einen Panzer, der nichts durchließ. Er, der aus der Fülle seines Herzens redete, welches alle Tiefen der Schöpfung und alle Liebeskräfte Gottes in sich trug, war von Fachleuten des Gesetzes, von Wächtern und Spionen und von einer Hinterlist umlauert, die durch alle Schärfe des Verstandes und alle Zähigkeit des Willens bedient war. Eine furchtbare Verkehrung des Göttlichen hat sich da vollzogen.«[11]

Wie können wir die Worte Jesu für uns fruchtbar werden lassen? Fragen wir uns: Bemühe ich mich um die rechte Sicht der kirchlichen Gesetze? Zielen sie doch darauf ab, »der kirchlichen Gesellschaft eine Ordnung zu geben, die der Liebe, der Gnade und den Charismen Vorrang einräumt und gleichzeitig deren geordneten Fortschritt im Leben der kirchlichen Gesellschaft wie auch der einzelnen Menschen, die ihr angehören, erleichtert.«[12]

Im letzten Kanon des Kirchlichen Gesetzbuches heißt es, das Heil der Seelen müsse immer das oberste Gesetz sein.[13] Wer die dienende Funktion des Gesetzes aus den Augen verliert, gerät leicht in eine gefährliche Einseitigkeit. Der eine pocht auf eine gesetzesfreie *Liebeskirche*, die indes nicht nur dem Stiftungswillen Christi, sondern auch jeder elementaren menschlichen Erfahrung widerspricht; der andere verabsolutiert das Gesetz, als wäre es so unwandelbar wie die Glaubenslehre. Der Herr selbst nennt das Heilmittel gegen solche Verzerrungen: *Gerechtigkeit, Barmherzigkeit und Treue.*

Wir wollen hier nur auf die Gerechtigkeit eingehen. Sie ist »der beständige, feste Wille, Gott und dem Nächsten das zu geben, was ihnen gebührt. Die Gerechtigkeit gegen Gott nennt man ›Tugend der Gottesverehrung‹.«[14] »Wir hören heute viel von Menschenrechten. In sehr vielen Ländern werden sie verletzt. Von Gottesrechten spricht man aber nicht. Und doch gehören Menschenrechte und Gottesrechte zusammen. Wo Gott und sein Gesetz nicht geehrt werden, erhält auch der Mensch nicht sein Recht.«[15]

Nicht die Pharisäer und Schriftgelehrten weisen uns den Weg, sondern das Gleichnis vom verlorenen Sohn.[16] Jener Draufgänger weiß, daß er all seine Rechte als Sohn verwirkt hat: *Ich bin nicht mehr wert, dein Sohn zu sein; mach mich zu einem deiner Tagelöhner*. Dies auszusprechen »ist sicher eine große Demütigung und Schande. Dennoch ist der verlorene Sohn bereit, diese Demütigung und Schande auf sich zu nehmen. Er ist sich klar darüber, daß er kein anderes Recht mehr hat als das, im Haus des Vaters Tagelöhner zu sein.«[17] Aber dann erfährt er, daß beim Vater »die Liebe zum Erbarmen wird, wenn es gilt, die – genaue und oft zu enge – Norm der Gerechtigkeit zu überschreiten«[18]. Betrachten wir oft Gottes Erbarmen, um ihn nicht nur gerechtermaßen, sondern voll Dankbarkeit zu lieben: »Es ist auf eine ganz furchtbare und herzlose Art ungerecht, unserem Schöpfer und Erlöser den Dank für die unermeßliche Gabenfülle zu versagen, die er uns gewährt. Wenn ihr euch wirklich um Gerechtigkeit bemüht, werdet ihr oft eure Abhängigkeit von Gott betrachten – *denn was hast du, daß du nicht empfangen hättest?* (*1 Kor* 4,7) –, und dies wird euch zu tieferer Dankbarkeit führen und in euch den Wunsch verstärken, der grenzenlosen Liebe des Vaters besser zu entsprechen.«[19]

III. Wieviel Leid und Elend sehen wir täglich in der Welt! Papst Johannes Paul II. erinnert an »die Millionen von Flüchtlingen, denen Kriege, Naturkatastrophen, Verfolgungen und Diskriminierungen aller Art Heim, Arbeit, Familie und Vaterland geraubt haben. Die Tragödie dieser Menschenmengen spiegeln sich im niedergeschlagenen Antlitz der Männer, Frauen und Kinder wider, die in einer geteilten und ungastlich gewordenen Welt keine Heimstatt mehr finden können.«[20]

Anders als das Leiden, das Naturgewalten – Mißernten, Feuer, Erdbeben... – verursachen, ist das Leiden, das aus der Ungerechtigkeit stammt, schuldhaft. In jedem Menschen gibt es eine »Art von Maßstab, der ihm selbst innewohnt. (...) Er ist enthalten in der besonderen Natur des Menschen, der von Gott nach seinem Bild und Gleichnis geschaffen worden ist (vgl. *Gen* 1,26)«[21]. Sie begründet die unabdingbaren Rechte der Person. Der ungerecht Handelnde setzt sich darüber hinweg, er verweigert dem Anderen das ihm Zustehende.

Und wer ist dieser Andere? Er begegnet uns sowohl im vertrauten Gesicht des Nachbarn als auch in den Bildern und Meldungen vom Elend in fernen Ländern. Die Sicht auf unsere kleine private Welt darf uns nicht den Blick für die Nöte der Welt versperren. Ebensowenig darf uns der Blick auf die großen Nöte der Welt von den hautnahen Herausforderungen ablenken. *Der Andere* – das ist zuallererst jener, der uns in der Familie, im Freundes- und Bekanntenkreis begegnet. Liegen uns jene, die uns unmittelbar anvertraut sind, wirklich am Herzen: besonders die Kinder, die Kranken, die Alten? »Wie ist das zu Hause, in deiner Familie: Hältst du die verschiedenen Personen darin gleich wert? Ist ein böses Wort über diese dir ebenso empfindlich wie über jene? Oder steht es so, daß du diese gerne magst und ein Unrecht gegen sie dich empört – du aber im Fall der anderen findest, die Sache sei nicht so schlimm? Müßte nicht wenigstens dein praktisches Verhalten in beiden Fällen das gleiche sein?«[22]

Der Andere ist auch der Gesprächspartner – und der, über den wir uns unterhalten. *Wie klein kann ein Feuer sein, das einen großen Wald in Brand steckt. Auch die Zunge ist ein Feuer, eine Welt voll Ungerechtigkeit*[23]. Widerstehen wir der Versuchung, Gerüchte weiterzutragen, leichtsinnige Urteile über Menschen oder Institutionen gedankenlos weiterzugeben, Verdächtigungen der Medien unkritisch zu übernehmen? Gerechtes Empfinden verlangt, erst dann zu urteilen, wenn man sich verläßlich informiert und beide Seiten gehört hat.

Schließlich geht es um das Bemühen um eine gerechte soziale Ordnung: »Recht auf Leben in jedem Stadium seiner Existenz; die Rechte der Familie, insofern sie die soziale Grundgemeinschaft oder ›Zelle der Gesellschaft‹ ist; die Gerechtigkeit in den Arbeitsverhältnissen; die Rechte, die dem Leben der politischen Gemeinschaft als solcher innewohnen; die Rechte aus der transzendenten Berufung des Menschen, angefangen beim Recht auf Freiheit, den eigenen religiösen Glauben zu bekennen und zu praktizieren.«[24]

In Sachbereichen wie etwa in der Wirtschaftsordnung hat die Kirche keine technischen Lösungen anzubieten, denn sie »legt ja keine wirtschaftlichen und politischen Systeme oder Programme vor, noch zieht sie die einen den anderen vor, wenn nur die Würde des Menschen richtig geachtet und gefördert wird und ihr selbst der notwendige Raum gelassen wird, ihren Dienst in der Welt auszuüben.«[25] Aber sie ermahnt uns in ihrer Soziallehre, solche Bereiche nicht allein im Blick darauf zu sehen, »die Produktionsgüter zu vervielfachen und den Gewinn oder die Macht zu steigern; es soll in erster Linie im Dienst der Menschen stehen: des ganzen Menschen und der gesamten menschlichen Gemeinschaft. Die wirtschaftliche Tätigkeit ist – gemäß ihren eigenen Methoden – im Rahmen der sittlichen Ordnung und der sozialen Gerechtigkeit so auszuüben, daß sie dem entspricht, was Gott mit dem Menschen vorhat.«[26]

Schließen wir diese Betrachtung mit Worten Papst Johannes Pauls II.: »Wer den schwierigen, aber auch begluckenden Auftrag zurückweisen wollte, das Los des ganzen Menschen und aller Menschen zu verbessern, und dies unter dem Vorwand der Last des Kampfes und der ständigen Anstrengung zur Überwindung der Schwierigkeiten oder sogar wegen der Erfahrung des Mißerfolges und des Rückfalls auf den Ausgangspunkt, der würde dem Willen des Schöpfers untreu.«[27]

[1] *Katechismus der Katholischen Kirche*, 709. – [2] Irenäus von Lyon, *Gegen die Häresien*, 4,15,1. – [3] R. Guardini, *Der Herr*, Würzburg 1951, S. 192-193. – [4] Johannes Paul II., Konst. *Sacrae disciplinae leges*, 25.1.1983. – [5] *Gal* 2,16. – [6] Johannes Paul II., a.a.O. – [7] II. Vat. Konz., Konst. *Lumen gentium*, 8. – [8] Johannes Paul II., a.a.O. – [9] *Mt* 23,23-26. – [10] *Dtn* 14,22, vgl. *Lev* 27,30-33. – [11] R. Guardini, a.a.O., S. 194. – [12] Johannes Paul II., a.a.O. – [13] *Codex des kanonischen Rechtes*, c.1752. – [14] *Katechismus der Katholischen Kirche*, 1807. – [15] Johannes Paul II., *Ansprache in München*, 3.5.1987. – [16] vgl. *Lk* 15,11-32. – [17] Johannes Paul II., Enz. *Dives in misericordia*, 5. – [18] ebd. – [19] J. Escrivá, *Freunde Gottes*, 167. – [20] Johannes Paul II., Enz. *Sollicitudo rei socialis*, 24. – [21] ebd., 29. – [22] R. Guardini, *Tugenden*, Mainz 1987, S. 53. – [23] *Jak* 3,6. – [24] Johannes Paul II., a.a.O., 33. – [25] ebd., 41. – [26] *Katechismus der Katholischen Kirche*, 2426. – [27] Johannes Paul II., a.a.O., 30.

24

GLAUBENSBILDUNG

In einer säkularisierten Welt.
Nicht Schwärmertum, sondern gefordert im Alltag.
Die Würde der Arbeit.

I. In der heutigen Lesung[1] und in den Lesungen bis zum Dienstag der kommenden Woche hören wir Ermahnungen des heiligen Paulus an die Christen in Thessalonich. Der Apostel pflegt hier keine systematische Katechese, sondern behandelt in einer dem familiären Brief entsprechenden Weise ganz konkrete Fragen. Er verbindet Grundsätzliches mit praktischen Empfehlungen und Geboten für jene Christen, die er ungefestigt hatte zurücklassen müssen.

Auch heute sorgen wir uns um den Schwund christlichen Grundwissens in einer Welt, »die weithin Gott nicht kennt oder in religiösen Dingen, statt einen anspruchsvollen, brüderlichen, für alle anregenden Dialog zu führen, sich allzuoft in einen alles nivellierenden Indifferentismus abgleiten läßt. (...) Um in dieser Welt fest zu bleiben, um allen einen ›Dialog des Heiles‹ anzubieten, bei dem jeder sich in seiner fundamentalsten Würde als Sucher nach Gott ernst genommen fühlt, brauchen wir eine Katechese, die Jugendliche und Erwachsene in unseren Gemeinschaften lehrt, in ihrem Glauben klar und konsequent zu bleiben, unbefangen ihre christliche und katholische Identität zu bekräftigen, den Unsichtbaren zu sehen (vgl. *Hebr* 11,27) und dem absoluten Gott derart verbunden zu sein, daß sie seine Zeugen werden in einer materialistischen Zivilisation, die ihn leugnet.«[2]

Wie hilft Paulus den jungen Christen in Thessalonich? Wir merken beim Lesen der beiden Briefe an die Tessalonicher, wie er sie nicht nur zurechtweist, sondern ihnen auch zeigt, daß sie ihm viel bedeuten und er sie ernstnimmt. Er erinnert sie an die Zeit, *da wir, wie ein Vater seine Kinder, jeden einzelnen von euch ermahnt, ermutigt und beschworen haben zu leben, wie es Gottes würdig ist, der euch zu seinem Reich und zu seiner Herrlichkeit beruft*[3]. Wieviel Zeitaufwand, wieviel Anteilnahme, wieviel Zuwendung entdeckt man – zwischen den Zeilen – in diesem *Jeden einzelnen von euch!* Aber der Apostel beeilt sich auch, ihnen zu erklären, sie hätten nicht nur empfangen, sondern auch gegeben: *Wir wurden beim Gedanken an euch in all unserer Not und Bedrängnis durch euren Glauben getröstet.*

Können wir vom Umgang des Paulus mit den Thessalonichern lernen? Als Freund wollte er sie dem heidnischen Milieu der spätantiken Gesellschaft entreißen und ihnen weit die Augen für den Glauben an Christus öffnen. In unserer Gesellschaft sind die meisten wenigstens dem Namen nach Christen. Aber vielleicht ist dieser oder jener Freund vom Glauben abgekommen, weil er ihn eh nur oberflächlich kannte oder in einen Umgang geraten ist, der sich mit seinem Glauben nicht vereinbaren läßt. Lassen wir sie allein, vielleicht mit dem fragwürdigen Argument: Er ist doch alt genug? Er weiß doch, was er zu tun hat?

Der Apostel will, daß *euer Herz gefestigt wird und ihr ohne Tadel seid, geheiligt vor Gott, unserem Vater.* Er setzt an den Anfang seiner Ermahnungen Gefühle aufrichtiger Zuneigung: *Bei Tag und bei Nacht bitten wir inständig darum, euch wiederzusehen und an eurem Glauben zu ergänzen, was ihm noch fehlt.* Seine Forderungen sind nicht trockene Belehrungen oder lästige Zumutungen. Er bittet und ermahnt *im Namen des Herrn* als der Freund, der sagen kann: *Ihr habt von uns gelernt, wie ihr leben müßt, um Gott zu gefallen, und ihr lebt auch so; werdet darin noch vollkommener!* Selbst erfüllt von diesem Geiste, gibt er ihnen Auskunft über die Hoffnung der Christen, *damit ihr nicht trauert wie die anderen, die keine Hoffnung haben, und er spornt sie an, einander zu trösten und zu ermahnen, einer richte den anderen auf, wie ihr es schon tut*[4].

II. Der selige Josemaría Escrivá nannte in Anspielung auf das Pfingstgeschehen die einfühlsame Art, die Glaubenslehre zu vermitteln, *Sprachengabe*, eine wirksame Art, Menschen zu helfen, »auf das Wirken des Heiligen Geistes und auf den stets überfließenden Reichtum des göttlichen Herzens antworten zu können. Uns

Christen fällt in unserer Zeit die Aufgabe zu, der Welt, in der wir sind und leben, die Botschaft des Evangeliums zu verkünden, die alt und zugleich immer neu ist.«[5] Jede Katechese bedarf dieser geistgeschenkten Gabe, denn der Glaube ist nichts Abstraktes. Was wäre mit einem Sprechen getan, das den Verstand überfordert und das Herz nicht erreicht?

Es scheint, daß das junge Christentum in Thessalonich stark charismatisch geprägt war. Die Hauptsorge des Apostels war nicht – wie anderswo –, sie könnten sich anpassen oder lau werden, vielmehr fürchtete er einen Gefühlsüberschwang aus Schwärmertum. Paulus wußte um die Gefahren einer dogmatisch ungefestigten Begeisterung. Wo die Lehre unklar ist, können ihre Grundsätze trotz besten Willens, treu zu bleiben, mißverstanden werden und dann im täglichen Leben absonderliche Blüten treiben; dann ist der Glaube kein echter Sauerteig mehr. Aus der falschen Deutung richtiger Grundsätze ergeben sich unweigerlich irrige Verhaltensweisen. Der Berliner Dompropst Bernhard Lichtenberg hat es – in einer anderen historischen Situation – auf den Punkt gebracht: »Die Taten eines Menschen sind die Konsequenzen seiner Grundsätze. Sind die Grundsätze falsch, werden die Taten nicht richtig sein. Ich bekämpfe falsche Grundsätze, aus welchen falsche Taten entstehen müssen.«[6]

Am auffälligsten schien sich das Schwärmertum einiger Thessalonicher in der Einstellung zur täglichen Arbeit niederzuschlagen. Wozu arbeiten, sagten sie sich, wenn der Herr doch bald wiederkommt? In der gestrigen Lesung hörten wir, wie der Apostel sich bemüht, das grundsätzliche Mißverständnis *über die Ankunft Jesu Christi, unseres Herrn,* zurechtzurükken: *Laßt euch nicht so schnell aus der Fassung bringen und in Schrecken jagen, wenn (...) behauptet wird, der Tag des Herrn sei schon da. Laßt euch durch niemand und auf keine Weise täuschen!*[7]

Es scheint, daß seine freundlichen Worte nicht fruchteten, denn im zweiten Brief schlägt Paulus einen härteren Ton an: *Im Namen Jesu Christi, des Herrn, gebieten wir euch, Brüder: Haltet euch von jedem Bruder fern, der ein unordentliches Leben führt und sich nicht an die Überlieferung hält, die ihr von uns empfangen habt. Ihr selbst wißt, wie man uns nachahmen soll. Wir haben unter euch kein unordentliches Leben geführt und bei niemand unser Brot umsonst gegessen; wir haben uns gemüht und geplagt, Tag und Nacht haben wir gearbeitet, um keinem von euch zur Last zu fallen.* Auf welche Überlieferung spielt der Apostel hier an? Auf die Lehre von der zeitlichen Ungewißheit der Wiederkunft Christi. Sie sollen deshalb ein ganz normales Arbeitsleben führen. Lapidar schreibt er: Wer nicht arbeiten will, soll auch nicht essen.

Statt einer mißverstandenen Endzeiterwartung geht es darum, im Hier und Jetzt Gott zu finden. Paulus schreibt: *alles gehört euch; ihr aber gehört Christus, und Christus gehört Gott*[8].

Darin gründet »jene aufsteigende Bewegung, die der Heilige Geist, der in unseren Herzen wohnt, in der Welt hervorrufen will; eine Bewegung, die von der Erde aufsteigt bis zur Herrlichkeit Gottes. Und damit es ganz klar bleibt, daß diese Bewegung selbst die scheinbar prosaischsten Wirklichkeiten umfaßt, schreibt der heilige Paulus an anderer Stelle: ›Möget ihr also essen oder trinken oder sonst etwas tun, tut alles zur Ehre Gottes‹ (*1 Kor* 10, 31).

Diese Lehre der Heiligen Schrift, die, wie ihr wißt, zum Kern der Spiritualität des Opus Dei gehört, muß euch dazu führen, eure Arbeit so vollkommen wie möglich zu verrichten, Gott und eure Mitmenschen gerade dadurch zu lieben, daß ihr in die Kleinigkeiten des Alltags Liebe hineinlegt. So werdet ihr die *Spur des Göttlichen* entdecken, die in den kleinen Dingen verborgen liegt. (...) Ich versichere euch, wenn ein Christ die unbedeutendste Kleinigkeit des Alltags mit Liebe verrichtet, dann erfüllt sich diese Kleinigkeit mit der Größe Gottes. Das ist der Grund, warum ich immer und immer wieder betone, daß die christliche Berufung darin besteht, aus der Prosa des Alltags epische Dichtung zu machen. Himmel und Erde scheinen sich am Horizont zu vereinigen, aber nein, in euren Herzen ist es, wo sie eins werden, wenn ihr heiligmäßig euren Alltag lebt.«[9]

III. Paulus ist nicht nur Missionar, der Menschen gewinnt, sondern auch Seelsorger, der diese Menschen auf ihrem Glaubensweg begleitet. Wir haben gesehen, wie er einen überspannten Mystizismus tadelt. Als Realist weiß er, daß die Einstellung zur gewöhnlichen Arbeit ein entscheidender Prüfstein für ein christliches Leben mitten in der Welt ist: *Wir hören aber, daß einige von euch ein unordentliches Leben führen und alles mögliche treiben, nur nicht arbeiten. Wir ermahnen sie und gebieten ihnen im Namen Jesu Christi, des Herrn, in Ruhe ihrer Arbeit nachzugehen und ihr selbstverdientes Brot zu essen.*

Anders als zur Zeit des Paulus liegt heute die Gefahr nicht in einer den Beruf geringschätzenden Endzeitstimmung, sondern in der Überschätzung der Berufswelt. Die einen meinen, das alles habe mit Gott nichts zu tun, und allmählich wird er ihnen fremd. Andere fühlen sich wie gespalten zwischen Gott und Welt; sie möchten gerne *fromm* sein, sehen aber *ihre Welt* als Hindernis. Hier ist wirklich Pionierarbeit vonnöten, Freunden und Kollegen klar zu machen, daß die Arbeit ein »Mitwirken mit Gott an der Vervollkommnung der sichtbaren Schöpfung«[10] ist. Wie anders sähe unsere Welt aus, wenn uns das gelänge!

Johannes Paul II. schreibt: »Der Mensch ist unter anderem deshalb Abbild Gottes, weil er von seinem Schöpfer den Auftrag empfangen hat, sich die Erde zu unterwerfen und sie zu beherrschen. Indem er diesen Auftrag erfüllt, spiegelt der Mensch und jeder Mensch das Wirken des Weltenschöpfers selber wider.«[11]

Seit der Ursünde ist die Arbeit ein »bonum arduum«, ein »mühsames Gut«[12]: *im Schweiße deines Angesichts..., Dornen und Disteln...*[13] Dennoch bleibt die Arbeit ein »würdiges«, das heißt der Würde des Menschen entsprechendes Gut.

Wie kann uns diese Lehre in Fleisch und Blut übergehen? Indem wir auf Jesus schauen, denn er »ist unser Herr und unser Vorbild. Er wuchs auf und lebte wie wir alle. Dadurch hat er uns offenbart, daß das konkrete menschliche Leben – auch deines – mit all seinem Kleinkram und seinen normalen Pflichten eine göttliche, auf die Ewigkeit hinzielende Bestimmung hat.«[14] Der Blick auf ihn offenbart uns jenseits aller Theorie, »daß das menschliche Dasein, das gewöhnliche und alltägliche Tun einen göttlichen Sinn hat. Sooft wir diese Wahrheit auch betrachtet haben mögen, immer wieder sollte uns der Gedanke an die dreißig Jahre seines verborgenen Lebens in Staunen versetzen, jene dreißig Jahre, die den größten Teil seines Wandels unter uns Menschen, seinen Brüdern, ausmachen. Jahre im Schatten, für uns aber klar wie Sonnenlicht.«[15] Das Mitwirken am Schöpfungswerk erhält durch Christus eine neue Würde, denn »indem der Mensch in Vereinigung mit Jesus, dem Handwerker von Nazaret und dem Gekreuzigten von Golgotha, die Mühen der Arbeit auf sich nimmt, arbeitet er gewissermaßen mit dem Sohn Gottes an dessen Erlösungswerk mit. Er erweist sich als Jünger Christi, indem er bei der Tätigkeit, die er auszuführen hat, Tag für Tag sein Kreuz auf sich nimmt. Die Arbeit kann ein Mittel der Heiligung sein und die irdische Wirklichkeit mit dem Geist Christi durchdringen.«[16]

Eine solche Sichtweise bewahrt vor der Versuchung, »eine Art Doppelleben zu führen: auf der einen Seite das Innenleben, der Umgang mit Gott, und auf der anderen Seite, säuberlich getrennt davon, das familiäre, berufliche und soziale Leben, ein Leben voll irdischer Kleinigkeiten«[17]. Gott ruft uns, »ihm gerade *in* den materiellen, weltlichen Aufgaben des menschlichen Lebens und *aus ihnen heraus* zu dienen. Seid davon überzeugt: Jede noch so alltägliche Situation birgt etwas Heiliges, etwas Göttliches in sich, und euch ist es aufgegeben, das zu entdecken«[18], schreibt der selige Josemaría Escrivá. Es ist »jenes göttliche Leuchten (...), das selbst aus den ganz alltäglichen Wirklichkeiten hervorbricht«[19], dasselbe Leuchten, das uns mit dem Psalmisten beten läßt: *Es komme über uns die Güte des Herrn, unseres Gottes. Laß das Werk unserer Hände gedeihen, ja, laß gedeihen das Werk unserer Hände.*[20]

[1] vgl. *1 Thess* 2,9-13; *2 Thess* 3,6-10;16-18. – [2] Johannes Paul II., Apost. Schreiben *Catechosi tradendae*, 16.10.1979, 57. – [3] *1 Thess* 2,11-12. – [4] *1 Thess* 4,1.13; 5,11. – [5] J. Escrivá, *Christus begegnen*, 132. – [6] Johannes Paul II., *Ansprache in Berlin anläßlich der Seligsprechung*, 23.6.1996. – [7] *2 Thess* 2,1-3. – [8] *1 Kor* 3,22-23. – [9] J. Escrivá, *Gespräche*, 116. – [10] *Katechismus der Katholischen Kirche*, 378. – [11] Johannes Paul II., Enz. *Labo-*

rem exercens, 4. – [12] Thomas von Aquin, *Summa theologica*, I-II, q.40, a.1 c; I-II, q.34, a.2, ad 1. – [13] vgl. *Gen* 3,18-19. – [14] J. Escrivá, *Im Feuer der Schmiede*, Nr. 688. – [15] J.Escrivá, *Christus begegnen*, 14. – [16] *Katechismus der Katholischen Kirche*, 2427. – [17] J. Escrivá, *Gespräche*, 114. – [18] ebd. – [19] ebd., 119. – [20] *Ps* 90,17.

25

GESTALTEN DER WACHSAMKEIT

Verheißenes Heil und irdisches Glück: geläuterte Einsichten.
Die Wachsamkeit eines guten Knechtes.
Unseren Weltauftrag ernst nehmen.

I. Das Wort Gottes – für alle Zeiten von dem gesprochen, der *Fleisch geworden ist und unter uns gewohnt hat*[1] – ist *ein Licht, das an einem finsteren Ort scheint, bis der Tag anbricht und der Morgenstern aufgeht in euren Herzen*[2], ein Wort, unerschöpflich, »nie ausgelotet, nie ausgelitten und nie ausgedacht; jede Zeit eröffnet neue Wege in es hinein, so daß es in jeder Zeit Gegenwart ist, in der Gott hier und heute zu uns spricht«[3]. Wir setzen uns jetzt diesem Licht aus und bitten den Herrn, er möge uns *festigen bis ans Ende*[4].

Bis ans Ende – darunter verstehen wir bis ans Ende der Zeiten, *wenn Jesus, unser Herr, mit all seinen Heiligen kommt*[5], wie wir in der heutigen Lesung hören. Dann wird das Reich Gottes vollendet sein, »wenn zusammen mit dem Menschengeschlecht auch die gesamte Welt, die mit dem Menschen innig verbunden ist und durch ihn auf ihr Ziel zugeht, vollkommen in Christus erneuert werden wird«[6]. Aber der Betende versteht dieses Ende auch als das Ende der ihm zugedachten Lebensspanne: »als ein Kommen zu Jesus und als Eintritt in das ewige Leben«[7]. Solange er noch unterwegs ist, muß er seine Vorstellungen vom erhofften Heil am Wort des Herrn und seinem irdischen Leben messen und läutern: Der menschgewordene Gott hat Versuchungen, Leiden und Tod erfahren wollen und damit der Erwartung, Gottes Heil liege ausschließlich in irdischem Glück, den Boden entzogen. Die Zeitgenossen Jesu hatten noch »das Heil von einer den ganzen Kosmos umgreifenden Veränderung der Verhältnisse erwartet und es sich als eine Art von religiös begründetem Schlaraffenland vorgestellt. Die Versuchungen Jesu, wie sie bei Matthäus und Lukas berichtet werden, schildern genau diese Erwartung: Brot aus der Wüste, sensationelle Wunderzeichen, gesicherte politische Macht über die ganze Welt. Der Messias der Wüstenversuchungen – der Messias der menschlichen Erwartungen – wäre durch die Sicherung von Konsum und Macht definiert. Jedem, der indes diese Zusammenhänge bedenkt, muß klar sein, daß die ›Juden‹ hier für den Menschen überhaupt stehen: Wenn wir Erlösung für uns, für die Welt zu entwerfen hätten, würde sie auf nichts anderes zielen – die politische Propaganda lebt von dieser Erwartungshaltung.«[8]

Die alttestamentlichen Gerechten sahen im Leiden ein untrügliches Kennzeichen für den Sünder, im Wohlergehen ein ebenso verläßliches Kennzeichen für den Frommen. Wenn aber »Wohlergehen und Leiden in allen Fällen göttliche Vergeltung und darum Kennzeichen für gut oder böse«[9] waren, mußte ihnen das Glück der Frevler als eine Herausforderung, ja, als eine Anfechtung ihres Glaubens erscheinen. »Und in der Tat: Solange man vom Tun-Ergehens-Zusammenhang ausgeht, Religion unter dem Gesichtspunkt irdischen Nutzens, irdischer Gerechtigkeit betrachtet, bleibt nur die Verzweiflung oder der Abfall. Die Antwort erfährt der Psalmist im Tempel – das heißt: nicht in der Reflexion, im Hinschauen auf die anderen, im Vergleichen zwischen sich und ihnen, in der Analyse des Weltenlaufs, die zur Religion des Neides führt; er erfährt sie im Hinschauen auf Gott. Im Hinschauen darauf erkennt er das Scheinhafte, Nichtige und Erbärmliche dieses Glücks – erkennt er, daß der Neider ein Narr ist«[10], und ruft: *Ich war töricht und ohne Verstand, war wie ein Stück Vieh vor dir*[11]. Sein Gebet wird dann zu einem Hochgesang vertrauensvoller Hingabe: *Ich aber bleibe immer bei dir, du hältst mich an meiner Rechten. Du leitest mich nach deinem Ratschluß und nimmst mich am Ende auf in Herrlichkeit.*[12]

Das Hinschauen auf Gott läutert unsere Vorstellungen vom Heil. Was der Psalmist im Tempel erfuhr, erfahren wir jedesmal, wenn wir seine Worte ins persönliche Gebet nehmen. Dem seligen Josemaría Escrivá war der Gedanke, sich vor Gott *wie ein Stück Vieh*, wie ein Lasttier zu sehen, teuer; er schreibt: »Mein Jesus,

›ut iumentum factus sum apud te!‹ – du hast mich zu deinem Eselchen gemacht; verlaß mich nicht, ›et ego semper tecum!‹ – und ich werde immer bei dir bleiben. Führe mich, mit dem starken Band der Gnade an dich gebunden: ›tenuisti manum dexteram meam...‹- du hast mich beim Halfter genommen; ›et in voluntate tua deduxisti me...‹ – gib, daß ich deinen Willen erfülle. Und dann werde ich dich in alle Ewigkeit lieben – ›et cum gloria suscepisti me!‹«[13]

II. *Seid wachsam! Denn ihr wißt nicht, an welchem Tag der Herr kommt.*[14] Der Apostel Paulus vergleicht die Wachsamkeit des Christen mit dem Dienst eines Wachposten an der Front; er muß nicht nur kampfbereit, er muß auch gut ausgerüstet sein: *Gürtet euch mit Wahrheit, zieht als Panzer die Gerechtigkeit an und als Schuhe die Bereitschaft, für das Evangelium vom Frieden zu kämpfen. Vor allem greift zum Schild des Glaubens! Mit ihm könnt ihr alle feurigen Geschosse des Bösen auslöschen.*[15] In den Augen Jesu zählt nicht einfach nur abwarten, sondern eine wache Treue, die niemals nachläßt.

Der Herr spricht von einem Knecht, der *dem Gesinde zur rechten Zeit gibt, was sie zu essen brauchen.* Damit ist jeder von uns gemeint. Jeder hat bei der Weitergabe des Glaubens für gute Speise zu sorgen und verdorbene Speisen zu meiden, durch das, was er sagt, und durch das, was er tut – und ebenso auch durch das, was er nicht sagt und was er unterläßt. Der Knecht, von dem Jesus spricht, ist *der treue und gute Knecht*, fürsorglich gegenüber anderen, die in ihm zu Recht den Stellvertreter des Hausherrn, ein Abbild des Meisters sehen. Und der unzuverlässige Knecht, dem es wenig ausmacht, verdorbene Speise auszuteilen? Ihm fehlt es an Klugheit, die weiß, »wann der ruhig durchdachte, aus bewährter Erfahrung stammende Rat, mit unverstelltem Blick gesehen und eindeutig ausgesprochen, aufgenommen oder weitergegeben werden muß«[16].

Fragen wir uns: Geben wir die Speise des Glaubens und der guten Lehre *zur rechten Zeit*? Merken wir, wann eine Speise schädlich ist, so daß wir sie weder kaufen noch verkaufen, noch selbst kosten, noch weiterreichen?

Die Heilsbotschaft Christi ist zu allen Zeiten nachgeahmt worden in Gestalt irdischer Heilslehren oder politischer Utopien. Unser Jahrhundert hat solche säkularisierte Heilsversprechungen erleben müssen, die – sämtlich diskreditiert – nichts als verheerende seelische Verwüstungen angerichtet haben. Die Sprache der Dichtung verbirgt im Bild die Realität, daß alle Verlockungen bloß menschlicher Konstruktionen einmal zusammenstürzen und nur Frustration und Desillusionierung hinterlassen:

»Wer errettet meine Seele vor den Worten der Menschen? Sie tönen aus der Ferne wie Posaunen, aber wenn sie nahe kommen, tragen sie nur Schellen. Sie drängen sich hervor mit Fahnen und Wimpeln, aber wenn der Wind aufsteht, zerflattert ihr Gepränge. (...) Wir sind verdurstet bei euren Quellen, wir sind verhungert bei eurer Speise, wir sind blind geworden bei euren Lampen! Ihr seid wie eine Straße, die nie ankommt, ihr seid wie lauter kleine Schritte um euch selber! Ihr seid wie ein treibendes Gewässer, immer ist in eurem Munde euer eignes Rauschen! Ihr seid heute eurer Wahrheit Wiege, und morgen seid ihr auch ihr Grab!«[17]

III. Der wachsame Knecht im heutigen Evangelium sucht nicht nur künftige Gefahren abzuwenden, sondern sorgt auch für eine gute Verwaltung in normalen Zeiten. Vieles muß er selber tun, anderes überwachen: Wohnräume und Arbeitsgerät pflegen, die Vorratskammer gut versorgt halten – und zuallererst muß er sich um die anderen Knechte kümmern. Er harrt auf seinen Herrn nicht in Angst, sondern tätig und in freudiger Erwartung.

Ähnliches muß man von einem gläubigen Christen sagen können, der seinen Weltauftrag ernst nimmt. Er weiß, daß das Reich Gottes nicht machbar ist, sondern sich als eine geheimnisvolle Glaubenswirklichkeit der Gnade verdankt. Dies »bedeutet für Christen jedoch keine Resignation, alles beim alten zu belassen, jede Ungerechtigkeit zu dulden und tatenlos auf das Reich Gottes zu warten. Im Gegenteil! Christen haben den Auftrag der sittlichen Botschaft des Neuen Testaments zu erfüllen, nämlich Wahrheit, Gerechtigkeit, Liebe und Freiheit zu praktizieren, nicht nur privat, sondern auch öffentlich in der Gesellschaft (...). Und vor allem haben Christen die Pflicht, den (nicht nur im materiellen Sinne) ›Armen‹ die frohe Botschaft vom Reiche Gottes zu verkünden – und dabei glaubwürdige Werke der Barmherzigkeit zu üben.«[18]

Den heidnischen Zeitgenossen der ersten Christen ist dies nicht entgangen. Kaiser Julian muß anerkennen, »daß das Geheimnis des Christentums von ›seiner Menschlichkeit gegenüber Fremden und seiner Sorge für die Bestattung der Toten‹ herrührt, kurz, von der besonderen Art seiner Nächstenliebe. (...) Auch Seneca, der heidnische Heilige, verlangt, daß man dem Schiffsbrüchigen die Hand reiche, dem Verstoßenen sein Haus öffne und dem Bedürftigen seinen Geldbeutel, um seine Habe mit einem andern zu teilen. Aber er fügt hinzu: ›Der Weise wird sich hüten, über das Schicksal des Unglücklichen betrübt zu sein, seine Seele soll unempfindlich sein für die Leiden, die er lindert: das Mitleid ist eine Schwäche, eine Krankheit.‹«[19]

Wie anders dagegen das *Liebet einander!* als neues Gebot[20] Christi. Die anderen lieben, *wie ich euch geliebt habe (...), daran werden alle erkennen, daß ihr meine Jünger seid.* Tertullian verteidigt gegen Ende des 2. Jahrhunderts die besondere Sorge um jene, die im gemeinsamen Glauben verbunden sind: »Wir sind sogar auch eure Brüder nach dem Rechte der Natur, die unsere gemeinsame Mutter ist, (...) mit wieviel mehr Recht werden diejenigen Brüder genannt und als solche angesehen, welche Gott als einen Vater erkannt, den einen Geist der Heiligkeit eingesogen, aus demselben Dunkel der Unwissenheit zu dem einen Licht der Wahrheit staunend übergegangen sind!«[21] Tertullian nennt interessante Einzelheiten über die brüderliche Liebe unter den Christen, die sich leicht auf heute übertragen lassen: »Wenn bei uns auch eine Art von Kasse vorhanden ist, so wird sie nicht etwa durch ein Aufnahmehonorar, was eine Art von Verkauf der Religion wäre, gebildet, sondern jeder einzelne steuert eine mäßige Gabe bei an einem bestimmten Tage des Monats, oder wann er will, wofern er nur will und kann. Denn niemand wird dazu genötigt, sondern jeder gibt freiwillig seinen Betrag. Das sind gleichsam die Sparpfennige der Gottseligkeit. Denn es wird nichts davon für Schmausereien und Trinkgelage oder nutzlose Freßwirtschaft ausgegeben, sondern zum Unterhalt und Begräbnis von Armen, von elternlosen Kindern ohne Vermögen, auch für alte Leute, die nicht mehr aus dem Hause können, ebenso für Schiffbrüchige und wenn sich etwa Leute in den Bergwerken, auf den Inseln oder in Gefangenschaft befinden.«[22]

Helfen wir uns wirklich gegenseitig kraft der Gemeinschaft der Heiligen? »Die Gnaden und die Erleuchtungen, die wir erhalten, verdanken wir oft, ohne daß wir es merken, einer verborgenen Seele. Denn Gott will, daß die Heiligen die Gnade durch das Gebet einander weitergeben, damit sie im Himmel miteinander verbunden sind durch eine Liebe, die weit größer ist als die Liebe in einer Familie, auch wenn es die idealste Familie ist. Wie oft habe ich mir schon vorgestellt, daß ich alle Gnaden, die ich erhalten habe, einer Seele verdanke, die sie für mich von Gott erbeten hat und die ich erst im Himmel kennenlernen werde!«[23]

Eine konkrete Anregung, die auf ein Wort des Jesaja zurückgeht, mag uns helfen. Der Prophet spricht vom Wächter in der Nacht[24], der immer wieder seinen Nachbarn im Wachdienst zuruft: »Custos, quid de nocte!« – Wächter, wie lange noch dauert die Nacht?

»Es wäre gut, wenn du dich daran gewöhntest, im Verlauf der Woche auch eine Art ›Wachetag‹ zu halten: einen Tag, an dem du dir deiner Hingabe an Gott bewußter wirst, aufmerksamer kleine Erweise der Liebe übst, das Gebet und das Opfer ein wenig verstärkst.

Halte dir vor Augen, daß die Heilige Kirche einem großen Heer gleicht, welches in Schlachtordnung aufgestellt ist. Und du gehörst zu ihm, und in deinem ›Frontabschnitt‹ toben Angriffsschlachten und Abwehrkämpfe. Verstehst du?

Dieses Bereitsein wird dich Gott immer näher bringen und deinen Willen stärken, jeden Tag in einen wirklichen ›Wachetag‹ zu verwandeln.«[25]

Wie naheliegend ist es, uns am Ende dieser Meditation das Wort zu vergegenwärtigen, das Maria an die Diener richtete: *Was er euch sagt, das tut!*[26]

[1] vgl. *Joh* 1,14. – [2] *2 Petr* 1,19. – [3] J. Ratzinger, *Christlicher Glaube und Europa*, München 1981, S. 128. – [4] *1 Kor* 1,1-9. – [5] *1 Thess* 3,7-13. – [6] II. Vat. Konz., Konst. *Lumen gentium*, 48. – [7] *Katechismus der Katholischen Kirche*, 1020. – [8] J. Ratzinger, *Eschatologie – Tod und ewiges Leben*, Regensburg 1977, S. 61. – [9] *Regensburger Neues Testament*, Bd. 1, Regensburg 1959, S. 287. – [10] J. Ratzinger, a.a.O., S. 80. – [11] *Ps* 73,22. – [12] *Ps* 73,23-24. – [13] J. Escrivá, *Im Feuer der Schmiede*, Nr. 381. – [14] *Mt* 24,42-51. – [15] *Eph* 6,14-16. – [16] J. Escrivá, *Freunde Gottes*, 158. – [17] Gertrud von le Fort, *Hymnen an die Kirche*, München 1924, S. 18. – [18] W. Ockenfels, *Hat die Kirche in der sozialen Frage versagt?* in: *Plädoyer für die Kirche*, Aachen 1993, S. 177. – [19] A. Hamman, *Die ersten Christen*, Stuttgart 1985, S. 143. – [20] vgl. *Joh* 13,34-35. – [21] Tertullian, *Apologeticum*, 39. – [22] ebd. – [23] Therese vom Kinde Jesu, *Mein Weg ist Vertrauen und Liebe*, Luzern 1977, S. 42. – [24] *Jes* 21,6-8.11. – [25] J. Escrivá, *Die Spur des Sämanns*, Nr. 960. – [26] *Joh* 2,5.

26

VOM LICHT AUF DEM WEG

Mahnungen zur Wachsamkeit.
Der Bräutigam, die Braut und das Himmelreich.
Klug sein und nicht töricht.

I. Wir hören in diesen Tagen Mahnungen und Gleichnisse Jesu während seines letzten Besuches in der heiligen Stadt. Die Auseinandersetzung mit den Feinden hat sich nach der Auferweckung des Lazarus zugespitzt. Die Prophezeiung vom kommenden Messias hat sich mit dem Einzug in Jerusalem erfüllt. Bald werden sich die anderen prophetischen Worte vom *leidenden Gottesknecht*[1] bewahrheiten. Die Passion naht, Jesus weiß es. »Wie soll man die Haltung Jesu während dieser Tage ausdrücken? Was tut er eigentlich? Kämpft er? Sicher gibt er nichts preis. Bis zuletzt hält er seinen Anspruch aufrecht. Bis zuletzt sogar die Möglichkeit, daß er gehört werden könne. Immer noch kann das Reich kommen. Die führenden Persönlichkeiten können ihn noch aufnehmen; das Volk kann sich ihm zuwenden. Er sieht aber auch, daß tatsächlich die Entscheidung gefallen ist, und sein Weg in den Tod führt. Er kämpft nicht, um das Volk auf seine Seite zu bringen oder dessen Führer zu gewinnen; zieht sich aber auch nicht in eine bloße Bereitschaft zurück, die auf das Schicksal wartet. Was tut eigentlich Jesus?

Es ist wohl nicht anders auszudrücken: Er bringt das Aufgetragene zu Ende. Immer wieder sagt er, was gesagt werden muß. Immer aufs neue bezeugt er, worum es geht.«[2]

Schauen wir auf ihn, während er spricht. Was will er uns in diesen letzten Stunden seiner Verkündigung lehren? Gestern stand am Anfang die Mahnung: *Seid wachsam! Denn ihr wißt nicht, an welchem Tag euer Herr kommt.*[3] Der Knecht wurde *selig* genannt, der Tag für Tag seinen Dienst tut, ohne zu wissen, wann sein Herr heimkehren wird. Dieser wird *ihn zum Verwalter seines ganzen Vermögens machen.* Heute steht die gleiche Mahnung am Ende: *Seid also wachsam! Denn ihr wißt weder den Tag noch die Stunde.*[4]

Alles, was wir gestern betrachteten, ließe sich heute wiederholen. Aber jedes Gleichnis hat eigene Nuancen. Das heutige von den *zehn Jungfrauen, die ihre Lampen nahmen und dem Bräutigam entgegengingen,* wird die Zuhörer an eine der Hochzeitsfeiern im Dorf erinnert haben. »Nach jüdischer Sitte wurde ein Mädchen mit zwölfeinhalb Jahren als heiratsfähig betrachtet. Der Heirat mußte aber noch die Verlobung vorausgehen, die ein ganzes Jahr dauerte. Gewöhnlich erfolgte die Einholung der Braut am Abend des ersten Festtages. Der Bräutigam zog mit seinen Familienangehörigen und Freunden in festlichem Gewande und mit dem Turban auf dem Haupt zum Hause der Braut. Dort wurde er von den Freundinnen der Braut, die dem nahenden Bräutigam entgegengingen, empfangen.«[5] Die bekannte Situation wird durch eine kleine Änderung gleichsam verfremdet. Jesus erzählt nicht von der Hochzeit selbst, sondern richtet die Aufmerksamkeit der Zuhörer auf den sicherlich ungewöhnlichen Umstand, daß der Zug des Bräutigams sich verspätet. Wie verhalten sich die Freundinnen der Braut? *Da wurden sie alle müde und schliefen ein.* Das Schlafen dient dem Kräftesammeln. Aber es heißt: *fünf von ihnen waren töricht, und fünf waren klug.* Worin liegt der Unterschied? Alle hatten sich vom Schlaf überwältigen lassen. Aber die einen hatten vorgesorgt und *außer den Lampen noch Öl in Krügen* mitgenommen.

Wir ahnen, was der Herr uns, die wir jetzt sein Wort betrachten, sagen will. Auch wenn wir gelegentlich einschlafen und in unserer Aufmerksamkeit nachlassen: Ist unsere Grundeinstellung so, daß wir ihm freudig entgegengehen können, wenn er mitten in *unserer* Nacht erscheint?

II. Die Lichter, die die zehn Freundinnen der Braut in Händen tragen, verstärken das Bild freudiger Erwartung. Wie sollen wir uns diese Lichter vorstellen? Man denkt sofort an die kleinen tönernen Öllampchen, wie man sie zu Tausenden bei Ausgrabungen und in alten Gräbern gefunden hat. Doch ein solches Öllämpchen ist für den Gebrauch außerhalb des Hauses völlig ungeeignet, weil es schon bei leichtem Luftzug erlischt. Es handelt sich bei den im Gleichnis erwähnten »lampades« um »Fackeln«, wie sie bei orientalischen Hochzeitszügen üblich waren. Es sind lange Stangen, um deren oberes Ende große, mit Olivenöl getränkte Lappen gewickelt sind. Da diese Fackeln nur eine kurze Brenndauer haben, müssen sie immer wieder mit Öl getränkt werden; darum wird in einem kleinen Krug Öl zum Nachgießen mitgeführt.

Mitten in der Nacht hörte man plötzlich laute Rufe: Der Bräutigam kommt! Geht ihm entgegen! Betend stellen wir uns die zwei Züge vor, die aufeinander zugehen, und vergegenwärtigen uns ähnliche Worte des Täufers Johannes und unseres Herrn in anderem Zusammenhang. Johannes hatte sich einmal in den Zug des Bräutigams eingereiht[6] – als *Gesandter, der ihm vorausgeht*, und *als Freund des Bräutigams*, der *dabei steht und ihn hört* und *sich freut über die Stimme des Bräutigams*. Er hatte verdeutlichen wollen, daß er nur der Wegbereiter des Messias war: *Wer die Braut hat, ist der Bräutigam*. Christus selbst bekräftigte diese Selbsteinschätzung seines Wegbereiters, als er sagte: *Können denn die Hochzeitsgäste fasten, solange der Bräutigam bei ihnen ist?*[7] Der Bräutigam und die Braut: Christus und die Kirche – aber auch Christus und der einzelne, denn der Apostel Paulus stellt nicht nur die Kirche, sondern auch »jeden Gläubigen, der Glied des Leibes Christi ist, als eine Braut dar, die er Christus dem Herrn ›verlobt‹ hat, damit sie ein Geist mit ihm sei.«[8]

Mit dem Himmelreich wird es sein wie mit zehn Jungfrauen... Es ist mehr als nur eine Vorstellung, wenn wir uns in diesen Zug eingereiht sehen, denn wir haben tatsächlich den Ruf zur Nachfolge gehört und seitdem unsere Lampen gerichtet. Die Nähe des Reiches Gottes, die Jesus schildert, »besteht vor allem in der Tatsache, daß Gott gekommen und Mensch geworden ist. Er ist nahe in Christus; er ist nahe durch Christus, in ihm ist tatsächlich das Reich uns so nahe, daß es in gewissem Sinn schwierig wird, sich eine größere und innigere Nähe vorzustellen. Kann Gott dem Menschen näher sein als durch seine Menschwerdung? Obwohl so nahe in Christus, unserem Herrn und Erlöser, steht das Reich Gottes immer dem Menschen gegenüber. Es wird den Menschen als eine Aufgabe, die erfüllt, ein Ziel, das erreicht werden muß, vorgestellt.«[9] Man kann sich ihm beharrlich nähern oder sich von ihm entfernen, seine Nähe in sich selbst erfahren oder sie verblassen lassen, ja, man kann sich ihm sogar entgegenstellen. Was sind die brennenden Fackeln anders als ein Bild für das Licht im Innern, das man braucht, um den Weg nicht zu verfehlen?

Deshalb werden die einen *klug*, die anderen *töricht* genannt. Es geht um die Art des Wartens und darum, ob man nur eine Zeitlang wartet und dann alles vergißt; oder ob man in einer ständigen Erwartungshaltung lebt. Jeder weiß, daß die Zeit vergeht, aber sie vergeht nicht sinn- oder ziellos. Also heißt es Vorsorge treffen für den entscheidenden Augenblick. Die *klugen Jungfrauen* hatten für Ölvorrat gesorgt und konnten so dem Zug entgegenlaufen. Die *törichten* stellten erschrocken fest – der Zug war schon in Sichtweite –, daß ihr Öl zur Neige ging. Welches Öl? Ohne die Leuchtkraft des Glaubens, die Beständigkeit der Hoffnung und die Sehnsucht der Liebe dringt Dunkelheit von außen in die Seele ein.

III. Nehmen wir den Faden des Gleichnisses nochmals auf. Was tun die törichten Jungfrauen? Nachdem sie den Ruf vernommen haben, beginnen sie mit Vorbereitungen für den Empfang des Bräutigams; sie gehen Öl kaufen. Aber ihr Entschluß kam reichlich spät: *Während sie noch unterwegs waren, kam der Bräutigam, und die bereit waren, zogen mit ihm zur Hochzeitsfeier ein, und die Tür wurde zugeschlossen. Endlich kamen auch die übrigen Jungfrauen und riefen: Herr, Herr, mach uns auf!* »Nicht, daß sie ganz untätig geblieben wären, etwas hatten sie wohl versucht... Und doch die harte Antwort: *Ich kenne euch nicht*. Sie konnten oder wollten sich nicht mit dem nötigen Eifer vorbereiten, sie unterließen es, vernünftig vorzusorgen und rechtzeitig Öl zu kaufen. Es fehlte ihnen an Großzügigkeit, um das wenige, das ihnen aufgetragen war, zu erfüllen. Sie hatten viel Zeit gehabt und sie nicht genutzt.«[10]

Wie aber *klug* und nicht *töricht* sein? Indem wir Glaube, Hoffnung und Liebe immer wieder verlebendigen. Der Glaube macht uns bereit, »Christus vor den Menschen zu bekennen und ihm in den Verfolgungen, die der Kirche nie fehlen, auf dem Weg des Kreuzes zu folgen«[11], die Hoffnung verleiht der Seele das sehnsüchtige Verlangen, »in der Herrlichkeit des Himmels mit Christus, ihrem Bräutigam, vereint zu sein«[12]. Und die Liebe? Sie formt diese zwei und alle anderen Tugenden, denn sie ist *am größten unter ihnen* und *hört niemals auf*, auch dann nicht, *wenn wir von Angesicht zu Angesicht schauen* werden.[13] Die drei göttlichen Tugenden setzen das Ziel unseres Lebens gegenwärtig, solange wir unterwegs sind und in der Zeit leben, sozusagen noch Zeit haben. *Sucht sein Antlitz allezeit!*[14] »Nicht mit den Schritten der Füße wird Gott gesucht, sondern mit Schritten der Sehnsucht.«[15] Die Sehnsucht wird durch Stoßgebete des Glaubens, der Hoffnung und der Liebe entfacht, durch das ernsthafte Bemühen, Zeiten der persönlichen Meditation zu halten.

Fragen wir uns mit dem seligen Josemaría: »Warum finden wir manchmal nicht die paar Minuten, die noch fehlen, um unsere Arbeit, das Mittel unserer Heiligung, in Liebe zu vollenden? Warum vernachlässigen wir unsere Pflichten in der Familie? Warum haben wir es beim Beten oder beim heiligen Meßopfer so eilig? Warum lassen wir es an Gelassenheit und Ruhe fehlen, wenn es um die Pflichten unseres eigenen Standes geht, verweilen dann aber lange bei kapriziösen Einfällen? Ihr könntet einwenden: das sind doch nur Kleinigkeiten. Ja, wirklich: aber diese Kleinigkeiten sind das Öl, unser Öl, das die Flamme nährt und das die Liebe brennen läßt.«[16]

Ohne Gebet ist es unmöglich, Christus nachzufolgen. Man flieht dann bald das Opfer, sucht persönliche Befriedigung auf Kosten des Nächsten, igelt sich im Egoismus ein. Das Gespür, daß auch die läßliche Sünde Gott beleidigt, geht allmählich verloren, denn »die Seele geht nicht von Gott fort, indem sie sich von einem Ort an einen anderen versetzt oder Schritte mit ihren Füßen tut, sondern sie geht fort, wie es einem geistigen Wesen eigen ist, sich zu bewegen: indem sie sich mit ihrer Zuneigung oder besser mit ihrer Abneigung von sich selbst weg auf etwas Schlechteres hin wendet. Sie wird dann durch ihr verkehrtes Leben und Verhalten sich selbst unähnlich und läßt sich verkommen.«[17] Es wird dann allmählich dunkel im Herzen des Menschen, das gottgeschenkte Licht fängt zu flackern an und erlischt schließlich. Man steht da ohne Licht für sich selbst und ohne Licht für jene, die vielleicht auf unser erhellendes gutes Beispiel gewartet haben. Vielleicht werden wir hier und dort jemanden nachdenklich machen können mit unserer brennenden Lampe, die zur Leuchte wird für andere.

»Es wird der Tag kommen, der unser letzter ist. Wir fürchten uns nicht vor ihm, denn im festen Vertrauen auf die Gnade Gottes halten wir uns von nun an bereit, dem Herrn mit brennenden Lampen entgegenzugehen, mit Hingabebereitschaft, mit Starkmut, mit einer Liebe, die sich in den kleinen Dingen äußert. Es erwartet uns ja das große Fest im Himmel.«[18]

[1] vgl. *Jes* 42,1-9; 49,1-9; 50,4-9; 52,13-53,12. – [2] R. Guardini, *Der Herr*, Würzburg 1951, S. 371. – [3] *Mt* 24,42. – [4] *Mt* 25,1-13. – [5] G. Kroll, *Auf den Spuren Jesu*, Stuttgart 1988, S. 181. – [6] vgl. *Joh* 3,29. – [7] *Mk* 2,19. – [8] *Katechismus der Katholischen Kirche*, 796. – [9] Johannes Paul II., *Predigt in Lissabon*, 14.5.1982. – [10] J. Escrivá, *Freunde Gottes*, 41. – [11] II. Vat. Konz., Konst. *Lumen gentium*, 42. – [12] *Katechismus der Katholischen Kirche*, 1821. – [13] vgl. *1 Kor* 13,13.8.12. – [14] *Ps* 105,4. – [15] Bernhard von Clairvaux, *Predigten zum Hohenlied*, 84,1. – [16] J. Escrivá, *Freunde Gottes*, 41. – [17] Bernhard von Clairvaux, a.a.O., 83.2. – [18] ebd. 40.

27

DIE TALENTE UND DIE ZEIT

Ein Gleichnis für Geschäftsleute.
Die drei Diener.
Ein verrinnendes Talent: die Zeit.

I. *Mit dem Himmelreich ist es...* Gestern trugen die Wartenden Fackeln in ihren Händen, und Prüfstein ihrer Treue war, ob sie bei der ungewissen Ankunft des Bräutigams noch brannten. Heute[1] ist das Bild prosaischer, eher dem Umfeld von Geschäftsleuten und Händlern entnommen. Wir hören von einem Mann, *der auf Reisen ging*. Und es ist ein überraschender Perspektivenwechsel, daß diesmal der Herr der Reisende ist, und nicht wir, die wir doch unterwegs sind zu ihm. Das Gleichnis soll uns lehren, was es heißt, verantwortlich mit Gaben umzugehen, die uns zur Verwaltung übergeben sind. *Er rief seine Diener und vertraute ihnen sein Vermögen an. Dem einen gab er fünf Talente Silbergeld, einem anderen zwei, wieder einem anderen eines, jedem nach seinen Fähigkeiten.* Das Talent war keine Münze, sondern eine Recheneinheit von 6000 Drachmen, etwa 50 Kilo Silber entsprechend. Der Eigentümer verteilt sein Vermögen mit dem Gerechtigkeitssinn dessen, der weiß, was er von jedem erwarten kann, er gibt *jedem nach seinen Fähigkeiten.*

Als später dann der Augenblick der Rechenschaft kommt, ist es den Dienern mit den fünf und den zwei Talenten gelungen, das Doppelte zu erwirtschaften. Der Herr lobt sie und belohnt ihren Eifer: *Sehr gut, du bist ein tüchtiger und treuer Diener. Du bist im Kleinen ein treuer Verwalter gewesen, ich will dir eine große Aufgabe übertragen. Komm, nimm teil an der Freude deines Herrn!* Ein vordergründiges Bild aus dem Geschäftsleben – eine Gehaltserhöhung, ein Karrieresprung – zeigt in seiner Tiefenperspektive die dem Menschen zugedachte übernatürliche Bestimmung, »in Erkenntnis und Liebe am Leben Gottes teilzuhaben. Auf dieses Ziel hin ist er geschaffen worden, und das ist der Hauptgrund für seine Würde«[2]. *Geh ein in die Freude deines Herrn!* heißt es nach einer anderen Übersetzung. Der heilige Thomas sieht darin mehr als ein bloßes Teilnehmen, eher ein Eintreten und Hineingenommenwerden in die göttliche Lebenssphäre: »Weil keine Kreatur die Freude zu fassen vermag, die Gottes würdig wäre, darum geht diese ganz und gar vollkommene Freude nicht in den Menschen ein, sondern der Mensch tritt in sie ein: Geh ein in die Freude deines Herrn.«[3]

Wenig Gleichnisse sind so leicht in die menschliche Alltagswirklichkeit übertragbar wie dieses. Wir sind keine Eigentümer, aber auch nicht bloß Diener, sondern Verwalter und Träger von Verantwortung. Für was stehen die *Talente*? Für die geistigen Vermögen, für Verstand, Liebesfähigkeit, Wohlwollen oder Menschenkenntnis wie für die materiellen Güter. Handeln wir als verantwortliche Verwalter? Verherrlichen wir Gott mit Leib, Seele und unseren Vermögen? Bringen wir mit unseren Talenten Frucht, mit unserer spezifischen Begabung für diese oder jene Tätigkeit, mit dem Talent, Menschen zu gewinnen?

Die Zeit der Abwesenheit des Herrn ist das irdische Leben, seine Rückkehr der Tod, und dann heißt es im göttlichen Gericht Rechenschaft abzulegen, und wir werden – so dürfen wir hoffen – in die *Freude des Herrn* eingehen als übergroßer Lohn für unsere beharrliche Treue.

Papst Johannes Paul II. faßt die Lehre der beiden Gleichnisse von gestern und heute so zusammen: »Das Nichtwissen der Stunde unserer endgültigen Begegnung mit Gott ist ein Antrieb, unsere Liebe zu vertiefen, unsere Talente voll einzusetzen, keine Zeit zu verlieren, mit größerer Inständigkeit zu bitten und mit größerer, glühenderer Sehnsucht die selige Hoffnung zu nähren. (...) Ja, *die Gestalt dieser Welt vergeht* (*1 Kor* 7,31), und weil die Mitternacht der Parabel des Evangeliums immer nahe ist, halten wir die Lampe des Glaubens und des Vertrauens entzündet!«[4]

II. Die drei Diener kannten ihren Herrn, zwei verhielten sich verantwortlich, der dritte lethargisch. Wenn Gott sich der Mitwirkung seiner Geschöpfe bedienen will, ist das ein Zeichen »der Größe und Güte Gottes. Denn Gott gibt seinen Geschöpfen nicht nur das Dasein, sondern auch die Würde, selbst zu handeln, Ursache und Ursprung voneinander zu sein und so an der Ausführung seines Ratschlusses mitzuarbeiten.«[5]

Doch das geschieht nicht von selbst. Der Mensch muß sich regen, die natürlichen und übernatürlichen Tugenden in sich entfalten. Tugend bedeutet »nicht die Bravheit und Ordentlichkeit eines isolierten Tuns oder Lassens. Sondern Tugend bedeutet: daß der Mensch richtig ›ist‹, und zwar im übernatürlichen wie im natürlichen Sinne. (...) Tugend also ist, ganz allgemein, seinsmäßige Erhöhung der menschlichen Person; Tugend ist, wie Thomas sagt, das *ultimum potentiae*, sie ist das Äußerste dessen, was ein Mensch sein kann; sie ist die Erfüllung menschlichen Seinkönnens – im natürlichen und im übernatürlichen Bereich. Der tugendhafte Mensch ›ist‹ so, daß er, aus innerster Wesensneigung, durch sein Tun das Gute verwirklicht.«[6] Diese haarscharfe philosophische Definition kann uns helfen, die Bedeutung von Tugend klarer zu erfassen, und uns ermutigen, sie beherzter zu erstreben.

Was tat der Diener, der ein Talent erhalten hatte? *Er grub ein Loch in die Erde und versteckte das Geld seines Herrn.* Als er später Rechenschaft ablegen mußte, hat er wohl geahnt, daß sein Verhalten falsch war; denn es folgen eine gewundene Entschuldigung und ein versteckter Vorwurf: *Ich wußte, daß du ein strenger Mann bist; du erntest, wo du nicht gesät hast, und sammelst, wo du nicht ausgestreut hast. Weil ich Angst hatte, habe ich dein Geld in der Erde versteckt. Hier hast du es wieder.*

Wieso konnte er so ganz untätig bleiben – war es aus Stolz, aus Trägheit, aus Schwerfälligkeit, aus Desinteresse? »Wer den schwierigen, aber auch beglückenden Auftrag zurückweisen wollte, das Los des ganzen Menschen und aller Menschen zu verbessern, und dies unter dem Vorwand der Last des Kampfes und der ständigen Anstrengung zur Überwindung der Schwierigkeiten oder sogar wegen der Erfahrung des Mißerfolges und des Rückfalls auf den Ausgangspunkt, der würde dem Willen des Schöpfers untreu.«[7]

Das strenge Wort: *Du bist ein schlechter und fauler Diener!* erinnert uns daran, daß es Unterlassungssünden gibt. Zu Beginn der heiligen Messe bekennen wir, »daß ich Gutes unterlassen und Böses getan habe«. Im Gleichnis vom guten Samariter gingen der Priester und der Levit, ohne Böses zu tun, an dem von Räubern Überfallenen vorbei.[8] Es reicht aber nicht, nicht nur nichts Böses zu tun: wie wir gestern sahen, nicht für die törichten Jungfrauen, und heute, nicht für den faulen Diener.

III. Im Mittelpunkt des Gleichnisses stehen die Gaben, Fähigkeiten und Mittel, die

Gott einem jeden von uns gegeben hat, im Spiel ist jedoch auch eine Gabe, die zwar wenig greifbar, aber dennoch eine feste Größe ist: die Zeit. Sie geht vorüber *wie ein Schatten* und läßt unser Leben *wie die Spur einer Wolke* erscheinen, die sich auflöst *wie ein Nebel, der von den Strahlen der Sonne verscheucht und von ihrer Wärme zu Boden gedrückt wird*[9].

»Wie traurig eine Existenz, die keine anderen Sorgen kennt als das Totschlagen der Zeit, das Verschleudern eines gottgeschenkten Schatzes! Keine Ausrede kann das rechtfertigen. ›Niemand sage: Ich habe nur ein Talent erhalten und kann nichts leisten. Auch mit einem Talent kannst du Gutes tun.‹ Wie traurig, wenn einer die vielen oder wenigen Fähigkeiten brachliegen läßt, die Gott ihm gegeben hat, damit er den Menschen und der Gesellschaft diene!

Ein Christ, der seine irdische Zeit totschlägt, läuft Gefahr, seinen Himmel totzuschlagen, dann nämlich, wenn er sich aus Egoismus zurückzieht, sich versteckt, gleichgültig bleibt.«[10]

Der Apostel Paulus empfiehlt den Ephesern: *Achtet sorgfältig darauf, wie ihr euer Leben führt, nicht töricht, sondern klug. Nutzt die Zeit.*[11] Wir könnten dieses *redimentes tempus* auch so übersetzen: *Erlöst die Zeit*, verbindet die Erfahrung, daß sie unwiederbringlich vergeht, mit dem Streben, sie für eure Heiligung nutzbar zu machen. Die Heiligen *erlösten* gewissermaßen die Zeit, stellten sie in die Dimension des Ewigen und konnten so ihren Zeitgenossen geben, was wirklich zählt. Wenn wir uns vornehmen, stets das zu tun, was wir in der Gegenwart Gottes als erforderlich erkannt haben, werden wir manchmal auch Dinge tun, die scheinbar *Zeit vergeuden* bedeuten: einem Kranken Gesellschaft zu leisten, einen Behinderten spazieren zu fahren, geduldig und gut gelaunt einem alten Menschen bei der Körperpflege zu helfen... Dies wird uns vor einer einseitigen Ausnutzung der Zeit bewahren und uns eine übernatürliche Gelassenheit schenken: *Sorgt euch also nicht um morgen, denn der morgige Tag wird für sich selbst sorgen.*[12]

Schließen wir unser Nachdenken über die Zeit mit einer erheiternden Begebenheit aus dem Leben der heiligen Theresia von Avila. Ein Wohltäter hatte ihr ein Haus in Salamanca vermittelt, damit sie dort ein Kloster des reformierten Karmel gründe. Es war nicht nur kalt und feucht, es mußte auch von kampierenden Studenten geräumt werden. »Während der Nacht des Festes Allerheiligen blieben ich und meine Gefährtin allein im Hause. Ich versichere euch, meine Schwestern, daß ich jetzt noch lachen muß, wenn ich mich an die Furcht meiner Gefährtin, Maria vom heiligsten Sakramente, erinnere, die weit älter als ich und eine größere Dienerin Gottes war. Das Haus war sehr geräumig, in großer Unordnung und hatte viele Bodenkammern. Meine Gefährtin konnte den Gedanken an die Studenten nicht aus dem Kopfe bringen und meinte, es könnte sich leicht einer von ihnen im Hause verborgen haben, weil sie sehr ungehalten darüber waren, daß sie es verlassen mußten. Dies hätten sie auch leicht tun können, da die Gelegenheit dazu geboten war. Wir schlossen uns also in ein Zimmer ein. (...) Als nun meine Begleiterin sich in jenem Zimmer eingeschlossen sah, schien sie der Studenten wegen etwas ruhiger zu werden, wenn sie auch immer furchtsam von einer Seite zur anderen schaute. Ohne Zweifel hat ihr der böse Feind allerlei furchtsame Gedanken eingegeben, um auch mich in Furcht zu setzen, wozu bei der mir eigenen Schwäche des Herzens gewöhnlich wenig hinreichte. Als ich sie fragte, warum sie denn immer so umherblicke, da doch niemand hereinkommen könne, erwiderte sie: ›Mutter, ich denke eben, was Sie wohl allein anfangen würden, wenn ich jetzt sterben sollte.‹ (...) Ich sagte zu meiner Gefährtin: ›Schwester, wenn dies wirklich geschehen sollte, so werde ich schon daran denken, was ich zu tun habe; lassen Sie mich jetzt schlafen!‹ Da wir schon zwei schlechte Nächte gehabt hatten, so vertrieb der Schlaf bald alle Furcht.«[13] Diese ausgelassene Bemerkung der Heiligen mag uns helfen, unsere Gegenwart von überflüssigen Zukunftsnöten frei zu halten: Laß mich jetzt schlafen! Wenn es so weit ist, wird Gott helfen.

[1] *Mt* 25,14-30. – [2] *Katechismus der Katholischen Kirche*, 356. – [3] Thomas von Aquin, *Summa theologica*, II-II, q.28, a.3. – [4] Johannes Paul II., *Predigt*, 23.2.1985. – [5] *Katechismus der Katho-*

lischen Kirche, 306. – [6] J. Pieper, *Über das christliche Menschenbild*, München 1950, S. 19-20. – [7] Johannes Paul II., Enz. *Sollicitudo rei socialis*, 30. – [8] *Lk* 10,30-37. – [9] *Weish* 2,4-5. – [10] J. Escrivá, *Freunde Gottes*, 46. – [11] *Eph* 5,15-16. – [12] *Mt* 6,34. – [13] Theresia von Avila, *Buch der Klosterstiftungen*, 19,4-5.

28

PETRUS UND DAS KREUZ

Eine Belehrung und eine Zurechtweisung.
Stationen des Wachsens.
Das erlösende Kreuz und das eigene Leiden.

I. Auf das Bekenntnis des Petrus in Cäsarea Philippi[1] hatte der Herr freudig geantwortet: *Selig bist du, Simon Bar Jona...* Und er hatte den Grund für dieses Lob genannt: *nicht Fleisch und Blut haben dir das offenbart, sondern mein Vater im Himmel.* Im Evangelium dieses Sonntags[2] setzt sich das Gespräch unerwartet anders fort; denn gleich danach *begann Jesus, seinen Jüngern zu erklären, er müsse nach Jerusalem gehen und von den Ältesten, den Hohenpriestern und den Schriftgelehrten vieles erleiden: er werde getötet werden, aber am dritten Tag werde er auferstehen.* Es ist das erste Mal, daß Jesus davon redet, und zwar – wie Markus ergänzt – *ganz offen*[3]. Fängt diese Betonung des Evangelisten, in dem die Überlieferung den Chronisten der mündlichen Predigt des Petrus sieht, die Bestürzung des Apostels ein? Noch zweimal wird der Herr über seine Passion sprechen[4], und auch hier ergänzt Markus die Bemerkung des Matthäus: *Da wurden sie sehr traurig*[5], mit dem Hinweis: *Sie verstanden den Sinn seiner Worte nicht, scheuten sich jedoch, ihn zu fragen.*[6]

Jesus führt die Seinen Schritt für Schritt in das Kommende ein. Petrus hat sich im Namen aller zu ihm bekannt, der Herr hat seinen Willen bekundet, auf dem Fels Petri seine Kirche zu bauen. In den Augen Jesu ist die Ankündigung von Leiden, Tod und Auferstehung die folgerichtige Fortsetzung seiner Sendung, in den Augen der Apostel jedoch ein Bruch. Sie sind überfordert.

Petrus reagiert als erster. Wie menschlich ist seine Reaktion, wie erhellend für unser Gebet – und doch ist sie geradezu abwegig, wie sich zeigen wird. Es war wohl kein nur spontaner Ausbruch des Petrus, sondern er handelt mit Bedacht: *Da nahm ihn Petrus beiseite*, heißt es. Der Meister und sein künftiger Stellvertreter sprechen unter vier Augen. *Petrus machte ihm Vorwürfe; er sagte: Das soll Gott verhüten, Herr! Das darf nicht geschehen!* Warum war er so entsetzt? Aus Liebe zu Jesus – warum sonst? Wahrscheinlich auch aus einer besonderen Verantwortung; er war ja gerade eben erst unter allen Aposteln herausgehoben worden. In der Antwort des Herrn »kann man so etwas wie ein fernes Echo jener Versuchung in der Wüste erkennen, die Jesus zu Beginn seiner messianischen Tätigkeit bestanden hat, als der Satan ihn davon abbringen wollte, den Willen des Vaters bis zum Ende zu erfüllen«[7]. Er, der den Verräter *Freund* nennen wird, nennt den Freund *Satan*: *Weg mit dir Satan, geh mir aus den Augen! Du willst mich zu Fall bringen; denn du hast nicht das im*

Sinn, was Gott will, sondern was die Menschen wollen. »Niemals ist ein Mensch schrecklicher gerügt worden für *verkehrte* Liebe als hier Petrus. Unsere Phantasie reicht kaum aus, uns vorzustellen, wie diese Worte Petrus ins Innerste und unglaublich schmerzlich getroffen, aber auch was sie in ihm im Hinblick auf die eigene und der Kirche Zukunft bewirkt haben müssen.«[8]

Unser Gebet richtet sich jetzt auf die Kirche und auf den Papst als »das immerwährende, sichtbare Prinzip und Fundament für die Einheit«[9]. Die Schwachheit des Petrus macht offenbar, »daß die Kirche auf der unendlichen Macht der Gnade gründet«[10]. Der Herr hatte Petrus kurz vor seiner Passion gesagt: *Und wenn du dich wieder bekehrt hast, dann stärke deine Brüder.*[11] Im Hinblick auf diese Stelle und die des heutigen Evangeliums schreibt Papst Johannes Paul II.: »Es ist gerade so, als würde vor dem Hintergrund der menschlichen Schwachheit des Petrus voll offenkundig werden, daß sein besonderes Amt in der Kirche vollständig seinen Ursprung aus der Gnade hat.«[12] Und: »Als Erbe der Sendung des Petrus in der vom Blut der Apostelfürsten befruchteten Kirche übt der Bischof von Rom ein Amt aus, das seinen Ursprung in der vielgestaltigen Barmherzigkeit Gottes hat, die die Herzen bekehrt und mit der Kraft der Gnade erfüllt, während der Jünger den bitteren Geschmack seiner Schwachheit und seines Elends wahrnimmt. Die diesem Amt eigene Autorität steht ganz im Dienst des barmherzigen Planes Gottes und muß immer in dieser Perspektive gesehen werden. Aus ihm erklärt sich die Vollmacht dieses Amtes.«[13]

II. Nach der Zurechtweisung des Petrus hören wir im Evangelium dieses Sonntags ein Wort des Herrn über das Kreuztragen. Der Beter kann zwischen den beiden Stellen einen Zusammenhang herstellen, auch wenn dieser aus der Sicht des Fachmanns nicht zwingend ist und den Jüngern damals verborgen bleiben mußte: wie konnten sie, ahnungslos im Hinblick auf das Kreuz Christi, ein Wort über ihr eigenes Kreuz verstehen?

Petrus hatte seinen ganzen gesunden Menschenverstand aufgeboten – und war in eine Sackgasse geraten. Ihm fehlte noch die Perspektive Christi, dessen Worte zeigen, wie ein Jünger Jesu denken und fühlen muß, um mit seinem Meister eins zu werden. *Wer mein Jünger sein will, der verleugne sich selbst, nehme sein Kreuz auf sich und folge mir nach. Denn wer sein Leben retten will, wird es verlieren; wer aber sein Leben um meinetwillen verliert, wird es gewinnen.*

Wie geschah im Leben der Jünger diese innere Wandlung? Wir kennen die Stationen nicht im einzelnen. Nur bei Petrus gibt es einige Anhaltspunkte, die uns ahnen lassen, wie ihm nach und nach die Logik Jesu Christi aufgeht, das Kreuz Christi zu tragen und das Leben um Christi willen zu verlieren. Wir wollen zwei entscheidende Situationen betrachten. Im Hof des

Hohenpriesters zu Beginn der Passion erlebt er erstmals die Nähe des Kreuzes. Und die Schande läßt ihn, ängstlich wie er ist, zum Verräter werden, ihn, der doch zu lieben wußte: *Ich kenne den Menschen nicht. Gleich darauf krähte ein Hahn, und Petrus erinnerte sich an das, was Jesus gesagt hatte: Ehe der Hahn kräht, wirst du mich dreimal verleugnen. Und er ging hinaus und weinte bitterlich.*[14] »Es gibt so etwas wie ein ›Grab des Schmerzes‹, in dem nichts mehr zu leben scheint, nichts tut mehr weh, nichts dringt herein, nichts hinaus. Dieses Grab lernte Petrus kennen. Seine Reue entsprach seiner Liebe, und da diese Liebe sehr groß war, war auch seine Reue sehr tief. Und das bedeutet: Die ja nur scheinbar, nicht existentiell lädierte Liebe zum Meister erblühte aus dem Vernichtungsgefühl des Ich – und das und nichts anderes ist der Reueschmerz.«[15] So wird Petrus die Stunden durchlebt haben, als sein Meister am Kreuz hing. So begann er den Auferstehungstag, geläutert für sein Amt.

Eine zweite Schlüsselszene im Leben des Petrus können wir nach der Auferstehung beobachten.[16] Jesus ließ ihn die Tiefe seiner Vergebung und seines Erbarmens erfahren, als er ihn gleichsam zwang, im dreimaligen Bekräftigen seiner Liebe auf jene dreimalige Verleugnung zurückzublicken. Jetzt ist es eine andere Traurigkeit: *Da wurde Petrus traurig, weil Jesus ihn zum drittenmal gefragt hatte: Hast du mich lieb? Er gab ihm zur Antwort: Herr, du weißt alles; du weißt, daß ich dich liebhabe.* Der Herr bekräftigte nicht nur seinen Auftrag – *Weide meine Schafe!* –, sondern auch den Ruf des Anfangs: *Folge mir nach!* Jetzt weiß Petrus, daß Jesu Nachfolge und das Kreuz zusammengehören: *Wer sein Leben um meinetwillen verliert, wird es gewinnen.*

Nach dem dreimaligen Bekenntnis des Petrus spricht Jesus rätselhaft: *Als du noch jung warst, hast du dich selbst gegürtet und konntest gehen, wohin du wolltest. Wenn du aber alt geworden bist, wirst du deine Hände ausstrecken, und ein anderer wird dich gürten und dich führen, wohin du nicht willst.* Der Evangelist möchte die Stelle mit dem Hinweis verdeutlichen: *Das sagte Jesus, um anzudeuten, durch welchen Tod er Gott verherrlichen würde.* Literarische Zeugnisse und archäologische Funde stützen die Annahme, daß Petrus in Rom unter Nero den Martyrertod starb. Über seinem Grab erhebt sich der Petersdom. Unter ihm sind Päpste aus allen Jahrhunderten begraben, Gestalten der Heiligkeit aber auch menschlicher Erbärmlichkeit. Wie Petrus erfährt auch heute sein Nachfolger das Kreuz. Am 17. Mai 1981, vier Tage nach dem Attentat, sagte Papst Johannes Paul II.: »Liebe Brüder und Schwestern! Ich weiß, daß ihr mir in diesen Tagen und besonders in dieser Stunde des *Regina coeli* verbunden seid. Tief bewegt danke ich euch für eure Gebete und segne euch alle. Besonders nahe bin ich den Pilgern, die mit mir verletzt wurden. Ich bete für den Bruder, der mich verwundet hat und dem ich aufrichtig verzeihe. Christus verbunden, der Priester und Opfer zugleich ist, opfere ich meine Leiden auf für die Kirche und für die Welt. Dir, Maria, verspreche ich wiederum: Totus tuus ego sum, Ganz dein bin ich.«

III. Petrus und das Kreuz... Der Papst und das Kreuz... Wie steht es mit unserer eigenen Bereitschaft, das Kreuz zu tragen? »Durch Christus und in Christus wird das Rätsel von Schmerz und Tod hell.«[17] In ihm verbinden sich das Bedürfnis des Herzens und der Anspruch des Glaubens in besonderer Weise: »Das Bedürfnis des Herzens gebietet uns, die Furcht zu überwinden, und der Anspruch des Glaubens (...) gibt uns den Inhalt, in dessen Namen und Kraft wir wagen, an das zu rühren, was in jedem Menschen so sehr unberührbar zu sein scheint: denn der Mensch in seinem Leiden bleibt ein unberührbares Geheimnis.«[18] Der Blick auf das Kreuz Christi entschleiert dieses Geheimnis nicht, denn der Herr gibt keine *Erklärung* ab; er weist aber auf die Sinnhaftigkeit des Leidens hin, indem er selbst in seine Tiefe hinabsteigt.

Eine beständige Liebe, Läuterung der Seele, Begegnung mit Gott, Streben nach Heiligkeit ohne Kreuz? »Es gibt keine Heiligkeit ohne Kreuz, ohne Abtötung. Am ehesten werden wir diese Abtötung in den normalen täglichen Angelegenheiten finden: in der angespannten Arbeit, die wir ausdauernd und ordentlich tun; weil wir wissen, daß der echte Opfergeist sich in der Beharrlichkeit zeigt, die begonnene Arbeit so vollkommen wie möglich zu vollenden; in der Pünktlichkeit, mit der wir den Tag über die ›heroischen Minuten‹ meistern; in der Pflege der Gegenstände, die wir besitzen und benutzen; in dem Eifer zu dienen, der uns die kleinsten Pflichten mit Gewissenhaftigkeit erfüllen läßt; und in den winzigen Liebeserweisen, mit denen wir den Weg der Heiligkeit in der Welt für alle liebenswert machen; ein Lächeln kann manchmal der schönste Beweis unseres Bußgeistes sein.«[19]

Bitten wir den Herrn, er möge uns die Kraft schenken, große oder kleine Widrigkeiten, die kommen, gelassen zu akzeptieren und großzügig auch die freiwillige Abtötung zu suchen. »Darin besteht die große Revolution des Christentums: den Schmerz zu verwandeln in ein Leiden, das Frucht bringt, das Böse zu verwandeln in Gutes... Damit haben wir dem Teufel die stärkste Waffe entwunden – und mit ihr erobern wir die Ewigkeit.«[20]

Der Herr greift den Schmerz, das freiwillige Opfer, die unerwartete Krankheit auf, um uns zu läutern. Das Licht aufleuchten zu lassen, das aus der Passion kommt, ist Teil unseres christlichen Zeugnisses und wichtig gerade in unserer Zeit. »Zum Christsein gehört der Mut der Passion, in der die Verwandlung der Welt anhebt, in der Licht aufgeht. Und wo immer wir in sie hineintreten, Zeugen der Leiden Christi werden in der Gemeinschaft mit den Mitältesten, da werden wir auch getroffen werden von dem Licht des Evangeliums, von der großen Freude des Herrn, die gerade durch seine Passion mitten unter uns aufgegangen ist.«[21] So verstehen wir auch den Ausruf des Herrn am Ende des heutigen Evangeliums: *Was nützt es einem Menschen, wenn er die ganze Welt gewinnt, dabei aber sein Leben einbüßt? Um welchen Preis kann ein Mensch sein Leben zurückkaufen?* »Alles, was die Erde trägt, alles, was Verstand und Wille erstreben – was nützt es dem Menschen? Was ist es denn wert, wenn alles vergeht, alles versinkt, wenn alle irdischen Schätze nur Attrappe sind? Was nützt es, wenn dann die Ewigkeit anbricht, für immer – immer – immer?«[22]

Als für Petrus der Augenblick kam, da er als sichtbares Haupt der Kirche Zeugnis geben sollte, war er mit dem Kreuz vertraut. In der Apostelgeschichte heißt es von ihm und den übrigen Aposteln: *Sie freuten sich, daß sie gewürdigt worden waren, für seinen Namen* – den Namen Christi – *Schmach zu erleiden.*[23]

[1] *Mt* 16,17. – [2] *Mt* 16,21-27. – [3] *Mk* 8,32. – [4] vgl. *Mt* 17,22-23; 20,18-19. – [5] *Mt* 17,23. – [6] *Mk* 9,32. – [7] Johannes Paul II., *Katechese*, 4.3.1987. – [8] P. Berglar, *Petrus – Vom Fischer zum Stellvertreter*, München 1991, S. 44. – [9] II. Vat. Konz., Konst. *Lumen gentium*, 23. – [10] Johannes Paul II., Enz. *Ut unum sint*, 91. – [11] *Lk* 22,32-33. – [12] Johannes Paul II., a.a.O. – [13] ebd., 92. – [14] *Mt* 26,74-75. – [15] P. Berglar, a.a.O., S. 142. – [16] vgl. *Joh* 21,15-19. – [17] II. Vat. Konz., Konst. *Gaudium et spes*, 22. – [18] ebd., 4. – [19] J. Escrivá, *Brief* 24.3.1930. – [20] J. Escrivá, *Die Spur des Sämanns*, Nr. 887. – [21] J. Ratzinger, *Christlicher Glaube und Europa*, München 1991, S. 84. – [22] J. Escrivá, *Freunde Gottes*, 200. – [23] *Apg* 5,41.

29

DIE WAHRE REINHEIT

Im Äußerlichen verfangen.
Die Gedanken des Herzens.
Keuschheit.

I. Markus, der für Heiden-Christen schreibt, muß immer wieder Sitten und Gebräuche der Juden erklären, damit die Vorwürfe gegen Jesus und die Antworten des Herrn verständlich werden. So auch im heutigen Evangelium[1]. *Die Pharisäer und einige Schriftgelehrte, die aus Jerusalem gekommen waren*, hatten gesehen, wie die Jünger des Herrn – *einige seiner Jünger*, heißt es im Text – *ihr Brot mit unreinen Händen aßen* – was der Evangelist gleich erklärt: *das heißt mit ungewaschenen Händen. Die Pharisäer essen nämlich wie alle Juden, nur wenn sie vorher mit einer Handvoll Wasser die Hände gewaschen haben, wie es die Überlieferung der Alten vorschreibt.* Man mußte die Waschung der Hände sogar zweimal vornehmen, um sicher zu gehen, daß die zweite Waschung jede Spur des ersten, nunmehr befleckten Wassers fortspülte. Es reichte in diesem Fall, sich die Fingerspitzen zu waschen. *Auch wenn sie vom Markt kommen, essen sie nicht, ohne sich vorher zu waschen*, heißt es weiter bei Markus. Da man in dieser Situation der Gefahr, sich durch die Berührung mit Heiden zu verunreinigen, kaum entgehen konnte, ging man bei der Reinigung gründlicher zu Werke und wusch den Arm bis zum Ellenbogen. Markus ergänzt dann: *Noch viele andere überlieferte Vorschriften halten sie ein, wie das Abspülen von Bechern, Krügen und Kesseln.*

Wo kommt dieses übertriebene Bedachtsein auf physische Sauberkeit, die als gesetzliche Reinheit galt, her? Im Gesetz gibt es keine Belege dafür, aber man beruft sich auf die Autorität der alten Gesetzeslehrer. Und tatsächlich zielt die Frage der Gegner Jesu auf diesen grundsätzlichen Punkt. Sie fragen nicht bloß nach dem Grund, warum die Jünger die rituelle Handwaschung vor dem Essen unterlassen, sondern warum sie solch eine unfromme Lebensart offenbaren, indem sie sich *nicht an die Überlieferung der Alten halten.* Um diese Autorität geht es.

Die Praxis der Schriftgelehrten stellte eine religiöse Entartung dar, denn sie waren die Interpreten des Gesetzes, und ihr Amt war, das Gesetz auszulegen, keineswegs aber, ihm Gebräuche hinzuzufügen, die seinem Geist zuwider waren. Durch alle diese Reinigungszeremonien hatten die Pharisäer dem bewundernswerten Anliegen des Gesetzes, Israel möchte sich als das heilige Volk bewähren, eine gefährliche Wendung gegeben. Diese Heiligkeit verpflichtete anfangs zu der gesetzlichen Reinheit, besonders in der Wahl der Speisen (*Lev* 11,44ff). Das war eine notwendige Schranke, solange Israel von Völkern umgeben war, die einen unreinen Kult hatten; aber diese rein äußerliche Übung durfte nicht zur Hauptsache werden.

Die Pharisäer hatten sich somit im Äußerlichen verfangen, die Riten sogar noch vermehrt und ihre Verbindlichkeit überbetont. Es war deshalb nicht schwer, die Jünger immer wieder bei irgendwelchen Verfehlungen zu ertappen; denn sie stellten sich wohl unter das Gesetz, aber in ihrem geraden Sinn kannten sie sich in der rabbinischen Kasuistik nicht weiter aus. Und so fragen die Pharisäer vorwurfsvoll: *Warum halten sich deine Jünger nicht an die Überlieferung der Alten, sondern essen ihr Brot mit unreinen Händen?*

Der Herr *antwortete ihnen: Der Prophet Jesaja hatte recht mit dem, was er über euch Heuchler sagte: Dieses Volk ehrt mich mit den Lippen, sein Herz aber ist weit weg von mir.* Der Herr hätte auch auf Worte der Psalmen verweisen können. Im heutigen Antwortpsalm stellt sich der Beter vor Gott: *Herr, wer darf Gast sein in deinem Zelt, wer darf weilen auf deinem heiligen Berg? Der makellos lebt und das Rechte tut.*[2] In einem anderen Psalm, der zur Liturgie des Einzugs in das Heiligtum gehörte, heißt es: *Wer darf hinaufziehen zum Berg des Herrn, wer darf stehn an seiner heiligen Stätte? Der reine Hände hat und ein lauteres Herz.*[3] Das Äußere soll das Innere widerspiegeln. Wahre Reinheit reicht viel tiefer als nur bis zu einer Händewaschung.

II. *Nichts, was von außen in den Menschen hineinkommt, kann ihn unrein machen, sondern was aus dem Menschen herauskommt, das macht ihn unrein. Denn von innen, aus dem Herzen der Menschen, kommen die bösen Gedanken.* Doch aus dem Herzen kommt auch die Sehnsucht nach Gott: »Du hast uns auf dich hin geschaffen, und ruhelos ist unser Herz, bis es ruhet in dir.«[4] Mit diesem Ruf eröffnet der Heilige, der mit einem flammenden Herzen in der Hand dargestellt wird, seine *Bekenntnisse.* Auch er sieht rückblickend den ganzen Unrat, den es in seinem Herzen gab, ehe er Gott fand. Immer wieder analysiert er im betenden Gespräch mit Gott seine Gefühle. Folgen wir einmal einem seiner Rückblicke in die Vergangenheit.

Augustinus erzählt, wie er seine Schrift *Über das Schöne* – sie ist im übrigen verlorengegangen – einem berühmten Redner Roms widmete. »Ich kannte ihn nicht persönlich, aber ich war ihm wegen seines Gelehrtenrufes zugetan (...), und auch einige seiner Worte waren mir zu Ohren gekommen, und sie hatten mir gefallen. Aber mehr noch gefiel er mir, weil er anderen gefiel und man ihn mit Lobsprüchen überschüttete.«[5] Warum bewunderte er ihn? Rückblikkend geht ihm auf: Weil er eitlen Ruhm suchte und so erfolgreich sein wollte wie sein Idol. Reinheit des Herzens verlangt einen kritischen Blick für das, dem wir Raum in uns geben.

Augustinus beschließt seine Selbstbeobachtung mit einem Seufzer: »Wahrlich, ein abgrundtiefes Geheimnis ist sich der Mensch. Du, Herr, hast seine Haare gezählt, und keines davon geht bei dir verloren, aber leichter fürwahr ist, seine Haare als die Empfindungen und Neigungen seines Herzens zu zählen.« Es ist in der Tat schwer, das *Herz* zu fassen. Die *Gedanken des Herzens* sind ursprünglicher als verstandesmäßiges Erkennen, und sie waren längst vor ihm da. »Das ist das ursprügliche Leben der Seele in ihrem Wesensgrunde, in einer Tiefe, die vor aller Spaltung in verschiedene Kräfte und ihre Betätigung liegt. (...) Die Gedanken des Herzens sind durchaus noch keine Gedanken im üblichen Sinn, keine fest umrissenen, gegliederten und faßbaren Gebilde des denkenden Verstandes. Sie müssen durch mancherlei Formungen hindurchgehen, ehe sie zu solchen Gebilden werden. Sie müssen erst aufsteigen aus dem Grunde des Herzens. Dann kommen sie an eine erste Schwelle, wo sie spürbar werden.«[6]

Die Regungen also auf dem Grunde unserer überlegten Handlungen bedürfen der Läuterung. Zu ihnen gehören die »Regungen und Bewegungen des Empfindunsvermögens«, die wir Leidenschaften oder allgemein Gefühle nennen, sie bilden »die Durchgangs- und Nahtstelle zwischen dem sinnenhaften und dem geistigen Leben«[7]. Sie alle werden von der grundlegenden Leidenschaft geprägt, von der Liebe: »Die Gemütsbewegungen sind schlecht, wenn die Liebe schlecht ist; gut, wenn sie gut ist«[8]. Da entscheidet sich die Ausrichtung eines Lebens. Was liebe ich? Gottes Ehre oder meine eigene? Die Wahrheit oder den Applaus der Menge? Die Ehrlichkeit oder die Heuchelei?

Die ungeordnete Selbstliebe äußert sich nicht nur in materialistischem Streben, oft zeigt sie sich in Tagträumen, im Neid, weil ein anderer Erfolg hat, in der Neigung zum Intrigieren, in einer Ichbezogenheit, die blind macht für die Anliegen und die Nöte anderer... Wie viele verletzende Lieblosigkeiten haben ihren Ursprung in Argwohn oder Mißgunst, die auf dem Grunde der Seele schlummern!

Selig, die ein reines Herz haben; denn sie werden Gott schauen.[9] Lauteren Herzens können wir schon jetzt, inmitten unserer Tätigkeiten, Gott gewahren. Der Herr will in unserem Fühlen zugegen sein, er will allem, was wir tun, einen neuen Sinn geben. Das reine Herz ist das offene und demütige Herz. Das unreine Herz dagegen ist anmaßend und verschlossen, ganz mit sich selbst angefüllt, »unfähig, der Majestät der Wahrheit Raum zu geben, die Verehrung und letztlich Anbetung verlangt«[10].

III. Der Kampf um die Reinheit des Herzens zeigt sich besonders deutlich in Zusammenhang mit dem, was Jesus im heutigen Evangelium *Unzucht* nennt – den Mißbrauch der Geschlechtskraft. Als Wesen aus Geist und Leib besteht im Menschen »eine gewisse Spannung; die Neigungen des Geistes und die des Leibes liegen in einem gewissen Widerstreit. Aber dieser Konflikt ist ein Erbe der Sünde; er folgt aus ihr und bestätigt sie zugleich. Wir erleben ihn im täglichen geistlichen Kampf.«[11] Damit Verstand und Wille mit den Forderungen der Heiligkeit Gottes in Einklang stehen, muß vor allem in drei Bereichen Klarheit herrschen: »in dem der christlichen Liebe, dem der Keuschheit oder geschlechtlichen Lauterkeit und in dem der Wahrheitsliebe und der Rechtgläubigkeit. Die Reinheit des Herzens, des Leibes und des Glaubens stehen miteinander in Verbindung.«[12]

Keuschheit »bedeutet die geglückte Integration der Geschlechtlichkeit in die Person und folglich die innere Einheit des Menschen in seinem leiblichen und geistigen Sein. Die Geschlechtlichkeit, in der sich zeigt, daß der Mensch auch der körperlichen und biologischen Welt angehört, wird persönlich und wahrhaft menschlich, wenn sie in die Beziehung von Person zu Person, in die vollständige und zeitlich unbegrenzte wechselseitige Hingabe von Mann und Frau eingegliedert ist. Die Tugend der Keuschheit wahrt somit zugleich die Unversehrtheit und die Ganzheit der Hingabe.«[13]

Wie entschlossen haben die ersten Christen diesen Kampf geführt. Sie waren Sauerteig inmitten einer heidnischen Gesellschaft, und die Reinheit ihrer Lebensführung war für die Heiden – verknüpft mit der brüderlichen Liebe – Anlaß zum Staunen und manchmal auch zur Bekehrung. *Das ist es, was Gott will: eure Heiligung. Das bedeutet, daß ihr die Unzucht meidet, daß jeder von euch lernt, seinen Leib in heiliger und ehrbarer Weise zu bewahren, nicht in leidenschaftlicher Begierde wie die Heiden, die Gott nicht kennen (...). Gott hat uns nicht dazu berufen, unrein zu leben, sondern heilig zu sein.*[14]

Die Tugend der Keuschheit »verwirklicht im Bereich der Geschlechtskraft die Ordnung, die der erfahrenen und geoffenbarten Wahrheit von Welt und Mensch entspricht und die der zweifachen Gestalt dieser Wahrheit gemäß ist, nicht nur der enthüllten Offenbarkeit, sondern auch der verhüllten Offenbarkeit, das heißt: dem Geheimnis.«[15] Es scheint, daß in unserer Zeit die Ehrfurcht vor dem Geheimnis verlorengeht und sich stattdessen eine entwürdigende Sicht der Sexualität breitmacht, die die menschliche Liebe zu einem bloßen Genußmittel, die Person zu einer austauschbaren Größe degradiert. Wir brauchen auf die Lawine allgegenwärtiger Sinnlichkeit nicht näher einzugehen: auf geschmack- und schamlose Funk- oder Fernsehprogramme, obszöne Spektakel, die Verhöhnung des Schamgefühls, platte und frivole Formen von Erholung und Zeitvertreib...

Angesichts dessen ist die Lebensweise christlicher Eheleute oder solcher Männer und Frauen, *die um des Himmelreiches willen* inmitten der Welt *ehelos leben*[16], eine Herausforderung, die an die Zeit der ersten Christen erinnert. Wie damals wird sie auch heute auf Verständnislosigkeit stoßen. *Jetzt erregt es ihren Unwillen, und sie lästern, weil ihr euch nicht mehr in diesen Strudel der*

Leidenschaften hineintreiben laßt.[17] Andere indessen werden nachdenklich werden und den Reichtum eines reinen Lebens ahnen: »Die Reinheit ist die Herrlichkeit des menschlichen Leibes vor Gott. Sie ist die Herrlichkeit Gottes im menschlichen Leib, durch den sich der Mensch als Mann oder Frau zu erkennen gibt. Aus der Reinheit fließt jene einzigartige Schönheit, die alle Bereiche des menschlichen Zusammenlebens durchdringt und erlaubt, die Schlichtheit und Tiefe, die Herzlichkeit und unnachahmliche Echtheit des persönlichen Vertrauens auszudrücken.«[18]

Bitten wir den Heiligen Geist, er möge uns ein reines Herz schenken: *Was befleckt ist, wasche rein, Dürrem gieße Leben ein, heile du, wo Krankheit quält. Wärme du, was kalt und hart, löse, was in sich erstarrt, lenke, was den Weg verfehlt.*[19]

[1] *Mk* 7,1-8. – [2] *Ps* 15,1-3. – [3] *Ps* 24,3-4. – [4] Augustinus, *Bekenntnisse*, 1,1,1. – [5] ebd., 4,14. – [6] Edith Stein, *Im verschlossenen Garten der Seele*, Freiburg 1987, S. 45. – [7] vgl. *Katechismus der Katholischen Kirche*, 1763-1764. – [8] Augustinus, *Gottesstaat*, 14,7. – [9] *Mt* 5,8. – [10] J. Ratzinger, *Auf Christus schauen*, Freiburg 1989, S. 25. – [11] *Katechismus der Katholischen Kirche*, 2516. – [12] ebd., 2518. – [13] ebd., 2337. – [14] *1 Thess* 4,3-8. – [15] J. Pieper, *Das Viergespann*, München 1964, S. 220. – [16] *Mt* 19,12. – [17] *1 Petr* 4,4. – [18] Johannes Paul II., *Ansprache*, 18.3.1981. – [19] *Pfingstsequenz*.

30

DEMUT

Gastmahl im Gedränge.
Demut: Erdnah und gottverbunden.
Heilige, Sportler und Dichter.

I. Jesus ist zu einem Gastmahl im Hause eines einflußreichen Pharisäers geladen[1]. Dieser dürfte nicht zu der massiv gegen Jesus agierenden Jerusalemer Gruppe gehört haben, die ihre Spione gegen ihn ausschickte, eher zu denen, die wenig Kontakt mit dem Herrn hatten. Alles läßt auf eine erste Begegnung zwischen ihnen und Jesus schließen. »Man könnte sagen: Jesus dringt in eine neue Zone ein, sie haben wohl ebenfalls die Vorurteile ihrer Partei, aber sie haben sich über Jesus noch kein endgültiges Urteil gebildet.«[2] Der Herr verfolgt aufmerksam das Betragen der Gäste. Sie drängeln und schieben sich nach vorn zu den Ehrenplätzen. Der Herr mag eine Weile gewartet haben, bis Ruhe eingekehrt war, dann erteilt er ihnen eine Lehre, diesmal – anders als sonst – sanft und verhalten. Jesus wendet sich nicht an einen bestimmten unter den Anwesenden, sondern an ein *Du*, das jeder sein könnte: *Wenn du zu einer Hochzeit eingeladen bist, such dir nicht den Ehrenplatz aus.* Er schärft ihnen nicht ein Gebot ein, sondern gibt eine Empfehlung. *Denn es könnte ein anderer eingeladen sein, der vornehmer ist als du, und dann würde der Gastgeber, der dich und ihn eingeladen hat, kommen und zu dir sagen: Mach diesem Platz! Du aber wärst beschämt und müßtest den untersten Platz einnehmen. Wenn du also eingeladen bist, setz dich lieber, wenn du hinkommst, auf den untersten Platz; dann wird der Gastgeber zu dir kommen und sagen: Mein Freund, rück weiter hinauf! Das wird für dich eine Ehre sein vor allen Gästen. Denn wer sich selbst erhöht, wird erniedrigt, und wer sich selbst erniedrigt, wird erhöht werden.*[3]

Was will uns der Herr hier sagen? Er erinnert daran, daß es nicht gut ist, von sich selbst eine zu hohe Meinung zu haben, die uns dazu verleiten könnte, uns über alle anderen zu stellen. Dies mache leicht – stellen wir uns nur das Gedränge unter den Gästen vor – grob und rücksichtslos. Vielleicht ist auch der Rat mitgemeint: Sieh dich um, bevor du den dir zugewiesenen Platz verschmähst, vielleicht entwickelt sich aus dem Gespräch mit dem unbekannten Tischnachbarn ja eine freundschaftliche Beziehung.

Welchen Platz wird der Gastgeber dem Herrn zugewiesen haben? Ob einer der Gäste auf den Gedanken gekommen ist, der beste Platz sei der neben Jesus? Wir wissen es nicht. Und doch: Wie anregend ist es, diesen Gedanken auf unser geistliches Leben anzuwenden. Ist uns etwa die flüchtige Anerkennung durch Menschen wichtiger als die Nähe zu Christus? Suchen wir wirklich die Nähe des Herrn? Da finden wir die echte Demut. Christus hat sie uns vorgelebt: »Je tiefer er sich in seinem Menschsein erniedrigte, um so größer erwies er sich in seiner Güte. Je armseliger er für mich geworden ist, desto lieber ist er mir geworden.«[4] Nehmen wir uns in acht, daß der legitime Wunsch, geachtet zu sein, sich nicht verselbständigt.

Mutter Teresa schreibt: »Jesus hat gesagt: ›Lernt von mir.‹ In unseren Betrachtungen sollten wir immer sagen: ›Jesus, mache aus mir einen Heiligen nach deinem Herzen, sanft und demütig.‹ Wir sollen in dem Geist antworten, in dem Jesus sich unsere Antwort wünscht. (...) Haben wir ihn in seiner Demut wirklich verstanden? Finden wir an dieser Demut Geschmack, zieht sie uns an?«[5]

II. Man hat die Demut »eine zwar nicht vergessene, aber auf vielerlei Art mißdeutete und mißkannte Tugend«[6] genannt. Sie besteht im Grunde nicht darin, ungeordnete Regungen des Hochmuts, des Ehrgeizes, der Eitelkeit niederzuringen: Das Wort *humilitas* ist mit *humus* – Erde, Boden – verwandt. Demut heißt Erdnähe, Bodennähe. »Demut ist die Erkenntnis und die bejahende Anerkennung des unaussprechlichen Abstandes zwischen Schöpfer und Geschöpf.«[7] Der Gründer des Opus Dei schreibt: »Ich bitte dich, Herr, um die Gabe der Liebe: eine Liebe, die mich rein macht... – Und noch um eine weitere Gabe bitte ich dich: um Selbsterkenntnis, damit ich demütig werde.«[8]

Es geht in der Demut um den Blick für die Wahrheit der Dinge und des Menschen: »Ich dachte einmal über den Grund nach, warum unser Herr ein so großer Liebhaber der Demut ist«, schreibt die heilige Theresia von Avila. »Da kam mir, wie ich glaube, plötzlich und wie von selbst der Gedanke: Gott ist die höchste Wahrheit, und die Demut ist ein Wandeln in der Wahrheit. Denn es ist ganz gewiß wahr, daß wir von uns selbst nichts Gutes, sondern nur Armseligkeit und das Nichtssein haben. Wer dies nicht erkennt, der wandelt in der Lüge; je mehr wir aber dies erkennen, um so mehr entsprechen wir der höchsten Wahrheit, weil wir dann in der Wahrheit wandeln.«[9]

Grundlage der Demut ist also die Anerkennung des unendlichen Abstandes zwischen Schöpfer und Geschöpf. Je deutlicher wir uns dieses Abstands bewußt sind, um so dankbarer werden wir für die Hinneigung Gottes zu seinen Geschöpfen. »Wer von oben empfangen will, der muß notwendigerweise ganz unten sein in rechter Demut (...). Sieh zu, daß du dich hinab begibst in rechter Demut unter Gott und daß du (andererseits) Gott erhebst in deinem Herzen und in deinem Erkennen.«[10]

Wer sich selbst erhöht, wird erniedrigt, und wer sich selbst erniedrigt, wird erhöht werden. Das Geschöpf, das sich in Demut Gott öffnet, wird von ihm erhöht. Die Seele wird dann fähig zu hohen Zielen. Betrachten wir Maria, nachdem sie ihre Auserwählung erfahren hat.[11] Zum Engel sagt sie schlicht, sie sei *die Magd des Herrn.* Als sie von Elisabet das Lob vernimmt – *Gesegnet bist du mehr als alle anderen Frauen* –, macht sie sich bereit, ihr zu dienen. Die Begnadete enthüllt nicht einmal dem heiligen Josef, ihrem Bräutigam, das Geheimnis ihrer Auserwählung: sie überläßt Gott die Erklärung und den Zeitpunkt. Ihr Jubel richtet sich auf die Großtaten des Allmächtigen. Sie sieht sich vor Gott in ihrer Niedrigkeit[12] und wird so fähig, sich selbst zu vergessen und Gott die Mitte ihres Lebens, ihrer Pläne, ihres Willens sein zu lassen. An ihr erkennen wir, was es heißt, Geschöpf zu sein: bedürftig und geborgen zugleich. Maria sucht allein die Ehre Gottes, nicht das Lob der Menschen im Gegensatz zu den Tischgenossen Jesu beim Gastmahl im heutigen Evangelium. In ihr verkörpert sich ganz das Wort des Herrn an die Geladenen: *wer sich selbst erniedrigt, wird erhöht werden.*

Der Wunsch nach gesellschaftlicher Anerkennung und beruflichem Erfolg kann durchaus gut und legitim sein, ja ein Zeichen von Verantwortung. Aber dieser Wunsch kann leicht in falschen Ehrgeiz umschlagen, wenn die Demut fehlt. Dem Demütigen liegt es nicht, sich selbstgefällig zur Schau zu stellen. Er will Gott mit seinen Gaben dienen und nicht Gegenstand von Bewunderung sein. Wer so lebt, kann sich vorbehaltlos in den Dienst Gottes stellen. Gott wird ihn an sich ziehen, an seinem Innenleben teilnehmen lassen, mit einem Wort: ihn vergöttlichen. Maria, *die Magd des Herrn*, wird Königin aller Engel und Heiligen.[13]

III. *Meine Seele preist die Größe des Herrn und mein Geist jubelt über Gott.*[14] Der Demütige dankt Gott und freut sich; denn die Demut läßt ihn entdecken, daß alles Gute von Gott kommt.

Es gibt Geschenke – Dinge oder Menschen –, die uns innerlich zum Singen bringen, und das ganz unverdient, was uns helfen kann, bescheiden zu werden. Nicht nur Selbstüberschätzung, auch Befangenheit, Kleinmut oder Mittelmaß stehen im Widerspruch zu echter Demut. Sie karikieren sie. Der Demütige überläßt sich Gottes Händen und freut sich, daß Gott Großes durch ihn tun will. Er wird großmütig, hochherzig, offen für große Unternehmungen , weil sie zur Ehre Gottes gereichen. Er wagt vieles, weil er mit Gottes Gnade rechnet, die alles vermag. Er ist kühn im Bitten, weil ihm die göttliche Hilfe niemals fehlen wird.

Sich beschenkt zu wissen befähigt den Demütigen zur Freude – und zwar nicht allein zu einer spirituellen Freude. Gegen Ende der Olympischen Spiele in Atlanta erschien ein Zeitungsbeitrag unter der Überschrift: »Bronze macht glücklicher als Silber«. Dieses überraschende Phänomen wird mit einem »kontrafaktischen Denken« erklärt, das menschliches Empfinden prägt. Demnach zählt nicht nur das, was sich tatsächlich ereignet hat, sondern auch, was hätte eintreten können oder beinahe eingetreten wäre. Der zweite Platz weckt die Vorstellung von dem ganzen Triumph, den man hätte erringen können, wäre man Erster geworden. Drittplazierte dagegen schätzen sich glücklich, es gerade noch auf das Podest geschafft zu haben. Interviews wurden ausgewertet: während die Zweitbesten gern darüber sprachen, was sie *beinahe* erreicht hätten, haderten die Gewinner der Bronzemedaille weniger mit sich, ja sie äußerten sich zufrieden darüber, daß sie manches gerade noch abwenden konnten. Messungen anhand von Fernsehaufzeichnungen sollen ergeben haben, daß Bronzegewinner sichtlich glücklicher waren als die Silbermedaillengewinner.

Dienstbereite Nächstenliebe ist ein untrüglicher Indikator dafür, daß sich jemand um Demut bemüht. Der selige Josemaría Escrivá war sich nicht zu schade, in den Anfangszeiten des Opus Dei den jungen Menschen, die mit ihm zusammen in einem kleinen Studentenheim wohnten, die Zimmer zu reinigen und die Betten zu machen, da es an finanziellen Mitteln gänzlich fehlte. Später, so berichtet sein engster Mitarbeiter, rang er mit dem Heiligen Stuhl kindlich darum, daß ihm, dem Gründer, die brüderliche Zurechtweisung nicht vorenthalten werde, was in der Tat bis dahin in der Kirche nicht üblich gewesen war gegenüber Gründergestalten: »Das kann doch nicht sein. Alle meine Kinder können sich auf ein Hilfsmittel stützen, das seinen Ursprung im Evangelium hat, nämlich die brüderliche Zurechtweisung. Auch wenn es wehtun mag und sich beide Seiten – sie selbst und diejenigen, denen sie erteilt wird – dabei überwinden und demütig und abgetötet sein müssen, haben die anderen doch eine wunderbare Hilfe für ihre Heiligung. Und ich, der ich ein armseliger Mensch bin, und die, die mir folgen und die zwar besser als ich, aber auch nur armselige Menschen sein werden, wir sollen diese Hilfe zur Heiligung nicht bekommen?«[15]

Um besser zu verstehen, was Demut ist, haben wir in dieser Zeit des Gebetes Klassiker, Heilige und Sportler bemüht. Zitieren wir zum Schluß einen Dichter, damit es uns gelingt, Erdnahes glänzen zu sehen: »Sich zurückhalten an der erde / keinen schatten werfen auf andere / im schatten der anderen leuchten«[16].

[1] *Lk* 14,1.7-14. – [2] M.-J. Lagrange, *Das Evangelium von Jesus Christus*, Heidelberg 1949, S. 381. – [3] *Lk* 14,1,7-11. – [4] Bernhard von Cairvaux, *Predigt zu Epiphanie*. – [5] Mutter Teresa, *Beschaulich inmitten der Welt*, Einsiedeln 1990, S. 28. – [6] J. Pieper, *Lieben, Hoffen, Glauben*, München 1986, S. 206. – [7] ebd., S. 207. – [8] J. Escrivá, *Im Feuer der Schmiede*, Nr. 185. – [9] Theresia von Avila, *Seelenburg*, 6,10,7. – [10] Meister Eckhart, *Die Gottesgeburt im Seelengrund*, Freiburg 1990, S. 90. – [11] vgl. *Lk* 1,26-38. – [12] vgl. *Lk* 1,47-49. – [13] vgl. *Lauretanische Litanei*. – [14] *Lk* 1,46-47. – [15] A. Portillo, *Über den Gründer des Opus Dei*, Köln 1996, S. 195. – [16] Reiner Kunze, *auf eigene hoffnung*, Frankfurt 1987, S. 33.

31

MESSIAS DES ERBARMENS

An der Wiege des Evangeliums.
Christus macht Gottes Erbarmen sichtbar.
Gerechtigkeit und Erbarmen.

I. *In jener Zeit kam Jesus nach Nazaret, wo er aufgewachsen war, und ging, wie gewohnt, am Sabbat in die Synagoge.*[1] Wir stehen am Anfang des öffentlichen Wirkens Jesu. Nicht nur der Name Nazaret führt uns in die Zeit seiner Kindheit und Jugend zurück, als er mit Josef und Maria aufmerksamer Zuhörer in der Synagoge war; auch die beiläufige Bemerkung: *wie gewohnt* läßt uns fragen, wie die Atmosphäre in dem *kneseth*, dem Ort der Versammlung gewesen sein mag. »In der Tat war die Synagoge, die wir uns vornehmlich als ein Haus des Gebetes vorstellen, in erster Linie ein Ort der religiösen Unterweisung. Von einem Kult im eigentlichen Sinne konnte nicht die Rede sein, da dieser nur im Tempel von Jerusalem dargebracht werden durfte. (...) Jede Woche gab es einen Tag, an dem man ruhen mußte; an diesem Tage traf man sich in einer religiösen Versammlung. (...) Dort, wo – außerhalb Jerusalems – die Vertreter der Hierarchie fehlten, lag die religiöse Belehrung nicht in der Hand ganz bestimmter

Personen. Ohne Zweifel gab es Leute, die besonders geeignet waren und mit besonderer Vorliebe gehört wurden, aber der Leiter lud auch gern einmal einen Israeliten von untadeligem Rufe und guter Kenntnis der Heiligen Schriften ein, das Wort zu ergreifen, mochte dieser auch nur zufällig des Weges kommen.«[2] Man las aus einer Rolle vor, stehend aus Ehrfurcht vor dem Wort Gottes: *Als er aufstand, um aus der Schrift vorzulesen, reichte man ihm das Buch des Propheten Jesaja. Er schlug das Buch auf.*

Jesus wird die Stelle auf hebräisch vorgelesen und dann in den aramäischen Dialekt Galiläas übersetzt haben: *Der Geist des Herrn ruht auf mir; denn der Herr hat mich gesalbt. Er hat mich gesandt, damit ich den Armen eine gute Nachricht bringe; damit ich den Gefangenen die Entlassung verkünde und den Blinden das Augenlicht; damit ich die Zerschlagenen in Freiheit setze und ein Gnadenjahr des Herrn ausrufe. Dann schloß er das Buch, gab es dem Synagogenvorsteher und setzte sich.*

Alle kennen ihn, gespannte Erwartung breitet sich aus: *Die Augen aller in der Synagoge waren auf ihn gerichtet.* »Die Stelle bezieht sich beim Propheten auf den Gottesknecht, der sich von Gott bevollmächtigt und beauftragt (›gesalbt‹) weiß, ›ein göttliches Gnadenjahr‹ (so der hebräische Text) anzukündigen, eine Frohbotschaft für alle Armen, Verfolgten und Leidenden zu verkündigen. Der Ausdruck und Begriff ›Evangelium‹ hat hier seine Grundlage.«[3] Doch bezog die rabbinische Textauslegung diese Stelle nicht auf den Messias, sondern auf den Propheten selbst. Darum mußte der Anspruch, der in Jesu Worten lag, den Zuhörern neu, ja unerhört klingen: *Heute hat sich das Schriftwort, das ihr eben gehört habt, erfüllt.* Jesus beginnt, die Schätze zu enthüllen, die verborgen in der religiösen Tradition Israels bereit lagen. »Er vollzieht im Rahmen ein und derselben göttlichen Offenbarung den Übergang vom Alten zum Neuen, nicht indem er das Gesetz aufhob, sondern es vielmehr erfüllte (vgl. *Mt* 5,17).«[4] Jetzt ist der Augenblick gekommen, wie wir im Hebräerbrief lesen: *Viele Male und auf vielerlei Weise hat Gott einst zu den Vätern gesprochen durch die Propheten; in dieser Endzeit aber hat er zu uns gesprochen durch den Sohn.*[5]

II. »*Gott..., der voll Erbarmen ist* (*Eph* 2,4) wurde uns von Jesus Christus als Vater geoffenbart: sein Sohn selbst hat ihn uns in sich kundgetan und kennengelehrt.«[6] Mit diesen Worten beginnt die Enzyklika *Dives in misericordia.* In ihr äußert Papst Johannes Paul II. den Wunsch, sich nach *Redemptor hominis* »noch einmal in das Geheimnis Christi zu versenken, um in ihm das Antlitz des Vaters zu entdecken, der der ›Vater des Erbarmens und der Gott allen Trostes‹ (*2 Kor* 1,3) ist.«[7]

Die Worte des Herrn in der Synagoge von Nazaret »sind bei Lukas Jesu erste Messias-Offenbarung, der dann die Taten und Worte folgen, die wir aus dem Evangelium kennen.

Durch diese Taten und Worte macht Christus den Vater unter den Menschen gegenwärtig.«[8]

Gott erbarmt sich der Menschen, besonders jener, die im Elend der Sünde stecken. Kaum eine andere Wahrheit wird in der Heiligen Schrift so eindringlich verkündet wie diese. Sie lehrt mit vielen Begriffen und Bildern, daß die Barmherzigkeit Gottes unendlich ist, alle Menschen und Völker umfaßt und weder auf einen Ort noch einen Raum beschränkt ist: *ewig währt seine Huld, von Geschlecht zu Geschlecht seine Treue*[9].

Durch die Menschwerdung wird Gottes »›unsichtbare Wirklichkeit‹ auf besondere Weise ›sichtbar‹ in unvergleichlich höherem Maß als durch all seine anderen ›Werke‹: sie wird sichtbar in Christus und durch Christus, durch seine Taten und seine Worte und schließlich durch seinen Kreuzestod und seine Auferstehung.«[10] Der Menschensohn – *gütig und von Herzen demütig*[11] – kommt, um uns als *barmherziger und treuer Hoherpriester*[12] mit jenem zu versöhnen, der *voll Erbarmen und Mitleid*[13] ist. In seiner Nachfolge können die Menschen untereinander versöhnt leben.

Gott, der *uns in seinem großen Erbarmen neu geboren*[14] hat, wird nicht müde, uns immer wieder zu vergeben und auf unserem Weg zu ermutigen. Dieser Weg ist mühsam, wir gehen ihn beladen mit unseren Erbärmlichkeiten, von Nöten und Gefahren bedrängt, aber in der Nachfolge Christi: »In Christus offenbart, erlaubt uns die Wahrheit über Gott, den ›Vater des Erbarmens‹ (*2 Kor* 1,3), ihn dem Menschen besonders nahe zu ›sehen‹, und zwar vor allem dann, wenn der Mensch leidet, wenn er im Kern seiner Existenz und seiner Würde bedroht ist.«[15] Das Evangelium berichtet, wie gerade leidende, bedrängte, bedrohte Menschen am lautesten zu Jesus rufen, so die Aussätzigen und Blinden: *Hab Erbarmen mit uns*.[16]

Die Güte des Herrn uns gegenüber übersteigt alle menschlichen Maßstäbe. Als er die Geschichte vom barmherzigen Samariter[17] erzählte, gab er nicht nur eine Antwort auf die Frage des Gesetzeslehrers: *Und wer ist mein Nächster?* In der Fürsorge des Samariters um den Mann, der von Räubern überfallen worden war und halbtot am Wege lag, charakterisierte er auch sich selbst. Er ist unser barmherziger Samariter, er salbt und heilt unsere Wunden mit Öl – nicht nur einmal, sondern immer wieder. Besonders in den Sakramenten erfahren wir seine Barmherzigkeit. Wir gehen wie die Kranken, die Blinden und die Gelähmten zu ihm, der im Tabernakel unter uns weilt, und bitten ihn: *Hab Erbarmen mit mir*. In ihm »kann jeder Mensch auf einzigartige Weise das Erbarmen erfahren, das heißt die Liebe, die mächtiger ist als die Sünde«[18]. Jedesmal, wenn wir uns zu Gott bekehren, erfahren wir neu sein Erbarmen.

III. Gott will, daß wir uns von seinem Erbarmen anstecken lassen: *Selig die Barmherzi-*

gen...[19] Seine unendliche Barmherzigkeit erreicht uns in dem Maße, in dem wir gegenüber dem Nächsten Barmherzigkeit üben: *Nach dem Maß, mit dem ihr meßt und zuteilt, wird euch zugeteilt werden.*[20] »Der Mensch hat Zugang zur erbarmenden Liebe Gottes, zu seinem Erbarmen, im Maß und insofern er sich selbst innerlich von diesem Geist der Liebe zum Nächsten umwandeln läßt.«[21] Wenn das Herz sich gegenüber Elend und Not des Nächsten verhärtet, wird das Tor, das die göttliche Barmherzigkeit uns öffnet, enger.

Unsere Zeit ist hochsensibel geworden für das Thema Gerechtigkeit, aber nicht selten möchte man sie von der Barmherzigkeit trennen, weil man in ihr einen einseitigen Akt sieht, der zwischen dem Gebenden und dem Empfangenden einen Abstand entstehen läßt. Daraus »ergibt sich die Anmaßung, die zwischenmenschlichen und sozialen Beziehungen vom Erbarmen zu befreien und ausschließlich auf die Gerechtigkeit zu gründen. Solchem Denken über das Erbarmen entgeht das fundamentale Band zwischen Erbarmen und Gerechtigkeit, von dem die ganze biblische Tradition und noch mehr die messianische Sendung Jesu Christi spricht. Das echte Erbarmen ist sozusagen die tiefste Quelle der Gerechtigkeit. Ist es der letzteren gegeben, zwischen den Menschen nach Gebühr ›Recht zu sprechen‹, wenn sie die Sachgüter verteilen und tauschen, so ist die Liebe und nur die Liebe (auch jene gütige Liebe, die wir als ›Erbarmen‹ bezeichnen) fähig, den Menschen sich selbst zurückzugeben.«[22] Gerechtigkeit allein genügt nicht, weder im Familienleben noch im Miteinander eines Unternehmens. Natürlich setzt die Übung der Barmherzigkeit Gerechtigkeit voraus, aber »durch das bloße Berechnen dessen, was zusteht, wird das gemeinsame Leben notwendigerweise unmenschlich«[23]. Der erbarmende Blick über die Gerechtigkeit hinaus eröffnet uns ganz neue Möglichkeiten des Miteinander. Er macht uns geneigt zur Vergebung, und manchmal entdekken wir, daß eine vermeintliche Beleidigung nur eingebildet war oder Folge unserer mangelnden Demut; wir stehen dem bei, der aus Zeitmangel oder Müdigkeit mit seiner Arbeit nicht zurechtkommt; wir erspüren im ernsten Gesicht eine bedrückende Sorge und suchen nach einem Wort der Anteilnahme; wir sind bereit, jemandem aus einem Engpaß zu helfen...

Selbst wenn sich einmal der Traum von einer vollkommen gerechten Welt verwirklichen würde, wäre die Barmherzigkeit nötig. »Die geschichtliche Welt ist nicht so gebaut, daß durch Wiedererstattung und Bezahlung der Schuldigkeit das Gleichgewicht völlig hergestellt werden könnte. (...) Es gibt Schuldigkeiten, zu deren Natur es gehört, daß sie nicht völlig abgeleistet werden können, wie sehr auch der Schuldner dazu gewillt sein mag. Und wenn Gerechtigkeit soviel bedeutet wie: das Zustehende geben, *debitum reddere* – dann gibt es Schuldverhältnisse, in denen die Gerechtigkeit niemals verwirklicht werden kann. Es sind nun aber gerade die das menschliche Dasein von Grund auf bestimmenden Beziehungen, denen solche Unstimmigkeit eigentümlich ist.«[24]

Das Erbarmen braucht »als grundlegende Struktur immer die Gerechtigkeit. Aber es hat die Kraft, der Gerechtigkeit einen neuen Inhalt zu geben«[25]; denn während die Gerechtigkeit auf den Bereich der Sachgüter zielt, bringen Liebe und Erbarmen die Menschen dazu, »einander in dem Wert zu begegnen, den der Mensch selbst in der ihm eigenen Würde darstellt«[26]. Wenn jemand eine Schuld über das Geschuldete hinaus begleicht, hat er nicht nur der Gerechtigkeit genüge getan, sondern auch auf eine sehr menschliche Art seinen Dank geäußert. Im Alltag finden wir oft Gelegenheiten dazu. »Die Welt der Menschen kann nur dann ›immer menschlicher‹ werden, wenn wir in allen gegenseitigen Beziehungen, die ihr geistiges Antlitz prägen, das Element des Verzeihens einbringen, welches für das Evangelium so wesentlich ist. Das Verzeihen bezeugt, daß in der Welt eine Liebe gegenwärtig ist, die stärker ist als die Sünde. Es ist darüber hinaus die Grundbedingung für die Versöhnung, nicht nur in den Beziehungen zwischen Gott und dem Menschen, sondern auch in den gegenseitigen Beziehungen zwischen den Menschen. Eine Welt ohne Verzeihen wäre eine Welt kalter und ehrfurchtsloser Gerechtigkeit, in deren Namen jeder dem anderen gegenüber nur seine Rechte einfordert.«[27]

In Maria triumphiert die Macht des Erbarmens Gottes mit den Menschen. Nehmen wir unsere Zuflucht zu ihr, die Gottes Erbarmen *von Geschlecht zu Geschlecht*[28] verkündet.

[1] *Lk* 4,16-30. – [2] M.-J. Lagrange, *Das Evangelium von Jesus Christus*, Heidelberg 1949, S. 125. – [3] *Regensburger Neues Testament*, Bd. 3, Regensburg 1955, S. 112. – [4] Johannes Paul II., *Katechese*, 4.2.1987. – [5] *Hebr* 1,1. – [6] Johannes Paul II., Enz. *Dives in misericordia*, 1. – [7] ebd. – [8] ebd., 3. – [9] *Ps* 100,5. – [10] Johannes Paul II., a.a.O., 2. – [11] *Mt* 11,28. – [12] *Hebr* 2,17. – [13] *Jak* 5,11. – [14] *1 Petr* 1,3. – [15] Johannes Paul II., a.a.O., 2. – [16] *Mt* 9,27; 14,20; 15,22; 20,30; *Mk* 10,47; *Lk* 17,13. – [17] *Lk* 10,25-37. – [18] Johannes Paul II., a.a.O., 13. – [19] *Mt* 5,7. – [20] *Mt* 7,2. – [21] Johannes Paul II., a.a.O., 14. – [22] ebd. – [23] J. Pieper, *Über die Gerechtigkeit*, München 1965, S. 132. – [24] ebd., S. 119. – [25] ebd. – [26] Johannes Paul II., a.a.O., 14. – [27] ebd. – [28] *Lk* 1,50.

32

DAS EVANGELIUM JESU CHRISTI

Persönlicher Umgang mit Christus.
Im Evangelium zu Hause sein.
Gottes Wort in unserem Leben.

I. Am Anfang und am Ende des heutigen Evangeliums[1] berichtet Lukas von den Reaktionen der Menschen um Jesus: *Sie waren sehr betroffen von seiner Lehre, denn er redete mit göttlicher Vollmacht (...). Da waren alle erstaunt und erschrocken, und einer fragte den anderen: Was ist das für ein Wort? Mit Vollmacht und Kraft befiehlt er den unreinen Geistern und sie fliehen.* Es beeindruckt sie, daß er *nicht wie die Schriftgelehrten*[2] lehrt, sondern mit seiner ganzen Person.

Unser christlicher Glaube ist »nicht etwa eine Weltanschauung mit religiösem Hintergrund, auch nicht ein religiöses oder theologisches Lehrsystem oder Moralgesetz, sondern es ist Mysterium im paulinischen Sinn, das heißt eine Offenbarung Gottes an die Menschheit durch gottmenschliche Taten, voll Leben und Kraft«[3]. Mysterium – und doch Umgang mit einer Person, mit dem Sohn Gottes, der durch seine Menschwerdung faßbar, berührbar, hörbar geworden ist. Der Apostel Johannes scheint das Reale dieser Beziehung bekräftigen zu wollen, indem er sinnenhafte Ausdrücke gleichsam anhäuft: *Was von Anfang an war, was wir gehört haben, was wir mit unseren Augen gesehen, was wir geschaut und was unsere Hände angefaßt haben, das verkünden wir; wir haben gesehen und bezeugen und verkünden euch das ewige Leben, das beim Vater war und uns offenbart wurde. Was wir gesehen und gehört haben, das verkünden wir auch euch, damit auch ihr Gemeinschaft mit uns habt.*[4] Auch Lukas betont am Anfang seines Evangeliums[5], daß er Reales berichtet: *was sich unter uns ereignet und erfüllt hat.* Er nimmt sich vor, *allem von Grund auf sorgfältig nachzugehen* und *es der Reihe nach aufzuschreiben.* Deshalb hat die Kirche »am apostolischen Ursprung der vier Evangelien (...) immer und überall festgehalten und hält daran fest; denn was die Apostel nach Christi Gebot gepredigt haben, das haben später unter dem Anhauch des Heiligen Geistes sie selbst und Apostolische Männer uns als Fundament des Glaubens schriftlich überliefert: das viergestaltige Evangelium nach Matthäus, Markus, Lukas und Johannes.«[6]

Die Zuhörer Jesu waren *betroffen, erstaunt, erschrocken.* Noch konnten sie sich abwartend verhalten. Anders dagegen die Jünger. Nach einiger Zeit müssen sie Stellung nehmen: *Ihr aber, für wen haltet ihr mich?*[7] Die Antwort des Petrus kommt aus dem lebendigen Glauben. Auch wir, Jünger Jesu in unserer Zeit, müssen in die Schule der ersten Jünger gehen, die zu seinen Zeugen und für uns zu Lehrern wurden: wir müssen »die Erfahrung und das Zeugnis von fast zwanzig Jahrhunderten Geschichte annehmen, in denen die Frage des Meisters ihre Furchen gezogen hat und aus denen ein großer Reichtum an Antworten aus der unermeßlichen Schar der Gläubigen aller Zeiten und Orte hervorgegangen ist. Heute hat uns der Geist, *der Herr ist und lebendig macht*, bereits nahe an die Schwelle des dritten christlichen Jahrtausends herangeführt, und wir sind aufgerufen, mit neuer Freude die Antwort zu geben, zu der Gott uns anregt und die er von uns erwartet, gewissermaßen wie für eine neue Geburt Jesu Christi in unserer Geschichte.«[8]

An frühen christlichen Sarkophagen kann man eine Gestalt finden, die an einen antiken Philosophen erinnert, aber in der Hand das Evangelium, das Buch der lebendigen Wahrheit trägt. Ein allgemeines Wissen über Christus soll uns nicht genügen. Auch eine tiefergehende Kenntnis wäre zu wenig heute, da »sich um Christus, auch bei den Christen, oft Schatten der Unwissenheit ausbreiten oder, was noch schlimmer ist, Schatten des Mißverstehens, wenn nicht gar des Unglaubens. Es besteht immer Gefahr, sich auf das ›Evangelium Jesu‹ zu berufen, ohne dessen Größe und Radikalität zu erkennen und ohne das zu leben, was man mit Worten bekennt. Wie viele gibt es, die das Evangelium auf ihr eigenes Maß herabmindern und sich einen bequemeren Jesus zurechtmachen; die seine göttliche Transzendenz leugnen oder aber sein wirkliches, geschichtliches Menschsein; wie viele auch, die die Vollständigkeit seiner Botschaft manipulieren, vor allem nicht sein Kreuzesopfer, das sein Leben und seine Lehre beherrscht, berücksichtigen, noch die Kirche, die er als sein ›Sakrament‹ in der Geschichte eingesetzt hat.«[9] Sicherlich kennen wir solche Reaktionen; da reichen weder Betroffenheit noch gelehrtes Wissen aus: es muß Zeugenschaft sein.

II. Alles im Alten Testament war auf Christus hingeordnet, und alle Bücher im Neuen Testament gehen von Christus aus. Deshalb lehrt die Kirche, »daß unter allen Schriften, auch unter denen des Neuen Bundes, den Evangelien mit Recht ein Vorrang zukommt. Denn sie sind das Hauptzeugnis für Leben und Lehre des fleischgewordenen Wortes, unseres Erlösers.«[10] Besonders von den Evangelien gilt, was in der Konstitution des Zweiten Vatikanischen Konzils über die göttliche Offenbarung steht: »In den Heiligen Büchern kommt ja der Vater, der im Himmel ist, seinen Kindern in Liebe entgegen und nimmt mit ihnen das Gespräch auf.«[11] Deshalb ermahnt das Konzil alle Christgläubigen, »besonders eindringlich, durch das häufige Lesen der Heiligen Schrift sich das ›alles übertreffende Wissen Jesu Christi‹ (*Phil* 3,8) anzueignen. ›Die Schrift nicht kennen heißt

Christus nicht kennen‹ (Hieronymus). Sie sollen deshalb gern an den heiligen Text selbst herantreten, einmal in der mit göttlichen Worten gesättigten heiligen Liturgie, dann in frommer Lesung. (...) Sie sollen daran denken, daß Gebet die Lesung der Heiligen Schrift begleiten muß, damit sie zu einem Gespräch werde zwischen Gott und Mensch.«[12] Es soll eine Lektüre voll glaubender, liebender, betender Anteilnahme sein. Die Kirche hat das Evangelium als »Seelenspeise und reinen, unversiegelten Quell des geistlichen Lebens«[13] unter dem Beistand des Heiligen Geistes unversehrt durch die Jahrhunderte weitergegeben, damit wir darin Weisung für unseren Lebensweg finden.

Nötig ist eine Kenntnis, die wir engagiert nennen könnten: »Es genügt nicht, ein allgemeines Bild von Christus zu haben, wir müssen vielmehr aus seiner Haltung und seinen Reaktionen lernen. Und vor allem müssen wir seinen Erdenwandel betrachten und seinen Spuren nachgehen, um Kraft, Licht, Gelassenheit und Frieden daraus zu schöpfen.

Wenn man einen Menschen liebt, möchte man alles, selbst die kleinsten Details über ihn wissen, um sich mit ihm identifizieren zu können. Darum müssen wir die Lebensgeschichte Jesu betrachten, von der Geburt in einer Krippe bis zu seinem Tod und seiner Auferstehung.«[14]

Nur einen Menschen, den man gut kennt, kann man lieben. Deshalb ist es nötig, das Leben Christi »ganz im Kopf und im Herzen zu tragen, damit wir es in jedem Augenblick ohne Hilfe eines Buches mit geschlossenen Augen vor unserem inneren Blick wie einen Film vorbeiziehen lassen können. Die Worte und Taten des Herrn werden uns auf diese Weise in den verschiedenen Situationen unseres Lebens begleiten.

So werden wir sein Leben mitleben. Denn es geht nicht nur darum, an Jesus zu denken, uns diese oder jene Szene zu vergegenwärtigen. Wir müssen uns vielmehr in sie hineinversetzen, und als Teilnehmer des Geschehens werden wir dann Christus so nahe folgen wie Maria, seine Mutter, wie die ersten Zwölf, wie die frommen Frauen und die Menge, die ihn umdrängte.«[15] Dann erfährt man das ganze Leben Christi als eine beständige Lehre: »Die Momente seines Schweigens, seine Wunder, seine Taten, sein Beten, seine Liebe zum Menschen, seine Vorliebe für die Armen und Kleinen, die Annahme des letzten Opfers für die Erlösung der Welt am Kreuz und seine Auferstehung: dies alles macht sein Wort wirklich und wahr und vollendet seine Offenbarung (...). All diese Überlegungen (...) sollen in uns die Begeisterung für Christus kräftigen, für den Meister, der den Menschen offenbart, wer Gott ist, und auch, wer der Mensch ist; für den Meister, der rettet, heiligt und führt, der lebt, spricht, aufrüttelt und erschüttert, zurechtweist, richtet und verzeiht, der täglich den Weg durch die Geschichte mit uns geht; für den Meister, der kommt und kommen wird in Herrlichkeit.«[16]

Wir schlagen das Evangelium mit dem Wunsch auf, Christus sehr aufmerksam, wie seine Jünger damals, zu betrachten: wie er in dieser oder jener Situation reagierte, warum er mit diesem Menschen so und mit jenem anderen anders sprach, wie er sich der Bedürftigen und Notleidenden erbarmte, wie er sich nach langer Wanderung müde fühlte und unter Freunden Erholung suchte, wie er den Glauben einfacher Menschen pries, wie er geduldig die Schwerfälligkeiten seiner Jünger ertrug. Und immer wieder werden wir beobachten, wie er tagsüber und nächtelang das Gespräch mit dem Vater sucht, dankend, vertrauend, bittend. Wir lernen so den Umgang mit Gott und mit den Menschen und entdecken in den Bildern des Evangeliums uns selbst: als Arbeiter im Weinberg und als Knechte auf dem Acker des Herrn, als Hirten, Bauern und Stadtmenschen, denn das alles sind wir in den Gleichnissen.

III. *Viele Male und auf vielerlei Weise hat Gott einst zu den Vätern gesprochen durch die Propheten; in dieser Endzeit hat er zu uns gesprochen durch den Sohn.*[17] Seitdem der Sohn gesprochen hat, steht jede Stunde der Menschheitsgeschichte im Zeichen der Endzeit, der Vollendung – auch jede Stunde meines Lebens. Das ist der Kern der Frohen Botschaft. Das Wort des Sohnes bleibt aktuell: *kraftvoll und schärfer als jedes zweischneidige Schwert; es dringt durch bis zur Scheidung von Seele und Geist, von Gelenk und Mark; es richtet* über die Regungen und Gedanken des Herzens[18]. Es ist *wahres Licht, das jeden Menschen erleuchtet*[19]. »Das Wort Gottes ist unerschöpflich, es ist nie ausgelotet, nie ausgelitten und nie ausgedacht; jede Zeit eröffnet neue Wege in es hinein, so daß es in jeder Zeit Gegenwart ist, in der Gott hier und heute zu uns spricht.«[20]

»Ich habe dir geraten, jeden Tag einige Minuten im Neuen Testament zu lesen und dich, gleichsam selbst beteiligt, in jede der einzelnen Szenen hineinzuversetzen. Auf diese Weise kannst du das Evangelium in deinem Leben sozusagen ›Fleisch und Blut‹ werden lassen, kannst es erfüllen und auch andere dahin bringen, es zu erfüllen.«[21] Manchmal werden wir uns im verlorenen Sohn, der traurig-froh zum Vater heimkehrt, oder im verirrten Schaf, dem die Sorge des Hirten gilt, wiederfinden. Manchmal wird uns ein Wort oder eine Begebenheit besonders ansprechen. Und immer werden wir Stoff für unsere festen Gebetszeiten finden, die so nötig sind, will man mitten in der Welt auf Gott hin leben. »Jeder Gläubige kann und muß aus den verschiedenen Formen und dem Reichtum des christlichen Gebetes, wie es die Kirche lehrt, seinen eigenen Weg und seine eigene Gebetsmethode herausfinden; doch fließen alle diese persönlichen Wege am Ende in jenen Weg zum Vater zusammen, als der sich Jesus Christus bezeichnet hat. Beim Suchen nach dem eigenen Weg soll sich der einzelne daher nicht so sehr von seinem persönlichen Geschmack als vielmehr vom Heiligen Geist leiten lassen, der ihn durch Christus zum Vater führt.«[22]

Suchen wir nach einem passenden Augenblick für die tägliche Lektüre des Evangeliums. Und dann werden wir es Gott überlassen, wie er durch sein Wort auf unser Leben einwirken will. Sei es, um einem bestimmten Menschen gegenüber geduldiger zu sein; sei es, daß wir uns als Kinder Gottes durch nichts den Frieden rauben lassen; vielleicht stimmt er uns versöhnlicher gegenüber einer kleinen Beleidigung, stimmt uns auf eine gute Beichte ein oder regt uns an, die Arbeit gut zu tun. Jeden Tag können wir einen Gedanken und einen Vorsatz finden, an den wir uns halten. Schritt für Schritt können sich die Worte des seligen Josemaría Escrivá in unserem Leben bewahrheiten: »Wären doch dein Verhalten und deine Worte so, daß jeder, der dich sieht oder mit dir spricht, unwillkürlich dächte: Der da beschäftigt sich mit dem Leben Jesu.«[23]

Am Anfang unserer Betrachtung hörten wir von der Betroffenheit der Leute – zu wenig für einen Jünger des Herrn, sagten wir. Merken wir uns am Ende ein anderes Kennzeichen, das Lukas betont: die Freude. »Wo Jesus in die Nähe kommt, da entsteht Freude. Lukas, der Evangelist, der sein Evangelium und die Apostelgeschichte so bedachtsam komponiert hat, hat diesen Faden nicht aus dem Auge verloren. Der letzte Satz des Evangeliums sagt uns nämlich: Als die Jünger den Herrn hatten auffahren sehen, da gingen sie weg, das Herz voll Freude (*Lk* 24,52). (...) Rein menschlich würden wir erwarten: voll Verwirrung. Nein, wer den Herrn nicht nur von außen gesehen hat; wer sich sein Herz von ihm berühren ließ; wer den Gekreuzigten angenommen hat und, eben weil er den Gekreuzigten angenommen hat, die Gnade der Auferstehung kennt, der muß voller Freude sein.«[24]

[1] *Lk* 4,31-37. – [2] vgl. *Mk* 1,22. – [3] O. Casel, *Das christliche Kultmysterium*, Regensburg 1932, S. 25. – [4] *1 Joh* 1,1-3. – [5] vgl. *Lk* 1,1. – [6] II. Vat. Konz., Konst. *Dei Verbum*, 18. – [7] *Mt* 16,15. – [8] Johannes Paul II., *Katechese*, 7.1.1987. – [9] ebd. – [10] II. Vat. Konz., Konst. *Dei Verbum*, 18. – [11] ebd., 21. – [12] ebd., 25. – [13] ebd. – [14] J. Escrivá, *Christus begegnen*, 107. – [15] ebd. – [16] Johannes Paul II., Apost. Schreiben *Catechesi tradendae*, 16.10.1979, 9. – [17] *Hebr* 1,1. – [18] *Hebr* 4,12. – [19] *Joh* 1,9. – [20] J. Ratzinger, *Christlicher Glaube und Europa*, München 1981, S. 128. – [21] J. Escrivá, *Die Spur des Sämanns*, Nr. 672. – [22] Kongregation für die Glaubenslehre, *Schreiben über einige Aspekte der christlichen Meditation*, 15.10.1989, 29. – [23] J. Escrivá, *Der Weg*, Nr. 2. – [24] J. Ratzinger, *Diener eurer Freude*, Freiburg 1988, S. 48-49.

33

DIE HÄNDE AUFLEGEN

Ein Tag im Leben Jesu.
Sakramentales Heil.
Zeitgenossen Jesu in der Kirche.

I. Nach seinem Besuch in der Synagoge von Kafarnaum – berichtet das heutige Evangelium[1] – ging Jesus in das Haus des Simon. Markus[2] ergänzt, daß es auch das Haus des Andreas war und daß Jakobus und Johannes mitgingen. *Die Schwiegermutter des Simon hatte hohes Fieber, und sie baten ihn, ihr zu helfen. Er trat zu ihr hin, beugte sich über sie* – wahrscheinlich lag sie auf einer Matte auf dem Boden – *und befahl dem Fieber zu weichen. Da wich es von ihr, und sie stand sofort auf und sorgte für sie.*

Aus dem, was dann folgt, geht etwas über einen normalen Tag im Leben Jesu hervor. *Als die Sonne unterging* – damit war die Sabbatruhe vorüber, denn der Sonnenuntergang war der Beginn des neuen Tages –, beeilten sich die Menschen, *ihre Kranken, die alle möglichen Leiden hatten*, zu Jesus zu bringen. Wieder gibt Markus der Darstellung einen Tupfer Farbe: *Die ganze Stadt war vor der Haustür versammelt.* Mitten in diesem Gedränge lehrt und heilt Jesus bis vermutlich weit in den Abend. Dann sucht er die

Einsamkeit – nicht aus Überdruß wegen der ihn bedrängenden Menge, sondern weil er sich nach Gebet sehnt. Aber die Menschen lassen ihn nicht in Ruhe, wahrscheinlich haben sich inzwischen neue Leute dazugesellt; sie suchten ihn *und als sie ihn fanden, wollten sie ihn daran hindern wegzugehen.* Die Sonne stand schon hoch am Himmel, Zeit, an die Arbeit zu gehen. Für den Herrn heißt es: Weiterziehen: *Ich muß auch den anderen Städten das Evangelium vom Reich Gottes verkünden; denn dazu bin ich gesandt worden. Und er predigte in den Synagogen Judäas.*

Lukas richtet diesmal den Blick weniger auf die Leiden einzelner Kranker als auf eine Gebärde Jesu: *Er legte jedem Kranken die Hände auf.* Manchmal bittet ihn jemand darum: *Leg ihr deine Hand auf, dann wird sie wieder lebendig*[3], sagt der Synagogenvorsteher, dessen Tochter eben gestorben ist. Und auf dem Weg dorthin *trat eine Frau, die schon zwölf Jahre an Blutungen litt, von hinten an ihn heran und berührte den Saum seines Gewandes, denn sie sagte sich: Wenn ich auch nur sein Gewand berühre, werde ich geheilt.*

Es gehört zu unseren Umgangsformen, einen Menschen mit Handschlag, Umarmung oder Kuß zu begrüßen. Bei der Menge mag Neugier oder Bewunderung im Spiel sein, den Prominenten nicht nur zu sehen, sondern ihm auch die Hand zu reichen, heute würde man ihn um ein Autogramm bitten. Doch das Evangelium nennt einen anderen Grund, der die Menschen bewegte: *es ging eine Kraft von ihm aus, die alle heilte*[4]. Es war nur erst eine Ahnung von Heil darin, noch nicht der sichere Glauben an den menschgewordenen Sohn Gottes, dessen ganzes Leben »Offenbarung des Vaters« und »Erlösungsgeheimnis«[5] ist. Im Glauben an die Menschwerdung bekennen wir, daß die heiligste Menschheit unseres Herrn gleichsam der Kanal ist, durch den uns die göttliche Barmherzigkeit erreicht: »Durch seine Taten, seine Wunder, seine Worte wurde offenbar, daß in ihm ›die ganze Fülle der Gottheit leibhaftig‹ wohnt (*Kol* 2,9). Sein Menschsein erscheint so als das ›Sakrament‹, das heißt als Zeichen und Werkzeug seiner Gottheit und des Heils, das er bringt.«[6]

Er legte jedem Kranken die Hände auf... Jeder Mensch ist für Jesus ein Einzelner, keiner geht für ihn in der Menge unter. Was Christus damals tat, das sollen wir an seiner Stelle heute tun. »Wir müssen allen dienen, jedem einzelnen die Hände auflegen, wie Christus es getan hat – ›singulis manus imponens‹: Sie sollen wieder ihr persönliches Leben gewinnen und mit klarer Einsicht und gestärktem Willen ihre Aufgabe wahrnehmen können.«[7]

II. Uralte Ahnungen in vielen Religionen verbinden mit der Gebärde der Handauflegung Kraftübertragung. Zahlreiche Beispiele aus dem Alten Testament zeigen, daß es nicht bloß um Berührung geht, zur Geste kommt immer das Wort hinzu: die Bitte um den göttlichen Segen. Wenn indessen Christus die Hand auflegt, bittet er nicht, sondern gibt. Seine Handauflegung ist gewissermaßen das Urbild des Segnens: »Was im Segen eigentlich wirkt, was im wesenhaften Segen, von dem alles Natürliche nur ein Gleichnis bildet, eigentlich strömt, ist Gottes eigenes Leben. Er segnet mit sich selbst, segnend gibt er sich selbst. Sein Segnen ist Zeugung göttlichen Lebens, zur ›Teilnahme an der göttlichen Natur‹. Das aber ist Gnade, Gottes Geschenk, uns gegeben in Christus.«[8] Deshalb ist die Handauflegung hineingenommen in den sakramentalen Ritus.

Er legte jedem Kranken die Hände auf und heilte alle... Wie der Gestus ist auch die Heilung der Krankheit ein Zeichen: Zeichen für die Genesung vom Urleiden des Menschen: der Sünde. Der Gelähmte und die Freunde, die ihn zu Jesus hintrugen[9], erwarteten die körperliche Heilung. Doch der Herr sah, was weder der Kranke noch die Freunde sahen, und sagte deshalb als erstes zu dem Kranken: *Mein Sohn, deine Sünden sind dir vergeben.* Und dann, an seine Kritiker gerichtet: *Ist es leichter, zu dem Gelähmten zu sagen: Deine Sünden sind dir vergeben!, oder zu sagen: Steh auf, nimm deine Tragbahre, und geh umher? Ihr sollt aber erkennen, daß der Menschensohn die Vollmacht hat, hier auf der Erde Sünden zu vergeben. (...) Ich sage dir: Steh auf, nimm deine Tragbahre, und geh nach Hause!*

Die Handauflegung im heutigen Evangelium spiegelt jene universale Handauflegung –

über alle Menschen und Zeiten –, die mit der Menschwerdung und dem Tod am Kreuz geschieht. Irenäus von Lyon schreibt: »Der Sohn Gottes – für alle gekreuzigt – hat alles mit dem Zeichen des Kreuzes gezeichnet.«[10] Ähnlich äußert sich Papst Leo der Große, wenn er predigt: »Was also an unserem Erlöser sichtbar war, ist übergegangen in die Sakramente. Damit unser Glaube verdienstlicher und fester würde, ist an die Stelle der ›sinnlichen Wahrnehmung‹ die ›Lehre‹ getreten, deren gewichtigem Worte die von himmlischen Strahlen erleuchteten Herzen der Gläubigen folgen sollen.«[11]

Gott hat durch seine Menschwerdung »berührbar« werden wollen. Wir können nicht Jesu Hände auf unserem Haupt spüren wie damals die Kranken. Aber »Christus, der ›zur Rechten des Vaters sitzt‹ und den Heiligen Geist in seinem Leib, der Kirche, ausbreitet, handelt jetzt durch die Sakramente, die er zur Mitteilung seiner Gnade eingesetzt hat. Die Sakramente sind durch die Sinne wahrnehmbare Zeichen (Worte und Handlungen), die unserer Menschennatur zugänglich sind. Kraft des Wirkens Christi und des Waltens des Heiligen Geistes bewirken sie die Gnade, die sie bezeichnen.«[12] Das reinigende Wasser der Taufe, das Salböl der Firmung, das vergebende Wort im Bußsakrament, Brot und Wein in der Eucharistie – alle Sakramente sind »dramatische Christushandlungen, in die der Mensch mit seinem eigenen Handeln eingehen soll und darf«[13].

III. *Ich muß auch den anderen Städten das Evangelium vom Reich Gottes verkünden; denn dazu bin ich gesandt worden.* »Im Unterschied zu seinem Vorläufer Johannes dem Täufer, der die Menschen, die von überall herkamen, an einem abgelegenen Ort, am Jordan, lehrte, geht Jesus denen entgegen, denen er die Frohbotschaft verkünden soll. In seiner Hinwendung zum Volk kann man eine Widerspiegelung der Dynamik sehen, die dem Geheimnis der Menschwerdung selbst innewohnt: das Zugehen Gottes auf die Menschen.«[14]

Für die Zeitgenossen des Herrn war er sinnenhaft erfahrbar; viele, die ihn sahen, ahnten indessen nicht: *Wer mich sieht, sieht den, der mich gesandt hat.*[15] Sie hörten ihn, erkannten jedoch nicht: *Das ist mein geliebter Sohn (...), auf ihn sollt ihr hören.*[16] Und viele, die in den Handauflegungen und Krankenheilungen eine messianische Zeit anbrechen sahen, nahmen noch nicht die wahre Gestalt des Messias wahr: als den Befreier und Erlöser von der Sünde. Wir sind nicht, wie die Menschen damals, Christi Zeitgenossen. Aber wir erfahren nicht minder die Handauflegung des Herrn, denn »in Jesus Christus, dem fleischgewordenen Wort, wird die Zeit zu einer Dimension Gottes, der in sich ewig ist«[17]. Wir berühren ihn weniger leibhaftig als die Menschen damals, doch im Geiste intensiver, denn wir bekennen ihn als den *erhabenen Hohenpriester*[18], der *durch sein Opfer die Sünden tilgt*[19] und durch sein Blut *unser Gewissen von toten*

Werken reinigt[20]. In diesem Sinne sind auch wir Zeitgenossen Jesu – im neuen Bund der Kirche.

Die Kirche berührt mit Gottes Wort unser Ohr. Wie nahe ist uns Jesus auch heute in seiner heiligsten Menschheit, wenn wir das Evangelium aufmerksam lesen! Wir beziehen seine Worte auf uns: die Gleichnisse, die Seligpreisungen, den Ruf zur Nachfolge, die Mahnung zur Wachsamkeit, die Zusage der Vergebung. Wieviel Nähe, wieviele Berührungen Christi sind daraus erwachsen als Formen der Frömmigkeit, die Herz und Gemüt ansprechen wie der Kreuzweg, der Rosenkranz, die Verehrung des Herzens Jesu!

Christus legt durch die Kirche einem jeden von uns die Hand auf. Aber gleichzeitig will er, daß wir – jeder in seiner Lebenssituation, als Zeuge – anderen die Hand auflegen. Die »Kraft göttlichen Segens hat er denen verliehen, die an seiner Stelle stehen. Aus dem Geheimnis der christlichen Ehe hat sie der Vater, hat sie die Mutter. Aus dem Geheimnis der Weihe hat sie der Priester. Aus dem Geheimnis der Taufe und der Firmung heraus wird sie dem gegeben, der ›Gott liebt aus seinem ganzen Herzen, aus seinem ganzen Gemüte und aus allen seinen Kräften und seinen Nächsten wie sich selbst‹. Diesen allen hat Gott die Gewalt gegeben, mit Seinem eigenen Leben zu segnen – jedem in verschiedener Weise, nach der Weise seiner Sendung.«[21]

Lassen wir uns von dem Verlangen Jesu nach Menschen anstecken! Nützen wir Gelegenheiten, uns Nahestehenden sozusagen die Hand aufzulegen! Geben wir uns nicht zufrieden mit ein paar Freunden! Fragen wir uns, wie wir weitere Menschen erreichen können, die durch den Kontakt mit einem, der Christus kennt und liebt, ihn selbst besser kennenlernen und anfangen, ihn zu lieben. Wie vielen können wir auf diese Weise *die Hände auflegen*! Jedem gegenüber werden wir es so tun, wie es seiner Situation entspricht, denn ein Arzt gibt ja nicht jedem Patienten das gleiche Rezept. Vielleicht überrascht es den einen oder anderen, wie diese *Handauflegung* ihre Situation und ihre Probleme beeinflußt.

Unser apostolisches Zeugnis muß geduldig sein, getragen von Gebet und Opfer für die Menschen, denen wir helfen möchten. Manche werden vielleicht nur langsam vorankommen, dann wird uns der Herr die Gnade der Geduld schenken.

Schauen wir also betend auf Christus, wie er Leidenden die Hand auflegt. Bitten wir Maria um die Kraft, gute Zeugen zu sein. Denn dazu hat Gott uns durch Taufe und Firmung befähigt und bestellt.

[1] *Lk* 4,38-44. – [2] vgl. *Mk* 1,29-39. – [3] *Mt* 9,18-26. – [4] *Lk* 6,19. – [5] *Katechismus der Katholischen Kirche*, 516, 517. – [6] ebd., 515. – [7] J. Escrivá, *Im Feuer der Schmiede*, Nr. 901. – [8] R. Guardini, *Von heiligen Zeichen*, Mainz 1992, S. 64. – [9] vgl. Mk 2,1-12. – [10] Irenäus von Lyon, *Erweis der apostolischen Verkündigung*. – [11] Leo der Große, *Predigt*, 74. – [12] *Katechismus der Katholischen Kirche*, 1084. – [13] L. Scheffczyk, *Die spezifische Heilswirkung des*

Bußsakramentes in: *Erneuerung durch Buße*, St. Augustin 1978, S. 38. – [14] Johannes Paul II., *Katechese*, 20.4.1988. – [15] *Joh* 12,45. – [16] *Mt* 17,5. – [17] Johannes Paul II., Apost. Schreiben *Tertio millennio adveniente*, 10.11.1994, 10. – [18] *Hebr* 4,14. – [19] vgl. *Hebr* 9,26. – [20] vgl. *Hebr* 9,14. – [21] R. Guardini, a.a.O., S. 65.

34

JESUS IM BOOT DES SIMON

Ein wunderbarer Fischfang.
Menschenfischer in der Nachfolge Christi.
Der Lohn des Gehorsams.

I. Wahrscheinlich haben wir die Stelle des heutigen Evangeliums[1] schon oft betrachtet, denn sie erhellt den Dreiklang von persönlicher Nachfolge, Gehorsam und apostolischem Zeugnis. Außerdem ist das, was in der Morgenfrische am See geschah, zugleich ein Bild für die Kirche im Heilsplan Gottes und für das spirituelle Leben des einzelnen Christen. *Als Jesus am Ufer des Sees Gennesaret stand, drängte sich das Volk um ihn und wollte das Wort Gottes hören. Da sah er zwei Boote am Ufer liegen. Die Fischer waren ausgestiegen und wuschen ihre Netze.* Sie hatten vergeblich gefischt, nur Algen und umhertreibende Pflanzenreste mögen im Netz gewesen sein. *Jesus stieg in das Boot, das dem Simon gehörte, und bat ihn, ein Stück weit vom Land wegzufahren.* Der Herr läßt ihn ein paar Ruderschläge tun, damit man ihn vom Boot aus leichter hören kann.

Entscheidende Gnaden haben oft eine lange Vorgeschichte. Jede Berufung kristallisiert sich allmählich heraus, die Nähe zu Jesus wächst, bis einem klar wird, daß er unser Bootsgefährte geworden ist. Für Petrus und die anderen Jünger war die Tatsache, daß Christus das Boot bestieg, nur der Anfang. »Bereits die Kirchenväter sahen in diesem Boot des Simon Petrus, das Jesus besteigt, ein vorweggenommenes Bild der künftigen Kirche, die als das ›Schiff des Heils‹ die Meere der Weltgeschichte durchfahren wird. Aus diesem Schiff, das Petrus steuert, lehrt der Herr, aus keinem anderen. Wiewohl die anderen Boote, die es begleiten, nicht ausgenommen sind von seinen Lehren und auch nicht vom Fischfang.«[2]

Als Jesus seine Rede beendet hatte, sagte er zu Simon: Fahr hinaus auf den See! Dort werft eure Netze zum Fang aus! »Man durfte das Netz nicht auf gut Glück auslegen, man mußte es – ein dreifaches, sehr langes Netz – langsam, so wie das Boot fuhr, in das Wasser gleiten lassen. Wenn sie an die vorgesehene Stelle gekommen waren, mußten sie sich nach dem Ausgangspunkt zurückwenden, sie schlugen mit dem Ruder auf das Wasser, um so die Fische aufzustören und in die Maschen des Netzes zu treiben.«[3]

Meister, wir haben die ganze Nacht gearbeitet und nichts gefangen... »Die Antwort scheint vernünftig. Sie pflegten in den Nachtstunden zu fischen, und in jener Nacht war die Arbeit umsonst gewesen. Wie sollte man dann am Tag mehr erwarten? Doch Petrus glaubt: Aber auf dein Wort hin will ich die Netze auswerfen (*Lk* 5,5). Er entschließt sich zu tun, was Christus ihn geheißen hat. Im Vertrauen auf das Wort des Herrn macht er sich an die Arbeit.«[4] Er glaubt und gehorcht der Aufforderung des Herrn: *Duc in altum! Fahr hinaus!*

Jener Fischzug brachte eine überwältigende Beute. Simon mußte die Gefährten im anderen Boot zu Hilfe rufen, die Zebedäussöhne Jakobus und Johannes. Wir heute können leichter als die Apostel damals die Tragweite des Geschehens ermessen. Das schlichte *Duc in altum, Fahr hinaus!* ist – vom Glauben her gesehen – nicht nur etwas Anekdotisches, sondern es verweist auf das Hinauswachsen der Kirche in Raum und Zeit durch die Jahrhunderte. Auch das Mitwirken der Gefährten des Simon Petrus – in einem anderen Boot, aber nahe bei ihm und ihm zu Hilfe eilend – kann man in unserer Zeit intensiver Bemühungen um die Einheit der Christen als Zeichen deuten. Vor allem aber: aus gewöhnlichen Fischern werden Menschenfischer: »Auch bei dieser neuen Art des Fischfanges wird die göttliche Wirksamkeit nicht fehlen: Die Apostel sollen trotz ihrer persönlichen Armseligkeiten zu Werkzeugen vieler Großtaten werden.«[5]

II. *Sie fingen eine so große Menge Fische, daß ihre Netze zu reißen drohten.* »Als Petrus mit dem reichen Fischfang zurückkommt, geschieht etwas ganz Unerwartetes. Er fällt nicht, wie man meinen möchte, Jesus um den Hals ob des guten Geschäfts, sondern er fällt ihm zu Füßen. Er hält ihn nicht fest, um weiterhin einen Erfolgsgaranten zu haben, sondern er stößt ihn von sich ab, weil er sich vor der Macht Gottes fürchtet. ›Geh weg, ich bin ein sündiger Mensch!‹ Wo Gott erfahren wird, erkennt der Mensch seine Sündigkeit, und dann erst, wenn er dies wirklich erkennt und anerkennt, erkennt er sich wirklich.«[6] Diese persönliche Erfahrung auf dem See Gennesaret ist Petrus »zu einem inneren Weg geworden, dessen Erstreckung Lukas durch eine Rahmung mit zwei Wörtern andeutet. Der Evangelist überliefert uns nämlich, daß vor dem Fischfang Petrus den Herrn angeredet habe ›Epistata‹, was soviel wie Lehrer, Professor, Rabbi bedeutet. Zurückkehrend aber fällt er vor Jesus auf die Knie und sagt nicht mehr Rabbi zu ihm, sondern ›Kyrie‹, das heißt, er gebraucht die Gottesanrede für ihn. Petrus hatte den Weg vom Rabbi zum Herrn, vom Lehrer zum Sohn durchschritten.«[7]

Der Herr nimmt ihm alle Furcht und enthüllt ihm den neuen Sinn seines Lebens: *Fürchte dich nicht! Von jetzt an wirst du Menschen fangen.* Diese Worte sind nicht nur an Petrus gerichtet. Jeder Christ ist Menschenfischer. Und auf dem Meer der Welt – im Büro am Computer, hinter dem Pflug auf dem Acker, in der Großstadt oder in einem kleinen Dorf, wo auch immer, dort sind die Laien gefordert, »kraft der ihnen eigenen Berufung in der Verwaltung und der gottgemäßen Regelung der zeitlichen Dinge das Reich Gottes zu suchen«[8]. »Auch uns wird der Herr zu Werkzeugen machen, die Wunder zu wirken vermögen, große Wunder sogar, wenn sie notwendig sind. Ich wage zu behaupten, daß es so sein wird, wenn wir täglich kämpfen, uns zu heiligen, jeder in seinem eigenen Stand, mitten in der Welt, in seinem eigenen Beruf, im Alltag.«[9] Petrus war Zeuge und Nutznießer eines wunderbaren göttlichen Machterweises. Aber er war auch Mitwirkender – und ebenso ist es im Leben eines Christen heute: es bedarf des menschlichen Fachkönnens, kompetent mitzuwirken: »Die Boote, die Segel, die Ruder, die Netze bleiben unentbehrlich, und durch nichts anderes zu ersetzen sind auch die Männer, die sie bedienen können. Jesus Christus nimmt niemandem die Arbeit ab; er verwandelt auch nie Pfuscherei in Qualität. Wohl aber schenkt er dem willigen demütigen Herzen und Verstand die Gesinnung, die Kraft, Gott und den Mitmenschen zuliebe nicht pfuschen zu wollen, und so läßt er die menschliche Arbeit fruchtbar werden.«[10]

Wir würden es kaum wagen, vom *Menschen fangen* zu sprechen, wenn nicht Christus selbst es getan hätte. Hören wir Kardinal Ratzinger dazu: »Hieronymus sagt, Fische aus dem Wasser herauszuziehen bedeute, sie ihrem Lebenselement zu entreißen und sie dem Tod preiszugeben. Die Menschen aber aus dem Wasser der Welt herauszuziehen bedeute, sie aus dem Todeselement und aus der Nacht ohne Lichter herauszuziehen, ihnen die Atemluft und das Licht des Himmels zu geben. Es bedeutet, sie ins Element des Lebens zu versetzen, das zugleich Licht ist und Sehen der Wahrheit gibt. Licht ist Leben, denn das Element des Menschen, wovon er im tiefsten lebt, ist die Wahrheit, die zugleich Liebe ist. Der Mensch freilich, der im Wasser der Welt schwimmt, weiß dies nicht. Deshalb wehrt er sich dagegen, aus dem Wasser herausgezogen zu werden. Er glaubt sozusagen, ein gewöhnlicher Fisch zu sein, der sterben muß, wenn er dem Wasser der Tiefe entrissen wird. In der Tat ist das ein Todesgeschehen. Aber dieser Tod führt in das wahre Leben, in dem der Mensch erst wirklich zu sich selber kommt. Jünger sein heißt sich von Jesus fangen lassen, von ihm, dem geheimnisvollen Fisch, der ins Wasser der Welt, in die Wasser des Todes hinabgestiegen ist; der selbst Fisch geworden ist, um sich zuerst von uns fangen zu lassen, uns Brot des Lebens zu werden. Er läßt sich fangen, damit wir gefangen werden von ihm und den Mut finden, uns mit ihm aus den Wassern unserer Gewohnheiten und Bequemlichkeiten herausziehen zu lassen. Jesus ist Menschenfischer geworden dadurch, daß er selbst die Nacht des Meeres auf sich genommen hat, selbst hinabgestiegen ist in die Passion der Tiefe. Menschenfischer sein kann man nur, wenn man wie er sich selbst daran gibt. Man kann es aber auch nur, wenn man sich auf das Boot des Petrus verlassen darf.«[11]

III. Es war das Boot, *das dem Simon gehör-*

te. Im Verlauf des Geschehens wurde es klar: »Christus ist der Herr dieses Bootes, er ist es, der den Fischfang vorbereitet: dazu ist er in die Welt gekommen, daß seine Brüder den herrlichen Weg der Liebe zum Vater finden.«[12] Jesus begann, vom Boot – vom Leben – jener Fischer Besitz zu ergreifen, die noch nicht wußten, wie entscheidend jene Augenblicke waren. Er bat sie zuerst um eine Kleinigkeit: *ein Stück weit vom Land wegzufahren.* Dann: *Fahr hinaus auf den See! Dort werft eure Netze zum Fang aus!* Wieviele Gründe hätte Petrus gehabt, sich über die Bitte hinwegzusetzen! Aber er verließ sich auf Jesus, auf seine Logik. Es war nur erst eine Ahnung von Gehorsam; er konnte noch nicht wissen, daß dieser Jesus *für alle, die ihm gehorchen, der Urheber des ewigen Heils ist*[13]. Bald wird ihn der Herr berufen, und dann wird er, zusammen mit den anderen, ihm folgen: *relictis omnibus* – er wird alles aufgeben. Die Vollgestalt des Gehorsams erscheint, wenn Christus ruft. Das gilt für jeden Christen – bei aller Unterschiedlichkeit persönlicher Situationen: Nachfolge Christi heißt Gehorchen wollen.

Denken wir jetzt an unsere eigene Lebenssituation und fragen wir uns, welchen Stellenwert für uns der Gehorsam hat. »Wie kann der ich-verhaftete Mensch diese Botschaft Christi überhaupt verstehen und sie befolgen? Er ist unfähig, sich selbst loszulassen und zu verzichten. Er hat keine Zeit für den Nächsten und für Gott, kein Brot für den Hungernden, keinen

Platz für den Heimatlosen und Asylsuchenden. Er hat keine Liebe.«[14] Lassen wir uns vielleicht von Scheinalternativen wie »Gehorsam oder Freiheit« blenden?

Gehorchen ist mit *Horchen* verwandt – Hinhorchen auf die Wirklichkeit, wie sie ist, auf die Wahrheit der Wirklichkeit sozusagen. »Freiheit ist Wahrheit. Ein Mensch ist frei, wenn er ganz das ist, was er seinem Wesen nach sein soll. Freiheit ist die Weise, wie einer ganz er selbst ist und zu allen Dingen im rechten Verhältnis steht. Zu dieser Freiheit aber führt der Weg durch den Gehorsam.«[15] Kein Wanderer fühlt sich durch Wegweiser eingeschränkt, er begrüßt sie dankbar, da sie ihm Sicherheit geben auf seinem Weg. Kein Bergsteiger empfindet das Seil, das ihn an seine Kameraden bindet, als Fessel, gibt es ihm doch Halt. Die Liebe ist Wegweisung für den Gehorsam, sie macht ihn frei.

Die letzte Motivation christlichen Gehorsams ist »nicht eine *Idee*, sondern ein *Akt*, nicht ein abstraktes Prinzip, sondern ein Ereignis«[16]: die Menschwerdung Gottes in Christus. *Sein Leben war das eines Menschen; er erniedrigte sich und war gehorsam bis zum Tod, bis zum Tod am Kreuz.*[17] Das Kreuz war der Gipfel eines Lebens im liebenden Gehorsam.

Der Weg des Gehorsams kann mühsam sein, rührt er doch an die tiefsten Schichten unseres Wesens, aber er ist keine Schmälerung, sondern Bereicherung der Person. Daher hat jemand sagen können, ihm sei folgende Einsicht als eine große Gnade zuteil geworden, »daß der Glaube an die Kirche der Schritt in die wahre Ordnung, und der Gehorsam gegen sie das Prinzip der wahren Freiheit ist«[18].

»Bitte Maria, Regina Apostolorum, die Königin der Apostel, um Entschlossenheit, damit du das Verlangen teilst, das im Herzen ihres Sohnes lebt: ein Verlangen nach Aussaat und nach Fischfang.«[19]

[1] *Lk* 5,1-11. – [2] P. Berglar, *Petrus – Vom Fischer zum Stellvertreter*, München 1991, S. 57. – [3] ebd. – [4] J. Escrivá, *Freunde Gottes*, 261. – [5] ebd. – [6] J. Ratzinger, *Diener eurer Freude*, Freiburg 1988, S. 92. – [7] ebd., S. 89. – [8] II. Vat. Konz., Konst. *Lumen gentium*, 31. – [9] J. Escrivá, *Freunde Gottes*, 262. – [10] P. Berglar, a.a.O., S. 60. – [11] J. Ratzinger, a.a.O., S. 97. – [12] ebd., S. 260. – [13] *Hebr* 5, 8-9. – [14] Johannes Paul II., *Ansprache in Kevelaer*, 2.5.1987. – [15] R. Guardini in: *Neue Jugend und katholischer Geist*, 20. – [16] vgl. R. Cantalamessa, *Das Leben in Christus*, Graz 1990, S. 278. – [17] *Phil* 2, 6-8 . – [18] R. Guardini, *Brief an Pius XII. 1952*. – [19] J. Escrivá, *Freunde Gottes*, 273.

35

JESUS UND SEINE FREUNDE

Die Freunde des Bräutigams.
Jesu Maßstäbe der Freundschaft.
Christus verwandelt alles.

I. Zwei recht verschiedene Gruppen begegneten sich im Haus des Matthäus: auf der einen Seite die Freunde des Hausherrn, auf der anderen Seite die Freunde Jesu – die ersten Apostel. Matthäus, den der Herr kurz vorher berufen hatte, hat sie zusammengebracht. Auch einige ungebetene Gäste waren dort. Sie wunderten sich, daß nicht gefastet wurde, und fragten Jesus deshalb: *Die Jünger des Johannes fasten und beten viel, ebenso die Jünger der Pharisäer; deine Jünger aber essen und trinken.*[1]

Fasten ist in unserer Zeit wieder ein Thema. Meistens steht dabei die Zweckmäßigkeit im Vordergrund: Fasten aus Gesundheit oder aus Eitelkeit oder es ist die radikale Form des Hungerstreiks, um Forderungen durchzusetzen. Für die frommen Juden war das Fasten »eine Weise, sich zu demütigen, sich klein zu machen, den göttlichen Zorn zu besänftigen oder die verhängte Strafe anzunehmen: das Fasten war wesentlich ein Zeichen der Buße und der Trauer. Das Gesetz verlangte es nur für einen einzigen

Tag, das Versöhnungsfest. An diesem Tage war das Fasten für alle verpflichtend. Aber man fastete auch im Gedenken an die großen nationalen Unglückstage (...). Die Pharisäer hatten ohne Zweifel noch andere bestimmte Fasttage, und außerdem fasteten sie auch sonst zum Zeichen ihrer Frömmigkeit, und das taten auch die Jünger des Johannes, die hierin dem Beispiel ihres Meisters, des großen Asketen, folgten. Die breite Masse des Volkes, mit schwerer Arbeit beschäftigt, konnte eine solche zusätzliche Last nicht tragen, und Jesus hatte sie auch seinen Jüngern nicht auferlegen wollen.«[2] *Könnt ihr denn die Hochzeitsgäste fasten lassen, solange der Bräutigam bei ihnen ist?* fragt er. Es ist doch eine freudige Zeit... *Es werden aber Tage kommen, da wird ihnen der Bräutigam genommen sein, in jenen Tagen werden sie fasten.*

Neulich haben wir beim Betrachten des Gleichnisses von den klugen und den törichten Jungfrauen über die Hochzeitsbräuche bei den Israeliten gesprochen. Wir haben den Freundinnen der Braut besondere Aufmerksamkeit gewidmet. Auch der Bräutigam hatte ein Ehrengeleit von Freunden. Einer von ihnen war der Chef des Festes. Johannes der Täufer bezieht sich auf diese ehrenvolle Stellung, wenn er sich mit dem *Freund des Bräutigams* vergleicht, *der dabei steht und ihn hört* und *sich über die Stimme des Bräutigams freut*[3]. »Nach der Heiligen Schrift galt der Hochzeitsjubel als Ausdruck höchster Freude. Darum waren auch die Freunde des

Bräutigams, die während der ganzen Hochzeit mit Gesang und Tanz für die Unterhaltung des Brautpaares sorgen mußten, von manchen religiösen Übungen befreit, z. B. vom Fasten und vom Achtzehngebet.«[4]

Die *alles übertreffende Erkenntnis Jesu Christi*[5] blitzt in jedem Wort des Herrn auf. Heute ist die Anspielung auf die Freude der Begegnung mit dem *Bräutigam* ein solches Licht. Gehören wir zu den *Freunden des Bräutigams*? Gewiß, durch Glaube und Taufe sind wir es geworden, aber verhalten wir uns auch als solche?

II. Mit was für Menschen verkehrt Jesus? Neben gesellschaftlich angesehenen Personen wie Nikodemus oder Josef von Arimathäa finden wir Leute, die gesellschaftlich wenig galten oder die man religiös für unzuverlässig hielt, wie Zachäus oder Matthäus. Mehrfach hören wir den Vorwurf: *Wie kann euer Meister zusammen mit Zöllnern und Sündern essen?* Die Antwort des Herrn auf diesen Vorwurf macht klar, welche Menschen ihn besonders interessieren: *Nicht die Gesunden brauchen den Arzt, sondern die Kranken (...). Ich bin gekommen, um die Sünder zu rufen, nicht die Gerechten.*[6]

Nur jene schließen sich aus der Freundschaft Jesu aus, die meinen, Gerechte zu sein, ihn nicht zu brauchen. Jesus selbst ist allen zugetan, ihm bedeuten gesellschaftliche Wertungen und Unterschiede nichts. »Sein Reden und Handeln kommt anderswoher und richtet sich auf Anderes. Er meint den Menschen und dessen Verhältnis zu Gott. Nie würde Jesus gesellschaftliche Preisgegebenheit als solche für etwas Wertvolles, nie Ordnung der menschlichen Dinge als solche für einen Schaden am Eigentlichen ansehen. Alle Verhältnisse sind Wege zu Gott hin, aber auch Abwege von ihm fort.«[7] Wenn er mit Wohlhabenden verkehrt, dann nicht, weil sie wohlhabend sind, wenn er sich gesellschaftlich Geächteten zuwendet, dann nicht, weil sie geächtet sind. Jesus »nimmt nicht Partei für die Ausgestoßenen wider die Geordneten und Geachteten. Er hält nicht die Sünder als solche für wertvoller als die Tugendhaften. Das alles wäre Romantik und modernes Ressentiment. Jesus sucht den Menschen und stellt ihn vor Gott.«[8]

Sind sie alle *Freunde Jesu*? Die uns unbegreifliche Weite seines Herzens macht ihn zu einer solchen Liebe fähig, daß man mit Recht sagen kann, jeder, der ihm ernsthaft und gutwillig begegnet, und sei es nur für Augenblicke, ist schon sein Freund. So wird es mit dem blinden Bartimäus gewesen sein, über den wir nichts Weiteres mehr erfahren, oder mit der Samariterin am Jakobsbrunnen, mit der der Herr, obwohl müde und erschöpft, ein Gespräch beginnt, oder mit Simon von Zyrene in der Stunde der großen Not. Die Liebe Jesu schwingt in jeder Begegnung mit. Seine Zuwendung ist so intensiv, daß es schwer fällt, sie als Maßstab für unsere Freundschaften zu nehmen. Und doch hat uns der Herr selbst dazu ermuntert, uns seine Maßstäbe zueigen zu machen und gegenüber jedem freundlich, offen, dienstbereit zu sein: *Ich habe euch ein Beispiel gegeben, damit auch ihr so handelt, wie ich an euch gehandelt habe. (...) Wie ich euch geliebt habe, so sollt auch ihr einander lieben.*[9]

Ist uns überhaupt eine solche Liebe möglich? Sie muß es sein, wenn Christus uns dazu auffordert. Wir können schwerlich die göttlichen Züge seiner Liebe nachahmen – die alle und jeden erfassende Intensität; aber wir können von ihm lernen, wie eine echt menschliche Liebe zu sein hat.

Die Universalität der gott-menschlichen Liebe schließt freilich nicht aus – und wir sehen es im Evangelium –, daß er auch engere Freunde hatte. Wer waren diese besonderen Freunde Jesu? Im Kreise der Apostel gab es einen *Jünger, den Jesus liebte*[10], Lazarus wird Jesu *Freund* genannt; und von ihm und seinen Schwestern heißt es: *Jesus liebte Marta, ihre Schwester und Lazarus*[11]. Das Haus in Betanien muß für Jesus der Ort gewesen sein, wo er sich ausruhen konnte. Der Tod des Lazarus verdeutlicht am besten, wie gern Jesus die Geschwister in Betanien hatte.[12] Er weiß, daß Lazarus erkrankt ist, kommt aber erst, als er schon im Grabe liegt. Er war *im Innersten erregt und erschüttert*: »Schmerz über den Tod eines geliebten Menschen, Schmerz über den Abschied auf Lebenszeit. Bei Jesus auch der unermeßliche Schmerz über das Los des Todes als ›der Sünde Sold‹ (*Röm* 6,23).«[13] *Da weinte Jesus. Die Juden sagten: Seht, wie lieb er ihn hatte!*

Was können wir daraus lernen? Dem menschgewordenen Sohn Gottes nicht als einer fernen, fremden Gestalt, sondern wie einem engen Freund zu begegnen: »Jesus ist dein Freund. – Der Freund. – Er hat ein Herz aus Fleisch wie du. – Er hat Augen voller Liebe, die um Lazarus weinten... Und so wie den Lazarus, liebt er dich.«[14]

III. Jesus ist für alle da, die ihm guten Willens begegnen. Er greift ihre Sorgen auf, tröstet sie, läßt wieder Hoffnung entstehen.

Der Herr verwandelt alles. Er bestreitet nicht das Recht der Schwestern zu trauern, er trauert ja selbst; aber mit einem Satz kehrt er deren menschlich-natürliche Sicht um in die Perspektive des Göttlichen: *Ich bin die Auferstehung und das Leben. Wer an mich glaubt, wird leben, auch wenn er stirbt.*[15] Oder nehmen wir Emmaus: er läßt die zwei verängstigten und mutlosen Jünger sich aussprechen und holt sie dann mit einem Wort aus ihrer Niedergeschlagenheit: *Mußte nicht der Messias all das erleiden, um so in seine Herrlichkeit zu gelangen?*[16] Ebenso ermunterte er die Ehebrecherin zu einem Neuanfang: *Auch ich verurteile dich nicht. Geh und sündige von jetzt an nicht mehr!*[17] Auch die Neugier des Zachäus deutet Jesus als eine verborgene Sehnsucht: *Zachäus, komm schnell herunter! Denn ich muß heute in deinem Haus zu Gast sein.*[18] Betrachten auch wir heute aufs neue, daß Christus »unser Begleiter und Freund ist; ein Begleiter, der nur wie durch Schatten hindurch sichtbar wird, dessen Wirklichkeit jedoch unser ganzes Leben erfüllt und uns seine endgültige Gegenwart herbeisehnen läßt«[19].

Was müssen wir tun, um Jesus zum Freund zu haben? Die heilige Theresia von Avila bemerkt einmal: »Töricht, wer da glaubt, der Herr gebe den Leuten seine Freundschaft ohne Mühe, als Geschenk.«[20] Und an einer anderen Stelle heißt es bei ihr: »Es ist unbillig, jemandem, der uns soviel gegeben hat und weiterhin gibt, etwas, womit wir ihm dienen und was wir ihm schenken wollen, (...) nicht mit aller Entschlossenheit hinzugeben, sondern nur leihweise, wie etwas, das man zurücknehmen will. Das nenne ich nicht ›schenken‹.«[21] Der beharrliche Umgang mit dem Herrn in den Sakramenten und die Betrachtung seines Lebens im Gebet sind die Quellen, die uns immer wieder erneuern. »Wann immer wir an Christus denken, immer wollen wir beachten, von welcher Liebe er getrieben wurde, um so viele Gnaden und Wohltaten zu gewähren, und welche Liebe uns Gott gezeigt hat, daß er uns ein solches Pfand seiner Zuneigung schenkte, denn Liebe verlangt Gegenliebe. Darin wollen wir uns Mühe geben, das immer vor Augen zu haben und dadurch die Liebe in uns zu wecken. Denn wenn Gott uns die Gnade erweist, unseren Herzen diese Liebe tief einzuprägen, wird uns alles ganz leicht, und in kurzer Zeit bringen wir mit wenig Mühe sehr viel zustande.«[22]

Wie kann ich meinem eigenen Umgang mit Freunden oder Freundinnen etwas von der Zuwendung Jesu verleihen? »Wenn man die Liebe Gottes erfährt, spürt man die Last der Seelen.«[23] Nichts ist wertvoller als die Freundschaft mit Jesus Christus. Sie strahlt auf alles aus. »In einem Christen, in einem Kind Gottes, bilden Freundschaft und Gottesliebe eine einzige Realität: sie sind Licht Gottes, das Wärme spendet.«[24] Die natürliche Freundschaft wird von dem Wunsch beseelt, den Freund oder die Freundin auf Gott hinzuweisen. Papst Johannes Paul II. schreibt: »Die Freundschaft wird leicht, rein und stark, wenn sie getragen und genährt wird von der charakteristischen und erhabenen Liebesgemeinschaft, die die Seele des Christen mit Jesus Christus verbinden soll.«[25]

Freundschaft mit Jesus hier auf Erden – und dann, wenn er uns zu sich ruft, für immer im Himmel. »Ein großer Trost wird für uns in der Stunde des Todes der Gedanke sein, daß wir von dem gerichtet werden, den wir über alles geliebt haben. Wir werden dann mit Zuversicht zum Gericht über unsere Schulden gehen können. Unsere Reise wird uns nicht in ein fremdes Land, sondern in unser eigenes Heimatland führen, weil es dem gehört, den wir so innig lieben und der auch uns so sehr liebt.«[26]

[1] *Lk* 5,33-39. – [2] M.-J. Lagrange, *Das Evangelium von Jesus*

Christus, Heidelberg 1949, S. 144. – [3] vgl. *Joh* 3,29. – [4] G. Kroll, *Auf den Spuren Jesu*, Stuttgart 1988, S. 182. – [5] *Phil* 3,8. – [6] *Mt* 9,11-13. – [7] R. Guardini, *Der Herr*, Würzburg 1951, S. 58. – [8] ebd., S. 63. – [9] *Joh* 13,15.34. – [10] *Joh* 21,20. – [11] *Joh* 11,3-5. – [12] vgl. *Joh* 11. – [13] P. Berglar, *Petrus – Vom Fischer zum Stellvertreter*, München 1991, S. 107. – [14] J. Escrivá, *Der Weg*, Nr. 422. – [15] *Joh* 11,25. – [16] *Lk* 24,26. – [17] *Joh* 8,11. – [18] *Lk* 19,5. – [19] J. Escrivá, *Christus begegnen*, 116. – [20] Theresia von Avila, *Weg der Vollkommenheit*, 18,2. – [21] ebd., 39. – [22] Theresia von Avila, *Leben*, 22,14. – [23] J. Escrivá, *Freunde Gottes* 122. – [24] J. Escrivá, *Im Feuer der Schmiede*, Nr. 565. – [25] Paul VI., *Ansprache*, 26.7.78. – [26] Theresia von Avila, *Weg der Vollkommenheit*, 40,8.

36

NAZARET, KANA, JERUSALEM

Der Glaube Marias.
Von Nazaret nach Kana.
Jerusalem: Das Kreuz.

I. Die Nähe zum Sonntag mag dazu beigetragen haben, von altersher den Samstag als einen besonders der Gottesmutter geweihten Tag anzusehen. Ein Wort der heutigen Lesung hilft uns, an diesem Samstag diese alte Gewohnheit aufzugreifen und in unserem Gebet auf Maria zu schauen. Das Wort, das den Korinthern galt, gilt auch uns: *Was hast du, das du nicht empfangen hättest?*[1] Und die Konsequenz: *Wenn du es aber empfangen hast, warum rühmst du dich, als hättest du es nicht empfangen?* Maria war sich dessen wie kein anderes Geschöpf bewußt, und sie läßt es im *Magnificat* wunderbar zu Gebet werden: *Meine Seele preist die Größe des Herrn, und mein Geist jubelt über Gott, meinen Retter. Denn auf die Niedrigkeit seiner Magd hat er geschaut.*[2]

Der Apostel will die Korinther mit der Wahrheit ihres Lebens und ihres Glaubens konfrontieren. Immer ist es so: »Wahrheit leuchtet nur auf, wenn der Mensch der Wirklichkeit jeweils so gegenübertritt, wie sie es selbst verlangt. Je höher das Wirkliche steht, desto größer ist die Anforderung, die es an den erkennenden Geist stellt; desto größer aber auch die Versuchung, sie auf die Ebene der tiefer stehenden Dinge herunterzuziehen, weil er es dann bequemer hat.«[3] Der *homo faber*, salopp gesprochen: der Macher unserer Zeit, neigt zu einer solchen Verkürzung von Wahrheit und Wirklichkeit, wenn er das autonome Selbst verherrlicht und sich damit jenseits von Hilferuf und Dankesschuld stellt.

Auch uns tut hin und wieder eine tiefere, eine betende Besinnung not, damit wir uns als *die Niedrigen* sehen, die Gott *erhöht*, und als *die Hungernden*, die er *mit seinen Gaben beschenkt*[4]. Wir schauen auf Maria, in der sich am vollkommensten die Wahrheit des Geschöpfes widerspiegelt. Der heilige Augustinus erklärt, ihre Seligkeit liege nicht so sehr im Empfangen selbst, als in der Art, wie sie empfing, nämlich in Glaube, Demut und Dankbarkeit: »Seliger ist Maria dadurch, daß sie den Glauben an Christus vollzog, als daß sie das Fleisch Christi empfing. Die mütterliche Nähe hätte ihr nichts genutzt, wenn sie nicht glücklicher Christus im Herzen als im Leibe getragen hätte.«[5]

Durch die Verkündigung wurde Maria »endgültig in das Geheimnis Christi eingeführt«[6]. Ihr Glaube eröffnet den Neuen Bund. Aber die Verkündigung war nicht nur der Höhepunkt ihres Glaubens an die göttlichen Verheißungen, sondern auch »der Ausgangspunkt, an dem ihr ganzer ›Weg zu Gott‹, ihr Glaubensweg insgesamt, beginnt«[7]. Sie wird Mutter des Erlösers – das ist das Geheimnis ihrer Berufung. Sie ist unsere Mutter – das ist Teil unserer Begnadung. Beides – schon prophetisch nach der Ursünde in der Verheißung an die Stammeltern angedeutet – verwirklichte sich in einem präzisen historischen Augenblick, den Paulus *die Fülle der Zeit*[8] nennt. In jenem Augenblick überantwortete sich Maria vollkommen Gott und brachte seinem Boten den *Gehorsam des Glaubens*[9] entgegen.

Maria ist uns der wegweisende Meeresstern. So grüßt sie die Kirche im liturgischen Hymnus *Ave maris stella*[10] aus dem 9. Jahrhundert:

Meerstern sei gegrüßet, Gottes hohe Mutter, allzeit reine Jungfrau, selig Tor zum Himmel! Du nahmst an das AVE aus des Engels Munde. Wend den Namen EVA, bring uns Gottes Frieden. Zeige dich als Mutter, denn dich wird erhören, der auf sich genommen, hier dein Sohn zu werden (...). Gib ein lautres Leben, sicher uns geleite, daß wir einst in Freuden, Jesus mit dir schauen.

II. In dem Augenblick, da sich die Menschwerdung des Sohnes Gottes vollzog, entstand die erste christliche Berufung. Diese in der Abgeschiedenheit von Nazaret sich vollziehende Berufung Mariens entfaltete sich nach und nach im Licht des Glaubens. Hellhörig für Gottes heiligen Willen, gab sie ihrem Sohn liebevoll alles, was eine gute Mutter geben kann.

Gerne wüßten wir mehr über die Empfindungen Marias in der Zeit der Erwartung ihres Sohnes. Alles muß ihr neu erschienen sein. Das Evangelium gewährt nur hier und da einen kurzen Blick in den Alltag derer, die in die Menschwerdung gleichsam hineingenommen waren – wie im *Magnificat* –, als wollte es andeuten, der Lichtstrahl der Verkündigung genüge, um die Jahre seines verborgenen Lebens zu erhellen.

Auch nachdem Jesus sein öffentliches Leben begonnen hat, bleibt Maria im Schatten – nur gelegentlich eine kurze Erwähnung wie bei der Hochzeit zu Kana[11]. Jesus hatte da schon die ersten Jünger um sich geschart. Haben sie seine Mutter bei dieser Gelegenheit kennengelernt? Die Stunde Jesu, die *noch nicht gekommen* war, brach durch ihre Vermittlung an. *So tat Jesus sein erstes Zeichen, in Kana in Galiläa, und offenbarte seine Herrlichkeit, und seine Jünger glaubten an ihn.* Die Mutter leitete den Anfang der Machtzeichen Jesu und des Glaubens seiner Jünger an ihn ein. Es war »ein erstes Aufleuchten der Wahrheit von der mütterlichen Sorge Marias«[12].

»Maria ist Lehrmeisterin des Glaubens. Selig bist du, da du geglaubt hast! (*Lk* 1,45) Das ist der Gruß ihrer Base Elisabet, als Maria sie in dem Gebirgsdorf besucht. Wunderbar war der Akt des Glaubens, den Maria verrichtet hat: Siehe, ich bin die Magd des Herrn, mir geschehe nach deinem Wort (*Lk* 1,38). Als ihr Sohn geboren wird, bestaunt sie die Großtaten Gottes auf Erden: Engelchöre, Hirten und Große dieser Welt beten das Kind an. Aber danach muß die heilige Familie nach Ägypten fliehen, um den verbrecherischen Plänen des Herodes zu entgehen. Und dann kommt die Zeit des Schweigens: dreißig Jahre eines einfachen, gewöhnlichen Lebens, wie bei jeder anderen Familie in einem kleinen galliläischen Dorf.«[13]

Gebete, Lieder, Bilder, Äußerungen der Volksfrömmigkeit und der Kunst versuchen immer wieder die Innigkeit dieses Schweigens zu deuten. »In der Person Mariens und ihrer Erscheinung haben Maler, Bildhauer und Schreiber den Widerschein von Gnade und Sündelosigkeit nachzuformen gesucht. Denn es gibt Unschuld, wie es Schuld gibt. Und es existiert das Verlangen, der Unschuld zu huldigen. Vielleicht versteht sie der am besten, der sich selbst in der Verstrickung seiner Schwäche begriffen hat und der mit seinen Fehlern im Streit liegt.«[14] Er mag besonders gut schlichte Stoßgebete wie »Maria mit dem Kinde lieb, uns allen deinen Segen gib« oder die Worte aus dem *Salve Regina* ermessen können: »Zeige uns Jesus, die gebenedeite Frucht deines Leibes«. Es sind Gebete der Hoffnung und der Sehnsucht, Jesus nicht aus den Augen zu verlieren. Dies wird besonders beim Rosenkranz deutlich. Er ist wie eine große Bitte an Maria: Lehre uns heute, Jesus so zu sehen, wie du ihn damals sahst. Ob als Kind in der Krippe, den im Tempel Wiedergefundenen oder in Getsemani Verlassenen und am Kreuz Leidenden – im Rosenkranz verbinden sich

Schauen und Bitten, Glauben und Hoffen. Eines der strengsten und kraftvollsten Mariengebete – das älteste uns bekannte, überliefert auf einem alten Papyrusstück vom Ende des dritten Jahrhunderts – ist das *Sub tuum praesidium.* »In seiner Urform, die wie ein Aufschrei der Bedrängten zur ›Mutter Gottes‹, zur einzig ›reinen‹ und ›begnadeten Jungfrau‹ wirkt und wie ein Ruf um Befreiung aus ›allen Gefahren‹ (vielleicht in schwerer Verfolgungszeit), kommt gleichsam etwas vom Urgestein einer kernhaften Marienverehrung zum Vorschein.«[15] Neben das älteste Gebet stellen wir einen zeitgenössischen Hilferuf an die Mutter der Barmherzigkeit:

»Alles möcht ich dir erzählen, alle Sorgen, die mich quälen, alle Zweifel, alle Fragen, möcht ich, Mutter, zu dir tragen. Wege, die ich selbst nicht kenne, liebe Namen, die ich nenne. Schuld, die ich mir aufgeladen, andern zugefügten Schaden. Ärgernis, so ich gegeben, all mein Wollen, all mein Streben, mein Beraten, mein Verwalten, mein Vergessen, mein Behalten. Mein Begehren, mein Verzichten und mein Schweigen und mein Richten. Alle kleinen Kleinigkeiten, die so oft mir Müh' bereiten, jedes Lassen, jede Tat, Mutter, dir, vom guten Rat, leg ich alles in die Hände, du führst es zum rechten Ende.«[16]

III. Was in Kana geschah, entsprang gewiß auch fraulicher Intuition, war aber keine privat-häusliche Szene, sondern als Anfang des messianischen Wirkens Christi von heilsgeschichtlicher Dimension. Eine andere Stelle desselben Evangeliums bestätigt »diese Mutterschaft in der Heilsordnung der Gnade an ihrem Höhepunkt, das heißt, als sich das Kreuzesopfer Christi, sein österliches Geheimnis, vollendet«[17]. Maria steht am ersten Opferaltar des Neuen Bundes. »Ihr werdet sie nicht beim Einzug in Jerusalem finden, noch – mit Ausnahme von Kana – zur Stunde der großen Wunder. Aber sie flieht nicht vor der Verachtung auf Golgota, sie steht da, ›iuxta crucem Jesu‹, unter dem Kreuz Jesu.«[18] Dort erhält sie den Auftrag, für den mystischen Leib Christi zu sorgen: *Als Jesus seine Mutter sah und bei ihr den Jünger, den er liebte, sagte er zu seiner Mutter: Frau, siehe, dein Sohn! Dann sagte er zu dem Jünger: Siehe, deine Mutter!*[19] Dies war die letzte Gabe des Herrn an uns vor seinem Hinscheiden am Kreuz: er gab uns seine Mutter zu unserer Mutter. Einige Kirchenväter haben dieses Geschehen »so gedeutet, daß Maria als Mutter Jesu hier das Heil von ihrem Sohne bei der Vollendung der Erlösung gleichsam nochmals annimmt und empfängt, und zwar in Ausweitung ihrer ersten Annahme bei der Verkündigung.«[20] Maria trägt unter dem Kreuz das Opfer ihres Sohnes glaubend mit und hat so in einzigartiger Weise Anteil am Werk der Erlösung.

Sie lehrt uns, neben dem Kreuz auszuharren – denn auch wir haben unser Golgota.

Und sie lehrt uns, das Erlösungswerk Christi anderen Menschen zuteil werden zu lassen. Maria »gab sich als Magd des Herrn ganz der Person und dem Werk ihres Sohnes hin und diente so unter ihm und mit ihm in der Gnade des allmächtigen Gottes dem Geheimnis der Erlösung«[21]. Origenes äußert im 3. Jahrhundert den mystischen Gedanken, daß Maria in jedem Christen Jesus sieht; denn der Herr habe nicht gesagt: Dieser ist auch dein Sohn, sondern *Siehe, dein Sohn.*

Dies ist die eine Seite des Geschehens zu Füßen des Kreuzes: Jesus hat uns seiner Mutter anvertraut. Die andere Seite ist: Jesus *sagte zu dem Jünger: Siehe, deine Mutter! Und von jener Stunde an nahm sie der Jünger zu sich.* Dieses Aufnehmen der Mutter Christi ins eigene Leben ist ein selbstverständliches Merkmal der Christusnachfolge. Wir nehmen sie in unsere Mitte – wie damals in Erwartung des Heiligen Geistes – und entdecken dann, daß sie über uns wacht.

Der selige Josemaría Escrivá hat sich gern unter der Anrufung *Turm der Stadt* an sie gewandt, in Erinnerung an Unsere Liebe Frau im Heiligtum von Torreciudad zu Füßen der spanischen Pyrenäen. »Die Mutter Gottes sei für uns *Turris civitatis*, der Turm, der die Stadt bewacht; die Stadt, die ein jeder von uns ist, mit soviel Kommen und soviel Gehen in ihr, mit soviel Gedränge und soviel Ruhe, mit soviel Unordnung und soviel Ordnung, mit soviel Lärm und soviel Stille, mit soviel Kampf und soviel Frieden.«[22]

[1] *1 Kor* 4,6b-15. – [2] *Lk* 1,46-48. – [3] R. Guardini, *Die letzten Dinge*, Mainz 1969, S. 62. – [4] vgl. *Lk* 1,52-53. – [5] Augustinus, *Über die Jungfräulichkeit*. – [6] Johannes Paul II., Enz. *Redemptoris Mater*, 8. – [7] ebd., 14. – [8] *Gal* 4,4. – [9] vgl. *Röm* 16,26. – [10] Hymnus *Ave Maris stella*. – [11] vgl. *Joh* 2,1-12. – [12] Johannes Paul II., a.a.O., 22. – [13] J. Escrivá, *Freunde Gottes*, 284. – [14] E. Kock, *Du Grund unserer Freude*, Limburg 1979, S. 6. – [15] L. Scheffczyk, *Maria in der Verehrung der Kirche*, Wien 1981, S. 10. – [16] Aus einer Wallfahrtskirche im Schwarzwald. – [17] Johannes Paul II., a.a.O., 23. – [18] J. Escrivá, *Der Weg*, Nr. 507. – [19] *Joh* 19, 26-27. – [20] L. Scheffczyk, *Maria im Glauben der Kirche*, Wien 1980, S. 57. – [21] Karol Wojtyla, *Zeichen des Widerspruchs*, Zürich/Freiburg 1979, S. 56. – [22] vgl. S. Bernal, *Aufzeichnungen über den Gründer des Opus Dei*, Köln 1978, S. 343.

37

IN SEINEM NAMEN VERSAMMELT

Von der Verantwortung füreinander.
Gebet und Gemeinschaft der Heiligen.
Familie und Gebet.

I. Die drei liturgischen Lesungen[1] dieses Sonntags verweisen darauf, daß wir auf unserem Weg zu Gott nicht allein sind und Verantwortung für die anderen tragen. In der zweiten Lesung unterstreicht Paulus einen grundsätzlichen Aspekt der besonderen Verantwortung füreinander und konkretisiert die wachsame Sorge, die aus dem neuen Gebot der Liebe erwächst: *Bleibt niemand etwas schuldig; nur die Liebe schuldet ihr einander immer. Wer den andern liebt, hat das Gesetz erfüllt.*

Vor diesem Hintergrund hören wir die Worte des Herrn im Evangelium. Was soll der Jünger tun, *wenn dein Bruder sündigt*? Eines ist den je nach den Umständen verschiedenen Verhaltensweisen gemeinsam: der Wille, den Bruder durch brüderliche Ermahnung zurückzugewinnen. Gleichgültiges Wegschauen ist sündhaft. Wir heiligen uns nicht allein, sondern in der geschwisterlichen Gemeinschaft der Glaubenden. Da gilt analog die Aussage des *Katechismus der Katholischen Kirche* über die Weitergabe des Glaubens: »Der Glaube ist ein persönlicher Akt: die freie Antwort des Menschen auf die Einladung des sich offenbarenden Gottes. Doch der Glaube ist kein isolierter Akt. Niemand kann für sich allein glauben, wie auch niemand für sich allein leben kann. Niemand hat sich selbst den Glauben gegeben, wie auch niemand sich selbst das Leben gegeben hat. Der Glaubende hat den Glauben von anderen empfangen: er muß ihn anderen weitergeben. Unsere Liebe zu Jesus und den Menschen drängt uns, zu anderen von unserem Glauben zu sprechen. Jeder Glaubende ist so ein Glied in der großen Kette der Glaubenden. Ich kann nicht glauben, wenn ich nicht durch den Glauben anderer getragen bin, und ich trage durch meinen Glauben den Glauben anderer mit.«[2] Im Kampf gegen unsere Schwächen und Verfehlungen brauchen wir den Bruder oder die Schwester an unserer Seite. Sie weisen uns – und wir sie – auf Fehlhaltungen hin, die wir vielleicht selbst nicht bemerkt haben. Das Unkraut der Sünde wächst mit der guten Saat[3] und verunstaltet das Antlitz der Kirche. Die Verantwortung für den Bruder oder die Schwester ist Teil der Verantwortung für die gesamte Kirche

Im Roman *Das Schweißtuch der Veronika* spricht eine schlichte, tief gläubige und weise Hausdienerin eine Erfahrung aus, die wahrscheinlich eine Erfahrung der Dichterin selbst ist: »Die Einheit derer, die bestimmt sind, einander auf dem Weg zu Gott zu helfen, ist tief und geheimnisvoll wie nichts anderes auf Erden. Ich habe eine liebe Freundin, die mir viel Kummer gemacht hat, weil ich mir lange Zeit einbildete, ich sei dazu bestimmt, sie zu bekehren und ihre Seele zu retten. Eines Tages aber ist mir klar geworden, daß es vielmehr umgekehrt sein sollte. Denn wenn uns jemand geschenkt wird, von dem wir glauben, daß wir sehr viel für ihn beten müßten, so heißt das auch immer zugleich und an erster Stelle, daß wir die eigene Seele noch viel rückhaltloser an Gott hingeben sollen. Nun, von dem Augenblick an, wo ich das erkannt habe, nämlich daß meine Freundin zuerst das Werkzeug Gottes an mir sein sollte und nicht umgekehrt, von jenem Augenblick an also habe ich auch Ruhe um ihre Seele gefunden, denn das, was ich durch sie gelernt habe, ist so groß, daß mir scheint, sie muß schon um dessentwillen beständig von Gott gesegnet werden.«[4]

II. *Jesus betete einmal an einem Ort; und als er das Gebet beendet hatte, sagte einer seiner Jünger zu ihm: Herr, lehre uns beten.*[5] »Als Antwort auf diese Bitte vertraut Jesus seinen Jüngern und seiner Kirche das christliche Grundgebet an«[6], das *Vater unser*. Es ist das Gebet des Herrn, das Gebet der ganzen Kirche in der Liturgie, das Gebet eines jeden einzelnen, wenn er *in seine Kammer geht und die Tür zuschließt*[7]. Dennoch ist es immer Gebet in Gemeinschaft – auch dann, wenn ich nicht am heiligen Geschehen der Liturgie teilnehmen oder nicht mit anderen zusammen beten kann, denn auch dann bin ich nicht allein, sondern mit allen verbunden, die *Vater unser* sagen. Weil das so ist, »darf ich nicht nur um mein tägliches Brot, um die Vergebung meiner Schuld, um meine Rettung vor dem Verderben bitten. Vor Gott stehe ich immer in der Reihe der Brüder und Schwestern. Ihre Gefährdungen und Leiden sind unlösbar mit meinen eigenen verknüpft. Eine Gebetspraxis, die das nicht ernst nimmt, gleitet in einen religiös verkappten Egoismus ab.«[8] Ich bete allein, und doch nicht allein; nicht nur, weil ich vor Gott stehe, sondern weil ich viele andere miteinbeziehe.

Die geheimnisvolle Wirklichkeit, die wir *Gemeinschaft der Heiligen* nennen, gilt auch für unser Beten. Dieses Wort hat »zwei Bedeutungen, die eng miteinander zusammenhängen: ›Gemeinschaft an den heiligen Dingen‹ (sancta) und ›Gemeinschaft zwischen den heiligen Personen‹ (sancti)«[9]. Weil wir alles, was zum Leben in Gott gehört, gemeinsam haben, können wir uns – durch das Beten oder durch eine brüderliche Ermahnung – gegenseitig helfen: »Wenn du für alle betest«, predigt der heilige Ambrosius von Mailand im 4. Jahrhundert, »dann wird dir auch das Gebet aller nutzen, denn du bist Teil des Ganzen. Auf diese Weise wirst du eine große Wohltat erfahren, denn das Gebet jedes Gliedes des Volkes bereichert sich mit dem Gebet der anderen.«[10] Es ist auch Ausdruck dieser Gemeinschaft, wenn wir uns die Gebetserfahrung anderer zunutze machen, etwa indem wir Gebete sprechen, die heiligmäßige Menschen uns überliefert haben: »Wenn also aus dem Herzen eines Menschen lebendige und gute Worte des Gebetes gekommen sind, ist es richtig und schön, daß die anderen sie gebrauchen, und daraus entsteht die Gemeinschaft im Heiligen.«[11]

Wenn zwei oder drei in meinem Namen versammelt sind... Oft – in unserer Zeit öfter vielleicht als früher – ergibt sich die Gelegenheit, durch gemeinsames Beten im kleinen Kreis Menschen zum Gebet zu bewegen, deren persönliche Situation im Widerspruch steht zu einer christlichen Lebensführung und die sich deshalb des Empfangs der Eucharistie enthalten. Gemeinsames Beten kann in ihnen den Vorsatz wecken, sich am Gebet als einziger Stütze festzuhalten. Ein bekannter Theologe schreibt: »Wenn ich im Stande der Sünde bin, kann ich weder für mich, noch für die anderen verdienen, aber ich kann schon für mich und die anderen beten. Das Gebet ist nicht auf die Wahrheit des Lebens gegründet, es ist ein Ruf an die reine Barmherzigkeit Gottes. Selbst aus den Tiefen meiner Sünde kann ich zu Gott schreien; das Gebet ist eine Gnade, durch die er mich einlädt, mich ihm zu nahen, damit er mir schließlich verzeihen kann. Und selbst als Sünder kann ich für die anderen, die besser sind als ich, und für die Heiligen und für die Kirche und das Heil der Welt beten.«[12]

Wie vieles hängt vom Gebet mit oder für andere ab! *Si Stephanus non orasset, Ecclesia Paulus non haberet.* – »Hätte Stephanus nicht gebetet, hätte die Kirche Paulus nicht.«[13]

III. *Wo zwei oder drei in meinem Namen versammelt sind, da bin ich mitten unter ihnen.* Am ursprünglichsten verwirklicht sich dieses Wort in der Familie, der »Urzelle des gesellschaftlichen Lebens«[14]. Der Glaube läßt uns diese natürliche Gemeinschaft neu erfahren als *ecclesia domestica, als Hauskirche*[15], »Zeichen und Abbild der Gemeinschaft des Vaters und des Sohnes im Heiligen Geist«[16]. Zugleich entdeckt man: »Die Kirche ist nichts anderes als die ›Familie Gottes‹. Von Anfang an wurde der Kern der Kirche oft von denen gebildet, die ›mit ihrem ganzen Haus‹ gläubig geworden waren. Als sie sich bekehrten, wünschten sie auch, daß ›ihr ganzes Haus‹ das Heil erlange. Diese gläubig gewordenen Familien waren Inseln christlichen Lebens in einer ungläubigen Welt.«[17] Auch heute gilt: »Die Familien sind die ersten Schulen der Glaubenserziehung, und nur wenn diese christliche Einheit erhalten bleibt, wird es möglich, daß die Kirche ihre große Sendung in der Gesellschaft und in der Kirche selbst erfüllt«[18]. In unserer Zeit muß man diese Aufgabe gegen zersetzende Tendenzen verteidigen: Grundwerte werden in

Frage gestellt, der Sinn von Freiheit und Bindung, Selbstverwirklichung und Dienst verkehrt, Ehen scheitern, Kinder wachsen verwahrlost auf, Abtreibung wird gleichgültig hingenommen, Kinderfeindlichkeit setzt sich rapide durch.

Was heißt da *in seinem Namen versammelt sein*? Es meint nicht nur gemeinsames Beten, sondern auch, daß die familiäre Atmosphäre insgesamt stimmen muß, daß »jeder gibt und empfängt«[19], die Zuordnung von Autorität und Gehorsam, Freiheit und Dienen nicht in Frage gestellt wird. »Jede Familie weiß, wie Ichsucht, Zwietracht, Spannungen und Konflikte ihre Gemeinschaft schwer verletzen und manchmal tödlich treffen: daher die vielfachen und mannigfaltigen Formen von Spaltung im Familienleben. Aber gleichzeitig ist jede Familie immer vom Gott des Friedens gerufen, die frohe und erneuernde Erfahrung der ›Versöhnung‹ zu machen, der wiederhergestellten Gemeinschaft, der wiedergefundenen Einheit.«[20]

Beten stiftet diese Einheit untereinander. Es gibt »ausgezeichnete, kurze und althergebrachte Frömmigkeitsübungen, die in den christlichen Familien immer gelebt worden sind: das Tischgebet, der gemeinsame Rosenkranz (...), die persönlichen Morgen- und Abendgebete. Je nach der Gegend werden die Gewohnheiten verschieden sein, aber ich denke, daß die eine oder andere einfach, schlicht und ohne Frömmelei gemeinsam verrichtete Frömmigkeitsübung in jeder Familie ihren Platz haben sollte.«[21]

Und wenn die Kinder groß geworden sind, wird aus dem Beten miteinander das Beten füreinander. »Freude und Leid, Hoffnung und Enttäuschung, Geburten, Geburtstage und Hochzeitstage, Abschiede, Getrenntsein und Wiedersehen, wichtige und einschneidende Entscheidungen, Todesfälle im Kreis der Lieben und ähnliches mehr – all das sind Marksteine der Begegnung der Liebe Gottes mit der Geschichte der Familie, wie sie auch Anlaß zur Danksagung sein sollen, des Bittens, der vertrauensvollen Überantwortung der Familie an den gemeinsamen Vater im Himmel.«[22]

Eine Mutter von sechs Kindern blickt auf ihre Kindheit zurück, dankbar und verwundert wegen ihrer prägenden Kraft; sie erzählt, »mit welch eigentümlichen Gefühlen ich Sonntag für Sonntag den Gang meines Vaters zu seiner Kirchbank verfolgte. Er mußte dabei das Kirchenschiff durchqueren und den Tabernakel, der damals noch im Zentrum des Altarraumes stand, passieren. Da er regelmäßig erst in letzter Sekunde erschien, wir Kinder aber immer schon frühzeitig zur Kirche geschickt wurden, wartete ich jeden Sonntag mit schwer zu erklärender Spannung darauf, ob der Vater wohl auch diesmal wieder in der Mitte des Ganges innehalten und eine tiefe Kniebeuge machen würde. Wenn dieser Vater, dessen Skeptizismus und Spötteln so locker daherkamen, vor irgendetwas oder irgendwem in der Kirche das Knie beugte, dann mußte hier das Wesentliche unseres Glaubens liegen.«[23] In einer gottfernen Welt liegt darin – gestern wie heute – die »zersetzende« Kraft gläubigen Betens.

[1] *Ez* 33,7-9; *Röm* 13,8-10; *Mt* 18,15-20. – [2] *Katechismus der Katholischen Kirche*, 166. – [3] vgl. *Mt* 13,24-30. – [4] Gertrud von le Fort, *Das Schweißtuch der Veronika*, München 1935, S. 147. – [5] *Lk* 11,1. – [6] *Katechismus der Katholischen Kirche*, 2759. – [7] vgl. Mt 6,6. – [8] F. Hengsbach, *Was gilt?*, Bd. 2, Sankt Augustin 1977, S. 23. – [9] *Katechismus der Katholischen Kirche*, 948. – [10] Ambrosius, *Über Kain und Abel*, 1. – [11] R. Guardini, *Vorschule des Betens*, Mainz 1986, S. 98. – [12] Ch. Journet, *Vom Geheimnis der Gnade*, Fribourg 1962, S. 86. – [13] Augustinus, *Predigt*, 215. – [14] *Katechismus der Katholischen Kirche*, 2207. – [15] ebd., 2204. – [16] ebd., 2205. – [17] ebd., 1655. – [18] Johannes Paul II., *Ansprache in Guadalajara (Mexiko)*, 30.1.1979. – [19] Johannes Paul II., Apost. Schreiben *Familiaris consortio*, 22.11.1981, 21. – [20] ebd. – [21] *Gespräche mit Msgr. Escrivá de Balaguer*, 103. – [22] Johannes Paul II., a.a.O., 59. – [23] M. Heeremann, *Gotteserfahrungen sind keine Kuschelecken*, in: *Von der Lust, katholisch zu sein*, Aachen 1993, S. 100.

38

GOTT HÖREN

Die Heilung eines Taubstummen.
Alles hat er gut gemacht!
Arbeiten vor Gott.

I. Der Prophet Jesaja, der in der zweiten Hälfte des 8. Jahrhunderts v. Chr. das Volk aufruft, sein Vertrauen auf Jahwe zu setzen, gilt nach Hieronymus als »der Evangelist des Alten Testaments«, denn er verkündet die wichtigsten messianischen Weissagungen. In der ersten Lesung[1] hören wir eine dieser Weissagungen: *Er selbst wird kommen und euch erretten. Dann werden die Augen der Blinden geöffnet, auch die Ohren der Tauben sind wieder offen. Dann springt der Lahme wie ein Hirsch, die Zunge des Stummen jauchzt auf.*

Diese Worte werden mit dem Kommen Jesu Christi wahr. *Er hat alles gut gemacht*, so schließt das heutige Evangelium[2]. *Das ganze Volk aber freute sich über all die großen Taten, die er vollbrachte.*[3]

Dann lesen wir: *Er verließ das Gebiet von Tyrus wieder und kam über Sidon an den See von Galiläa, mitten in das Gebiet der Dekapolis.* Jesus ging also nicht von Tyrus aus direkt nach Süden, sondern er begab sich nach Norden hin und wanderte bis Sidon, das fast 40 Kilometer nördlicher liegt. »Ohne viel Worte erfahren wir also hier, und nur bei Markus, daß der Herr bis an das Mittelmeer gekommen sei, denn die Straße von Tyrus nach Sidon führt längs des Meeres hinauf nach Norden. Aber rasch gleitet der evangelische Bericht über diese uns so eigen anmutende Tatsache hinweg, daß der Blick des Herrn jenes Meer schaute, das auch die Grenzen Europas umspült und die ersten christlichen Glaubensboten, Petrus wie Paulus, nach Europa getragen hat. (...) Wir müssen mehrere Wochen Reisezeit annehmen, vielleicht führte es öfter, wie Markus es vorhin andeutete, zu einem längeren Aufenthalt in einem heidnischen Hause. Dann ist wohl noch mehr Zeit vergangen.«[4]

Nun *brachte man einen Taubstummen zu Jesus und bat ihn, er möge ihn berühren.* Jesus, der mit einem bloßen Wort den Sturm zu stillen und Kranke zu heilen vermag, scheint diesmal sein Tun besonders augenfällig vornehmen zu wollen: Er *nahm ihn beiseite, von der Menge weg*, damit alle »das geheimnisvolle Gebaren des Herrn besser beobachten können und gut im Gedächtnis behalten. Nicht als ein Theater, wohl aber als ein Schauspiel größter, göttlicher Herablassung und Liebe sollte diese Tat des Herrn auf sie wirken.«[5] Er *legte ihm die Finger in die Ohren und berührte dann die Zunge des Mannes mit Speichel* – wohl in Anspielung auf den weitverbreiteten Glauben des Volkes an die Heilkraft des Speichels; *danach blickte er zum Himmel auf und seufzte.* »Dieser Seufzer scheint ein Zeichen des Mitleids und zugleich des Gebetes zu sein.«[6] Vielleicht wollte der Herr durch die sichtbare Geste den Taubstummen innerlich bewegen, es ihm gleich zu tun. Erst dann sprach der Herr das entscheidende Wort: *Effata!, das heißt: Öffne dich!*

Vielleicht verwendet der Herr hier auch deshalb so viele sichtbare Zeichen, weil sie die einzige Möglichkeit der Kommunikation mit dem Taubstummen sind. Aber wir dürfen darin auch einen Hinweis auf die Sakramente sehen, in denen sich die göttliche Heilspädagogik entfaltet. Christus hat sie eingesetzt und der Kirche anvertraut, damit wir durch sie eine tiefer reichende Heilung als körperliche Genesung erfahren, denn sie geben uns das göttliche Leben. »Die sichtbaren Riten, unter denen die Sakramente gefeiert werden, bezeichnen und bewirken die Gnaden, die jedem Sakrament zu eigen sind. In Gläubigen, die sie mit der erforderlichen inneren Haltung empfangen, bringen sie Frucht.«[7]

II. *Jesus verbot ihnen, jemand davon zu erzählen. Doch je mehr er es ihnen verbot, desto mehr machten sie es bekannt.* Wir können verstehen, daß der Taubstumme es sich nicht nehmen ließ, das leibhaftig erfahrene Wunder laut zu verkünden. Aber auch das Volk war *außer sich vor Staunen.* Es rief: *Er hat alles gut gemacht!* »Die Menschen, die das Leben Christi aus der Nähe beobachten konnten, haben von seinem Wirken oft mit Bewunderung gesprochen; ein Wort gibt es dabei, das in gewissem Sinne alle anderen miteinschließt. Ich meine den spontanen Ausruf, in dem Staunen und Begeisterung angesichts der Wunder des Herrn mitschwingen: *bene omnia fecit*, alles hat er wunderbar getan. Alles: die großen Wunder ebenso wie die kleinen Dinge des Alltags; ihnen, die ohne Glanz waren, gab Christus jene Vollkommenheit, die ihm eignet, der *perfectus Deus, perfectus homo*, vollkommener Gott und vollkommener Mensch ist.«[8]

Jesus – wie oft haben wir dies betrachtet – verbrachte die meiste Zeit seines irdischen Lebens als Handwerker in einem Dorf. Schon dort muß den Leuten aufgefallen sein, daß er alles gut machte, jede Arbeit vollendet tat. Die Leute damals konnten noch nicht wissen, daß jene Arbeit des Menschen Jesus gleichzeitig *Arbeit Gottes* war in dem unergründlichen Sinne, daß der menschgewordene Gott sie verrichtete.

Was können wir von ihm lernen? Menschliche Arbeit spielt sich zumeist im Rahmen eines Berufes ab. Neben einer soliden Fachkenntnis erfordert sie eine Reihe von Tugenden: Ausdauer, Verläßlichkeit, Fleiß... Der Sinn für die Kostbarkeit der Zeit gehört ebenso dazu wie der Sinn für Muße, in der der Leib neue Kräfte, die Seele Gelassenheit und das fachliche Können neue kreative Impulse empfangen.

Es zählt das Maß der Heiligung, das wir in der Arbeit erlangen. »Wir dürfen dem Herrn nichts anbieten, das nicht in dem Maße, wie unsere menschliche Unzulänglichkeit es erlaubt, vollkommen, fehlerlos und auch im Kleinen vollendet ist. Gott nimmt eine hingepfuschte Arbeit nicht an. In der Heiligen Schrift heißt es: *Etwas Fehlerhaftes dürft ihr nicht darbringen, denn es wäre seiner nicht würdig* (*Lev* 22,20). Deshalb soll die Arbeit, die unseren Tag ausfüllt und unsere ganze Kraft in Anspruch nimmt, eine Opfergabe sein, die des Schöpfers würdig ist, ein vollendetes, tadelloses Werk: *operatio Dei*, Arbeit von Gott und für Gott.«[9] Kann man von uns sagen, daß wir uns zumindest darum bemühen, die Dinge gut zu tun?

Es gibt viele edle Motive, deretwegen Menschen arbeiten: Familie, Selbstentfaltung, menschenwürdiges Auskommen, Gemeinwohl... Andere Motive sind schon fragwürdiger: Selbstgefälligkeit, Luxus, Geltungssucht... Auch edle menschliche Motive greifen für einen Christen zu kurz. »Ein Maler antwortete einmal auf die Frage, warum er sich denn bei der Arbeit anstrenge, mit den Worten: ›Ich stelle mir vor, daß mir ein großer Meister über die Schulter schaut.‹ Gibt es einen größeren Künstler als Gott, den Schöpfer unserer Welt? Wer sich in seiner Gegenwart weiß, bemüht sich um gute Arbeit, auch wenn es niemand sieht. (...) In der Arbeit das Beste zu geben, Professionalität und Kompetenz sollten für Christen selbstverständliche Attribute ihrer Arbeit sein. Es sei denn, es wäre denkbar, daß Christus schlampig gearbeitet hat, er, von dem die Menschen erstaunt sagten, daß er nur ›Gutes tat‹ (*Apg* 10,38).«[10] Das Zweite Vatikanische Konzil faßt es bündig zusammen: »Durch seine Gott dargebrachte Arbeit verbindet der Mensch sich mit dem Erlösungswerk Jesu Christi selbst, der, indem er in Nazaret mit eigenen Händen arbeitete, der Arbeit eine einzigartige Würde verliehen hat.«[11]

III. *Er hat alles gut getan...* Meister Eckhart schreibt im 14. Jahrhundert: »Der Mensch lerne mitwirken mit seinem Gott. Nicht soll man aus dem Innenleben herausgehen, nicht ihm gleichsam entfallen oder ihm entsagen, sondern wirken lernen soll man: in ihm, mit ihm und aus ihm. Die Innerlichkeit breche dabei durch zur Verwirklichung. Und diese leitet (den Menschen) wiederum hinein in die Innerlichkeit. (...) Auf das innere Vollbringen richte man das Auge, um dann auch nach außen tätig zu werden, es sei Lesen, Beten oder – falls erforderlich – ein äußeres Werk.«[12]

Der selige Josemaría Escrivá erweitert diese Sicht. In der Frühzeit seines apostolischen Bemühens um junge Studenten, so erzählt er, unternahm er in Burgos lange Spaziergänge, die ihn oft bis zur berühmten Kathedrale führten. Dort »bestieg ich mit ihnen einen der Türme und zeigte ihnen dann aus der Nähe das gotische Maßwerk, diese wahre Filigranarbeit aus Stein: das Ergebnis geduldiger, mühsamer Arbeit. Im Gespräch lenkte ich ihre Aufmerksamkeit darauf, daß jene Wunderwerke von unten gar nicht zu sehen waren. Was ich ihnen so oft erklärt hatte, hier wurde es greifbar: Das ist, sagte ich, Arbeit Gottes, Werk Gottes – die eigene Arbeit so vollendet tun, daß sie schön wird wie dieses feine Spitzengewebe aus Stein.« Und er fährt fort: »Das Beispiel war so anschaulich, daß diese jungen Menschen begriffen: das alles war Gebet, ein wunderbares Zwiegespräch mit dem Herrn. Die Steinmetzen, die hier ihr ganzes Können entfaltet hatten, wußten sehr gut, daß das unten auf der Straße niemand merken würde. Ihre Kunst galt Gott allein.«[13] Und weiter: »Verstehst du jetzt, wie du durch deinen Beruf Gott näherkommen kannst? Tu, was jene Steinmetzen taten, und auch deine Arbeit wird *operatio Dei* sein: ein menschliches Werk, das den Stempel Gottes trägt.«

Das Werk kann nur gelingen, wenn man auf die scheinbar so kleinen Dinge, ja auf Winzigkeiten achtet. Recht verstanden, verengt der Sinn für die kleinen Dinge nicht die Perspektive, sondern weitet sie zu der Erkenntnis, daß sich selbst die ganz großen Werke lauter einzelnen kleinen Handgriffen und Überlegungen verdanken. Ein Stoßgebet kann aus der kleinen Anstrengung ein Opfer für die großen Anliegen der ganzen Kirche werden lassen: für den Papst und den Bischof, für das Wachsen der Kirche, für Menschen in Not. Diese Weite des Blickes hilft besonders dann, wenn unsere Arbeit einmal sperrig, fad oder monoton wird, denn »die

Härte und Unerbittlichkeit der gesellschaftlichen und wirtschaftlichen Verhältnisse bringen es mit sich, daß nicht jeder einen Beruf finden wird, der seinen Neigungen und Fähigkeiten allseits entspricht. Nicht wenige werden mit einem sogenannten Zwangsberuf vorliebnehmen müssen. Für den Christen jedoch, der an Gottes liebevolle Vorsehung glaubt, ist jeder Beruf ein Ruf Gottes, mag er bedeutsam oder untergeordnet sein, mag er unseren Neigungen entsprechen oder wie ein Kreuz auf uns liegen. Gott ruft den Menschen nicht nur durch das, was er ihm *gibt* (Anlagen, Tauglichkeiten, Fähigkeiten, Neigungen), sondern auch durch das, was er ihm *schickt* (Krankheit, Kriegsfolgen, widrige wirtschaftliche und soziale Verhältnisse usw.).«[14]

Zeig deinen Knechten deine Taten und ihren Kindern deine erhabene Macht! Es komme über uns die Güte des Herrn, unseres Gottes. Laß das Werk unserer Hände gedeihen, ja, laß gedeihen das Werk unserer Hände.[15]

[1] *Jes* 35,4-7. – [2] *Mk* 7,31-37. – [3] *Lk* 13,17. – [4] J. Dillersberger, *Markus*, Bd. 3, Salzburg 1937, S. 153. – [5] ebd., S. 155. – [6] Johannes Paul II., *Katechese*, 9.12.1987. – [7] *Katechismus der Katholischen Kirche*, 1131. – [8] J. Escrivá, *Freunde Gottes*, 56. – [9] ebd., 55. – [10] Ch. Bockamp, *Was heißt das denn überhaupt, Christ zu sein?* in: *Plädoyer für die Kirche*, Aachen 1991, S. 194. – [11] II. Vat. Konz., Konst. *Gaudium et spes*, 67. – [12] Meister Eckhart, *Die Gottesgeburt im Seelengrund*, Freiburg 1990, S. 71. – [13] J. Escrivá, *Freunde Gottes*, 65. – [14] J. Höffner, *Christliche Soziallehre*, Kevelaer 1962, S. 120. – [15] *Ps* 90,17.

39

GEWISSENSERFORSCHUNG

Wie den Turm bauen?
Wie Augustinus: Vor Gottes Angesicht
Allgemeine und besondere Gewissenserforschung

I. *Welcher Mensch kann Gottes Plan erkennen, oder wer begreift, was der Herr will? Unsicher sind die Berechnungen der Sterblichen und hinfällig unsere Gedanken; denn der vergängliche Leib beschwert die Seele, und das irdische Zelt belastet den um vieles besorgten Geist.*[1] Die Worte aus dem Buch der Weisheit bilden einen passenden Hintergrund für das heutige Evangelium[2]. Der Herr spricht über die Bedingungen der Nachfolge. Er will nicht flüchtige Begeisterung, sondern nüchterne Selbsterkenntnis: *Wenn einer von euch einen Turm bauen will, setzt er sich dann nicht zuerst hin und rechnet, ob seine Mittel für das ganze Vorhaben ausreichen? Sonst könnte es geschehen, daß er das Fundament gelegt hat, dann aber den Bau nicht fertigstellen kann. Und alle, die es sehen, würden ihn verspotten.* Ein zweites Beispiel verdeutlicht es: *Oder wenn ein König gegen einen anderen in den Krieg zieht, setzt er sich dann nicht zuerst hin und überlegt, ob er sich mit seinen zehntausend Mann dem entgegenstellen kann, der mit zwanzigtausend gegen ihn anrückt?*

Jesus erwartet eine nüchterne Entschlossenheit in der Nachfolge, er ermahnt jeden, auf die Tragfähigkeit des Fundaments zu achten. Das Doppelgleichnis von heute liest sich wie eine Erweiterung des Gleichnisses vom Bauen auf festem Fundament am Schluß der Bergpredigt: Dort ist die Rede vom *klugen Mann, der sein Haus auf Felsen baute. Als nun ein Wolkenbruch kam und die Wassermassen heranfluteten, als die Stürme tobten und an dem Haus rüttelten, da stürzte es nicht ein; denn es war auf Fels gebaut.*[3]

Wer seinen *Turm* bauen will, wer seinen *Krieg* gewinnen will, muß klug erwägen, was er hat, was ihm fehlt, was er sichern muß. Er muß, auf das geistliche Leben übertragen, prüfen, ob die Rücklagen ausreichen, die Mauern genügend geschützt sind. Er muß wissen, was in seinem Leben korrigiert werden soll, sich fragen, ob er Anregungen zum Guten gern aufnimmt oder ob sich geistliche Mittelmäßigkeit bei ihm breitgemacht hat, ob er die Askese – die kleinen Abtötungen – vernachlässigt, sich von der Bequemlichkeit beherrschen läßt, seine eigene Ruhe als höchstes Gut ansieht...

Wie sieht das aus, wenn jemand in stetiger Wachsamkeit des Gewissens lebt? Der heilige Thomas Morus schrieb kurz vor seiner Hinrichtung an seine Tochter Margaret: »Es mag seltsam klingen, wenn ich dir sage: ein Mann kann seinen Kopf verlieren, ohne dabei an seiner Seele Schaden zu leiden. Ich hoffe zwar, Gott werde es nicht zulassen, daß ein guter und weiser Fürst die langjährigen Dienste eines treuen Untertanen mit solchem Undank vergilt. Ich will aber dennoch nicht vergessen, daß solche Fälle auf dieser Welt keineswegs unmöglich sind. Ich habe auch den Rat des Evangeliums bedacht, wonach man zuerst die Kosten berechnen soll, bevor man eine Burg zum Schutz seiner Seele erbaut. In manch einer ruhelosen Nacht, während meine Frau schlief und auch mich schlafend wähnte, überdachte ich alle Gefahren, die mir begegnen könnten. Ich zog alle Möglichkeiten in Betracht. Selbst das größte Unglück kann mich nicht unvorbereitet treffen. Oft wurde mir das Herz schwer bei solchen Gedanken; aber nicht einmal das atemberaubendste Angstgefühl konnte mich zu einer Sinnesänderung bringen.« Auf die Erwiderung seiner Tochter, wenn es wirklich zum Äußersten käme, werde er vielleicht seine Meinung doch noch ändern, dann aber sei es wahrscheinlich zu spät, antwortet Thomas: »Zu spät, meine Tochter? Ich flehe zu Gott, daß keine praktische Möglichkeit einer Rettung mehr bestehen möge, wenn ich meinen Sinn doch noch ändern wollte. Denn jede andere Haltung kann mein Seelenheil nur gefährden, besonders, wenn sie einem bloßen Angstgefühl entspringt. Deshalb möge Gott mir die Kraft verleihen, meinen bisherigen Einsichten treu zu bleiben.«[4]

II. »In dem Augenblick, in dem der Geist bereit ist, geht Gott in ihn ein, ohne Verzögerung und ohne Zögern (...). Du mußt ihn nicht eigens suchen, weder dort noch hier. Er ist ja nicht weiter weg als vor der Tür des Herzens. Da steht er und wartet, wen er bereit findet, ihm auftut und ihn hineinläßt. Du brauchst ihn auch nicht erst von fern her zu rufen. Er kann es ja kaum erwarten, bis du ihm auftust. Ihn verlangt tausendmal dringlicher nach dir, als du dich nach ihm sehnst.«[5] Dies gilt auch für die Gewissenserforschung. Ohne die Erleuchtung des Heiligen Geistes gerät das Bemühen um Selbsterkenntnis leicht zur psychologischen Introspektion. Man sollte die Gewissenserforschung mit einem Gebet beginnen, etwa mit den Worten: *Domine, ut videam! Rabbuni, ich möchte wieder sehen können*[6] des blinden Bartimäus – in Hoffnung auf Licht – oder mit den Worten des Petrus: *Herr, du weißt alles; du weißt, daß ich dich liebe.*[7]

Die *Bekenntnisse* des Augustinus sind eine einzige große Gewissenserforschung – ein Meisterwerk der Psychologie, aber im Dialog mit dem Herrn: »Wie soll ich's dem Herrn vergelten, daß ich diese Dinge im Gedächtnis wiederholen kann, ohne daß meine Seele darob in Furcht gerät? Ich will dich lieben, Herr, dir danken, deinen Namen preisen, daß du mir so viel Böses und Ruchloses, das ich getan, vergeben hast. Deiner Gnade, deiner Erbarmung rechne ich es zu, daß du meine Sünden wie Eis hinweggeschmolzen hast. Deiner Gnade rechne ich auch das Nichttun anderes Bösen zu: denn wozu sonst noch wäre ich imstande gewesen.«[8]

In der Gegenwart Gottes ist es leichter, die Scheuklappen zu beseitigen, die uns das Blickfeld verengen können. Da ist an erster Stelle der Hochmut in seinen vielfältigen Spielarten. Oder man sieht sich wohl als Sünder, scheut sich aber, die Sünden klipp und klar beim Namen zu nennen. Es ist dann wie beim Dämon, den Jesus einmal austrieb: er *war stumm. Als der Dämon den Stummen verlassen hatte, konnte der Mann reden.* Daher die Mahnung: »Nimm dich zur Stunde der Gewissenserforschung vor dem stummen Teufel in acht.«[9] Wer ist dieser *stumme Teufel*? Jene Neigung, die Wahrheit zu verdrängen, wenn sie unserem Stolz in die Quere kommt.

Darüber hinaus gefährdet die Geringschätzung des Kleinen eine gute Gewissenserforschung. Dies ebnet der Lauheit den Weg. Man vergißt dann: »Weder die Spitzhacke noch die Axt, noch die Schläge sonst eines Werkzeugs, so scharf es auch sein mag, sind die gefährlichsten Feinde des Gesteins, sondern das Wasser, das tropfenweise in die Ritzen des Felsen sickert, bis es das Gefüge sprengt. Hier liegt für den Christen die große Gefahr: die täglichen Scharmützel zu vernachlässigen, was nach und nach seine Spuren in der Seele hinterläßt, so daß sie schließlich schlaff und spröde wird, gleichgültig und unempfänglich für die Stimme Gottes.«[10]

Wie soll man Gewissenserforschung halten? Es gibt keine feste Regel. Wenn überhaupt eine Regel, dann sie kurz halten, damit man sich nicht ins dornige Gestrüpp des Psychologisierens verstrickt. Das regelmäßige geistliche Gespräch kann darüber hinaus helfen, manches zu konkretisieren: Habe ich die vorgesehenen Gebetsübungen eingehalten? Bin ich mir bei der Arbeit bewußt, in Gottes Gegenwart zu leben, opfere ich ihm die Arbeit auf? Bin ich geduldig, dienstbereit – oder grimmig, egoistisch – gewesen im Umgang mit den anderen zu Hause oder im Büro? Gott sei Dank, man entdeckt dann auch Situationen, in denen es einem gelungen ist, diesen oder jenen Vorsatz zu verwirklichen. Daraus erwächst oft ein neuer Vorsatz für den nächsten Tag. Und schließlich: »Schließe deine Gewissenserforschung immer mit einem Gedanken der Liebe ab, der Reue aus Liebe: für dich, für alle Sünden der Menschen. Und betrachte das väterliche Sorgen Gottes, der dir die Hindernisse wegräumte, damit du nicht stolpertest.«[11]

III. Solange wir leben, erfahren wir im geistlichen Kampf Siege und Niederlagen. Aber diese zwiespältige Erfahrung nimmt uns nicht die Gewißheit, daß Christus *mich geliebt und sich für mich hingegeben hat*[12]. Wer einmal die Bitterkeit des Versagens spürt, wird sich an dem Gedanken aufrichten, daß Gott uns seine Liebe niemals aufkündigt. Im Gegenteil, Niederlagen müssen uns Anlaß sein, zu seiner »Liebe und Güte unsere ganze Zuflucht zu nehmen, ähnlich wie die alten Ritter, wenn sie in ihre Rüstung stiegen. Jenes *Ecce ego, quia vocasti me* (*1 Sam* 3,6.8) – rechne auf mich, denn du hast mich berufen – ist unser Schild. Wir dürfen uns nicht von Gott entfernen, weil wir wissen, daß wir zerbrechlich sind wie Ton; vielmehr müssen wir unsere Erbärmlichkeiten bekämpfen, gerade weil Gott auf uns vertraut.«[13]

Im spirituellen Leben pflegt man zu unterscheiden zwischen der allgemeinen und der besonderen Gewissenserforschung, die auch *Partikularexamen* genannt wird. »Die allgemeine Gewissenserforschung gleicht der Abwehr. Das Partikularexamen dem Angriff. Das erste ist Panzerung, das zweite ein scharfes Schwert.«[14] Die erste ist eine tiefreichende Gesamtschau – hin zu den Wurzeln und Kräften, die unser Denken und Tun prägen. Die besondere Gewissenserforschung indessen »soll darauf zielen, eine bestimmte Tugend zu erwerben oder einen dich beherrschenden Fehler auszumerzen«[15].

Die allgemeine Gewissenserforschung läßt uns die momentane Situation realistisch erkennen: »Wer ein Geschäft betreibt, vernachlässigt die Buchführung nicht. – Gibt es ein wichtigeres ›Geschäft‹ als das Geschäft des ewigen Lebens?«[16] Das Partikularexamen hilft uns, im Rahmen dieser Situation Akzente im asketischen Kampf zu setzen.

Worin kann unsere besondere Gewissenserforschung bestehen? Vielleicht haben wir gemerkt, daß uns die Gegenwart Gottes allzu schnell verloren geht. Zur Zeit des Gebetes sind wir beim Herrn, aber dann – mitten in unserer Arbeit, im Familienleben oder auf der Straße – denken wir überhaupt nicht mehr an ihn. Wir möchten gerne, aber... Suchen wir Wachrüttler: ein Lesezeichen, ein Heiligenbild, eine zeitweilige unbequeme Haltung, ein Stoßgebet... Ein anderes Mal werden wir uns betrübt fragen: Warum diese Trägheit beim Aufstehen, die ich doch eigentlich gar nicht will und die obendrein nur Probleme mit sich bringt? Warum grantige Äußerungen beim Frühstück, die immer wieder den Tag mit einem Mißklang beginnen lassen? Könnte ich mir nicht vornehmen – mit ein wenig mehr Selbstkontrolle –, stattdessen ein freundliches Wort zu sagen und gelassen einen vielleicht nötigen Tadel auf später zu verschieben? Geduld zu haben gegenüber diesem oder jenem Mitarbeiter, dessen enervierende Art ich mittlerweile doch kenne; Zurückhaltung beim Gespräch über abwesende Dritte zu üben, damit es nicht in Klatsch ausartet; zuhören lernen; dankbar zu sein für kleine Aufmerksamkeiten... Wenn wir uns eine gewisse Zeitlang sorgfältig prüfen und von Mal zu Mal den Kampf präzisieren, werden wir vorankommen.

[1] *Weis* 9,13-19. – [2] *Lk* 14,28-32. – [3] *Mt* 7,24-25. – [4] P. Berglar, *Die Stunde des Thomas Morus*, Olten 1978, S. 304. – [5] Meister Eckhart, *Die Gottesgeburt im Seelengrund*, Freiburg 1990, S. 122. – [6] *Mk* 10,51. – [7] *Joh* 21,17. – [8] Augustinus, *Bekenntnisse*, 2,7. – [9] J. Escrivá, *Der Weg*, Nr. 236. – [10] ders., *Christus begegnen*, 77. – [11] ders., *Der Weg*, Nr. 246. – [12] *Gal* 2,20. – [13] J. Escrivá, *Freunde Gottes*, 187. – [14] J. Escrivá, *Der Weg*, Nr. 238. – [15] ebd., Nr. 241. – [16] ebd., Nr. 235.

40

STRECKE DEINE HAND AUS

Der erfolgreiche Versuch eines Resignierten.
Gelebte Askese.
Natürliche Tugenden.

I. Jesus betrat eine Synagoge und begegnete dort einem Menschen, *dessen Hand verdorrt war*[1]. Kein bittendes Wort, kein Versuch des Kranken, sich Jesus zu nähern. Hatte er schon resigniert? Sich mit seinem Zustand abgefunden? Die kritischen Blicke der Gegner gelten Jesu Verhalten. Sie wittern die Chance, den Herrn doch noch zu Fall zu bringen. Jesus forderte den Mann mit der verdorrten Hand auf: *Steh auf und stell dich in die Mitte!* Dann wendet er sich an seine Gegner: *Was ist am Sabbat erlaubt: Gutes zu tun oder Böses, ein Leben zu retten oder es zu vernichten?* »Heilung am Sabbat war nur bei Lebensgefahr gestattet. (...) Wie spielend und schlagend hat er immer eine Antwort gewußt, sofort, auf ihre Fragen. Jetzt stellt er die Frage, und schon sind sie in der Enge. Absichtlich hat er die Lage so gestaltet, daß sie sehen, wohin ihre Gesetzesauffassung führt. Ihre Sabbatheiligung hindert das Gute und führt letztlich zum Verderben des Menschen. Zumindest mordet sie die Seele.«[2]

Es heißt dann, Jesus *sah sie der Reihe nach an, voll Zorn und Trauer über ihr verstocktes Herz, und sagte zu dem Mann: Streck deine Hand aus!* Dieser muß ein großes Zutrauen zu Jesus gefaßt haben. Wie oft mag er genau das schon versucht haben. Aber jedes Mal vergeblich, und eines Tages hat er es dann ganz aufgegeben. Jetzt regt sich wieder Hoffnung, der Mann gehorcht aufs Wort. *Er streckte sie aus, und seine Hand war wieder gesund.*

War das Glaube? Natürlich nicht der übernatürliche Glaube an den Gottessohn, aber doch Glaube in dem Sinne, daß der Kranke sich ganz auf Jesus verläßt. Welche Ermutigung: Im Vertrauen auf Jesus lassen sich viele Knoten lösen, im geistlichen Leben wie bei unseren apostolischen Aufgaben. Der Herr »hat uns tausendfach die Verheißung gegeben, daß wir das ersehnte Gut leicht erlangen können, wenn wir nur die Mittel gebrauchen, die er uns zur Erreichung dieses Zieles bereitgestellt hat.«[3]

Diese beglückende Erfahrung muß den Kranken beflügelt haben. Vielleicht mischte sich in die Freude Erschrecken bei dem Gedanken, er hätte Jesus nicht vertraut. Läßt sich diese Situation nicht auf unser Leben übertragen? Auf unser vielleicht vergebliches Bemühen, eine gute Eigenschaft zu festigen, eine ungute Angewohnheit loszuwerden? Vielleicht haben wir entmutigt bald resigniert. Der Kranke wurde dank der göttlichen Kraft des Wortes Christi geheilt, aber auch, weil er auf die Aufforderung Christi einging, die Hand auszustrecken.

Die Pharisäer konnten sich mit dem Geheilten nicht freuen; stattdessen *gingen sie hinaus und faßten zusammen mit den Anhängern des Herodes den Beschluß, Jesus umzubringen.* Ihre Entschlossenheit beleuchtet nachträglich, weshalb der Herr sie vorher *voll Zorn und Trauer über ihr verstocktes Herz* angesehen hatte. »Das griechische Wort (von poros, der Tuf*stein*, gebildet) spricht noch furchtbarer von einer ›Versteinerung‹ der Herzen. (...) Alles wird zum fürchterlichen Symbol. Daß der Eifer für das Gesetz den Menschen so verblenden und verhärten kann, daß er das Gute nicht mehr anerkennen will, wo es ihm andersgeartet entgegentritt, ist schon Tragik sondergleichen. Aber noch furchtbarer wird alles, wenn sie vollends kalt und ohne Bedenken den Tod dessen beschließen, der nur die Liebe kennt. Ein Warnungssignal voll trauriger Deutlichkeit ist dies für die menschliche Beschränktheit und Enge, die gerade im Eifer für das Gesetz Gottes das wahrhaft Gute zertreten kann.«[4]

II. *Streck deine Hand aus!* Der Herr verlangt vom Kranken eine Anstrengung, die er von sich aus gar nicht schaffen konnte. Augustinus schreibt im Hinblick auf das Wort der Heiligen Schrift: *Alles vermag ich durch ihn, der mir Kraft gibt* (*Phil* 4,13): »So mach mich stark, daß ich es vermöge, gib, was du forderst, und dann fordere, was du willst.«[5] Dies muß unsere innere Einstellung sein, wenn wir meinen, Gott gebiete uns Dinge, die uns überfordern. »Zuerst müssen wir uns selber geben, um dann Gottes Gabe zu empfangen. Am Ende kommt alles von Gott. Und doch kann Gottes Gabe uns nicht erreichen, wenn wir nicht zuerst selber Gebende geworden sind. Am Ende ist alles Gnade – denn die großen Dinge der Welt, das Leben, die Liebe, Gott – die kann man nicht machen, nur geschenkt bekommen. Und doch können wir nur dann beschenkt werden, wenn wir selbst Schenkende sind. Nur indem wir schenken, werden wir beschenkt; nur indem wir folgen, werden wir frei; nur indem wir opfern, empfangen wir, was wir durch nichts verdienen können.«[6] So durchdringt der Glaube die großen und kleinen Entscheidungen unseres Lebens. So ist das *Credo* nicht nur Wissen, sondern Bekenntnis. So ist das konkrete Leben wirklich Entfaltung des Glaubens.

Eine solche Sicht gilt nicht nur in extremen Lebenssituationen wie einer schweren Krankheit, sie gilt immer, auch im ganz prosaischen Alltag. Lassen wir zu, daß der Glaube uns *ganz berührt*, bis in unsere natürlichen Haltungen hinein. Deshalb ermahnt der heilige Paulus die Christen in Philippi, das Bemühen um das Natürlich-Gute zu beherzigen: *Was immer wahrhaft, edel, recht, was lauter, liebenswert, ansprechend ist, was Tugend heißt und lobenswert ist, darauf seid bedacht!*[7] Es geht darum, in den vielen kleinen Anstrengungen gleichsam die Hand auszustrecken, um sie als kleine Überwindungen Gott darzubringen. Darin verbinden sich

Gnade und Natur, übernatürliche und natürliche Tugenden, menschliche Anstrengung und Wirken Gottes. »Wir werden nicht heilig sein, wenn wir uns nicht mit Christus am Kreuz vereinigen: es gibt keine Heiligkeit ohne Kreuz, ohne Abtötung. Am ehesten werden wir diese Abtötung in den normalen täglichen Angelegenheiten finden: in der angespannten Arbeit, die wir ausdauernd und ordentlich tun, weil wir wissen, daß der echte Opfergeist sich in der Beharrlichkeit zeigt, die begonnene Arbeit so vollkommen wie möglich zu vollenden; in der Pünktlichkeit, mit der wir den Tag über die ›heroischen Minuten‹ meistern; in der Pflege der Gegenstände, die wir besitzen und benutzen; in dem Eifer zu dienen, der uns die kleinsten Pflichten mit Gewissenhaftigkeit erfüllen läßt; und in den winzigen Liebeserweisen, mit denen wir den Weg der Heiligkeit in der Welt für alle liebenswert machen; ein Lächeln kann manchmal der schönste Beweis unseres Bußgeistes sein.«[8]

Diese innere Einstellung gilt nicht nur für schwierige Situationen. Auch das Schöne läßt sich noch tiefer, reiner und beglückender sehen, wenn wir die Spuren Gottes darin gewahren. Durch ein blühendes Mohnfeld zu spazieren oder durch einen herbstlichen Wald kann zu einem dankbaren Stoßgebet oder zu einem *Te Deum* Anlaß sein. So gewinnen selbst die ganz profanen Situationen eine Dimension des Glaubens, des Dankes und der Liebe.

Glaube, Hoffnung und Liebe sind Gnadengeschenke Gottes. Das *Strecke deine Hand aus!* ist eine Aufforderung des Herrn an uns, beständig diese Tugenden zu üben. Immer wieder sagt uns der Herr: versuche es von neuem, mach weiter, praktiziere den Glauben nicht nur am Sonntag oder in extremen Situationen, sondern immer. Er ist kein abstraktes Ideal, laß ihn alles, was du tust, durchdringen und beseelen. Dann erhält auch das scheinbar Sinnlose und Banale einen Sinn: Es füllt sich mit der Größe Gottes an.

III. Immer wieder *die Hand ausstrecken*, damit das Verdorrte aufs neue die Spannkraft des Glaubens erhält – ist das im Grunde nicht das geistliche Leben? »Erschließt sich unser Geist dem Hauch der Gnade, stimmt er ihrem Wirken zu und arbeitet er auch nur ein wenig mit, so wird Gott uns stärken, uns führen und geleiten von Liebe zu Liebe, bis zu jenem lebendigen Glauben, der für unsere Umgestaltung notwendig ist.«[9] Bitten wir für alle, denen das geistliche Leben zu einer leidigen Angelegenheit, zu einer faden Pflichtenlehre geworden ist, frustrierend und beschwerlich, um die belebende Erfahrung der ausgestreckten und geheilten Hand.

Auch wenn es Begebenheiten und Gestalten gibt, die vom wahrlich überwältigenden Wirken der Gnade zeugen, baut doch normalerweise die Gnade auf der Natur auf.

Deshalb gehört zum Kampf im geistlichen Leben Beständigkeit. Ebenso gehört die Fähigkeit dazu, Unbill und Widrigkeiten gelassen zu ertragen. Wie kann einer im Glauben stark sein, wenn er es nicht fertigbringt, eine kleine Kränkung gefaßt hinzunehmen? Oder wie kann man den Nächsten lieben, wenn man die Regeln der Höflichkeit nicht beherzigt?

Die natürlichen Tugenden sind die Voraussetzung für ein glaubwürdiges Zeugnis. Papst Paul VI. hat es auf eine einprägsame Formel gebracht: »Der heutige Mensch hört lieber auf Zeugen als auf Gelehrte, und wenn er auf Gelehrte hört, dann deshalb, weil sie Zeugen sind.«[10]

Unsere Zeit braucht Zeugen, die – mit Worten Papst Johannes Pauls II. – »Experten im Umgang mit den Menschen sind, die das Herz des heutigen Menschen gründlich kennen, seine Freuden und Hoffnungen, Ängste und Sorgen teilen und zugleich beschauliche Freunde Gottes sein wollen. Dazu bedarf es neuer Heiliger. Die großen Evangelisatoren Europas waren die Heiligen. Wir müssen den Herrn bitten, daß er den Geist der Heiligkeit in der Kirche vermehre und uns neue Heilige sende, um die Welt von heute zu evangelisieren.«[11]

Maria ist das Urbild aller heilsempfangenden, *die Hand ausstreckenden* Menschen. »Wenn du drohst von abgrundtiefer Traurigkeit und Verzweiflung verschlungen zu werden – denk an Maria! In Gefahren, in Ängsten, in

Zweifeln – denk an Maria, ruf zu Maria! Ihr Name weiche nicht aus deinem Munde, weiche nicht aus deinem Herzen! Damit du aber ihre Hilfe und Fürbitte erlangst, vergiß nicht das Vorbild ihres Wandels! Folge ihr, und du wirst nicht vom Wege weichen. Bitte sie, und niemals bist du hoffnungslos. Denk an sie, dann irrst du nicht. Hält sie dich fest, wirst du nicht fallen. Schützt sie dich, dann fürchte nichts. Führt sie dich, wirst du nicht müde. Ist sie dir gnädig, dann kommst du ans Ziel.«[12]

[1] *Mk* 3,1-6. – [2] J. Dillersberger, *Markus*, Bd. 1, Salzburg 1937, S. 148. – [3] Franz von Sales, *Über die Gottesliebe*, Zürich 1978, S. 79. – [4] J. Dillersberger, a.a.O., S. 149-150. – [5] Augustinus, *Bekenntnisse*, 10,31. – [6] J. Ratzinger, *Diener eurer Freude*, Freiburg 1989, S. 55. – [7] *Phil* 4,8. – [8] J. Escrivá, *Brief*, 24.3.1930. – [9] Franz von Sales, *Über die Gottesliebe*, Einsiedeln 1985, S. 72. – [10] Paul VI, *Ansprache*, 2.10.1974. – [11] Johannes Paul II., *Ansprache an das Symposium europäischer Bischöfe*, 11.10.1985. – [12] Bernhard von Clairvaux, *Homilie über die Jungfrau Maria*, 2,17.

41

MIT JESUS, DEM GESALBTEN, BETEN

An den Wurzeln des Gebetes.
Der Psalm 2.
Als Söhne und Töchter des Königs.

I. Das heutige Evangelium[1] berichtet vom Gebet des Herrn. Es heißt dort, er ging *auf einen Berg, um zu beten. Und er verbrachte die ganze Nacht im Gebet zu Gott.* Am folgenden Tag erwählte er die Zwölf Apostel. Es war also das Gebet Christi für die beginnende Kirche, der Anfang jenes Gebetes, das am Ende seines irdischen Wirkens in die Bitte mündet: *Ich bitte nicht, daß du sie aus der Welt nimmst, sondern, daß du sie vor dem Bösen bewahrst*[2], und: *Heilige sie in der Wahrheit.*[3]

Fragen wir uns einmal, wie das Beten Jesu gewesen sein muß, der seine Jünger aufforderte, *allzeit zu beten und darin nicht nachzulassen*[4].

Zentral im Gebetsschatz des Herrn müssen die hundertfünfzig geistlichen Gesänge gewesen sein, die auf hebräisch – ganz ihrer literarischen Art entsprechend – *Loblieder* und auf griechisch *psalmoi*, also *Lieder zur Harfe*, heißen. Sie gehörten zur Tempelliturgie des Alten Bundes und zum Gottesdienst der Synagoge, aber ebenso sind sie jeder jüdischen Familie geläufig. Jesus wird sie von Maria und Josef gelernt haben. »Die Psalmen sind das ›Gebetbuch‹ Jesu Christi. Sie bilden die geistige Welt, in der der Erlöser, seiner Menschheit nach, lebt. So sehr gehören ihm die Bilder-, Ausdrucks- und Aussagewelt der Psalmen, daß sie ihm bei entscheidenden Situationen auf die Lippen kommen. Sie werden sogar sein Sterbegebet. Die Psalmen sind eben Geist vom Geiste Jesu Christi. Sie kommen aus der Höhe zum Menschensohn Christus Jesus und steigen wieder vom Menschensohn zur Höhe der göttlichen Herrlichkeit. Christus ist Anfang und Ziel der Psalmen. Christus ist die Mitte der Psalmen.«[5]

Die Psalmen sind »erst ein Schatten jener Fülle der Zeit, die in Christus, dem Herrn, angebrochen ist und aus der das Gebet der Kirche seine Kraft gewinnt.«[6] Die Kirche betrachtet sie als einen wichtigen Teil der heiligen Liturgie und des Gottesdienstes. Sie »betet mit jenen großartigen Liedern, die heilige Verfasser im Alten Bund auf Eingebung des Geistes Gottes gedichtet haben. Sie haben von ihrem Ursprung her die Kraft, Geist und Herz des Menschen zu Gott zu erheben und in ihnen fromme und heilige Gesinnung zu wecken. Im Glück helfen sie danksagen, im Unglück bringen sie Trost und Standhaftigkeit.«[7] Die Psalmen sind – vor allem beim Stundengebet – »die geborene Stimme der Kirche«[8], »Quelle der Frömmigkeit und Nahrung für das persönliche Beten«[9]. Dies bezeugt Augustinus mit seiner persönlichen Erfahrung: »Wieviel weinte ich bei deinen Hymnen und Gesängen, heftig bewegt durch die Stimme deiner Kirche, die lieblich erklang. Diese Stimme strömte in meine Ohren ein, und klar und lauter floß die Wahrheit in mein Herz. Dort entzündete sie die Gefühle der Frömmigkeit.«[10]

Unter den messianischen Psalmen ragt der Psalm 2 hervor. Seine Mitte ist das geheimnisvolle Wort: *Mein Sohn bist du. Heute habe ich dich gezeugt.* »Glauben, daß der, der auf Golgota gestorben ist, zugleich derjenige sei, zu dem diese Worte gesagt sind, scheint ein unerhörter Widerspruch. Was bedeutet diese Anwendung des Wortes? Sie besagt, daß man die Königshoffnung Israels in dem am Kreuz Gestorbenen und für das Auge des Glaubens Auferweckten erfüllt weiß. Sie bedeutet die Überzeugung, daß zu dem, der am Kreuz starb; zu dem, der aller Macht der Welt entsagte (...); zu dem, der alle Schwerter beiseite legen ließ und nicht, wie es die Könige der Welt tun, andere für sich in den Tod schickte, sondern selbst in den Tod für andere ging; zu dem, der den Sinn des Menschseins nicht in der Macht und in deren Selbstbehauptung, sondern im radikalen Sein für die anderen sah, ja, der das Sein für die anderen war, wie das Kreuz es zeigt – daß zu ihm und zu ihm allein Gott gesagt hat: ›Mein Sohn bist du, heute habe ich dich gezeugt.‹ Im Gekreuzigten wird für die Glaubenden sichtbar (...), was der wahre Sinn von Königtum ist.«[11]

Die Apostelgeschichte[12] zeigt, wie die ersten Christen in diesem Psalm Kraft inmitten ihrer Prüfungen fanden. Als Petrus und Johannes vor den Hohen Rat geführt wurden, weil sie im Namen Jesu einen Gelähmten am Tor des Tempels geheilt hatten, gaben sie mutig Zeugnis. Nach ihrer Freilassung gingen sie zu den Ihren und berichteten, was die Hohenpriester und die Ältesten zu ihnen gesagt hatten. Dann beteten sie gemeinsam zu Gott: *Herr, du hast den Himmel, die Erde und das Meer geschaffen und alles, was dazugehört; du hast durch den Mund unseres Vaters David, deines Knechtes, durch den Heiligen Geist gesagt: Warum toben die Völker, warum machen die Nationen vergebliche Pläne? Die Könige der Erde stehen auf, und die Herrscher haben sich verbündet gegen den Herrn und seinen Gesalbten.* Sie baten den Herrn um Kraft, trotz aller Drohungen sein Wort mit allem Freimut weiter zu verkünden, weil sie wußten: dies war ihr Auftrag und ihre Verantwortung.

II. Der Psalmist wendet sich zu einem Zeitpunkt an den Herrn, da Jerusalem von feindseligen Völkern und Fürsten bedroht ist. Prophetisch in ihrem Charakter, erfüllen sich seine Worte in Christus und bleiben seitdem gültig. Auch wir können beten: *Warum toben die Völker, warum machen die Nationen vergebliche Pläne?* Warum soviel Haß gegen Gott in der Welt? Was mit der Ursünde begann, dauert fort: *Die Könige der Erde stehen auf, die Großen haben sich verbündet gegen den Herrn und seinen Gesalbten –*

gegen Gott und gegen alles, was Gottes ist. Die unantastbare Würde der alten Menschen, der Ungeborenen und Wehrlosen wird mißachtet, die Kirche verunglimpft, Christus selbst verhöhnt, Menschen, die dem Glauben treu bleiben, belächelt oder verleumdet...

Doch Gott ist stärker. Zu ihm, dem *lebensspendenden Felsen*[13] gingen Petrus und Johannes und alle, die an jenem Tag bei ihnen waren. Am Ende ihres Gebetes, berichtet Lukas, *wurden alle mit dem Heiligen Geist erfüllt, und sie verkündeten mit allem Freimut das Wort Gottes*[14].

Dies ist »kein einmaliges, in sich abgeschlossenes Geschehen gewesen. Für immer ist er in der Kirche wirksam, aber immer auch von neuem und individuell und ›situativ‹ in jedem einzelnen Gläubigen. Die Ausgießung des Heiligen Geistes ist das Lebensprinzip der ganzen Kirche auf Erden und auch das Belebungs- und das Steuerungsprinzip des einzelnen Menschenherzens. Nur dessen eigener böser Wille kann das verhindern und zunichte machen.«[15]

Laßt uns ihre Fesseln zerreißen und von uns werfen ihre Stricke: ein weltweiter Ruf. »Sie durchbrechen das sanfte Joch, sie werfen von sich seine liebenswerte Bürde der Heiligkeit und der Gerechtigkeit, der Gnade, der Liebe und des Friedens. Sie wüten gegen die Liebe, sie verspotten die wehrlose Güte eines Gottes, der auf Legionen von Engeln, die ihn verteidigen könnten, verzichtet (vgl. *Joh* 18,36).«[16] *Doch er, der im Himmel thront, lacht, der Herr verspottet sie.*

Dann aber spricht er zu ihnen im Zorn, in seinem Grimm wird er sie erschrecken. Aber triumphieren nicht die Widersacher Gottes? Die Geschichte ist, wie Augustinus in seinem *Gottesstaat* gezeigt hat, »ein ständiger Kampf zwischen zwei Reichen: dem Reich Gottes und dem Reich des Bösen (des Satans). Sie unterscheiden sich durch zweierlei Liebe: Gottesliebe und Selbstliebe. Meist ist beides miteinander vermischt. Deshalb darf man einzelne geschichtliche Ereignisse nicht vorschnell als Zeichen Gottes oder als Ausgeburt des Bösen deuten. Man muß vielmehr wissen, daß Gott ein verborgener Gott ist, der uns allein in Jesus Christus eindeutig erschienen ist. Allein von Jesus Christus her haben wir den Maßstab, um die Geschichte und das Leben zu beurteilen.«[17]

Derselbe Augustinus meint, Zorn Gottes sei bereits die geistige Blindheit derer, die sich gegen das göttliche Gesetz versündigen.[18] Denn nichts ist unheilvoller, als sich Gott zu verschließen und das eigene Ich im Bösen und im Irrtum zu verhärten. Andererseits meint ein anderer Kirchenvater, Hieronymus, der Zorn, von dem im Psalm die Rede ist, sei »nicht sosehr Zorn wie die nötige Zurechtweisung, so wie der Vater dem Sohn, der Arzt dem Kranken, der Lehrer dem Schüler sie erteilt«[19]. Gewiß, Gott ist geduldig und will, *daß alle Menschen gerettet werden*[20]. Jedoch ist die Zeit des geduldigen Erbarmens nicht unbegrenzt: Für jeden Menschen *kommt die Nacht, in der niemand mehr etwas tun kann*[21].

Papst Johannes Paul II. hat sich Gottes Erbarmen zu verschließen als eines der Merkmale unserer Zeit charakterisiert. Der Mensch »bleibt in der Sünde gefangen, indem er von seiner Seite her seine Bekehrung und damit die Sündenvergebung unmöglich macht, die er als unwesentlich und unbedeutsam für sein Leben erachtet. Dies ist eine Situation des geistlichen Ruins.«[22]

III. Das Mysterium des Bösen ist die wohl bedrängendste Frage überhaupt. Wir wissen auf sie keine wirkliche Antwort. Der Psalm 2 proklamiert das alles überwindende Königsein Christi: *Ich selber habe meinen König eingesetzt auf Sion, meinem heiligen Berg. Den Beschluß des Herrn will ich kundtun. Er sprach zu mir: Mein Sohn bist du. Heute habe ich dich gezeugt.* »Gott, unser Vater, hat uns in seinem Erbarmen seinen Sohn zum König gegeben. Er droht und ist zugleich mild; er kündigt uns seinen Zorn an und schenkt uns seine Liebe. Mein Sohn bist du: Er wendet sich an Christus und er wendet sich an dich und an mich, wenn wir uns dazu entschließen, *alter Christus, ipse Christus* zu sein.

Die Sprache vermag nicht mehr auszudrücken, was das Herz angesichts der Güte Gottes empfindet. Er sagt zu uns: Du bist mein Sohn; nicht ein Fremder, nicht ein Knecht, den man gütig behandelt, nicht ein Freund – das wäre schon viel –, ein Sohn!«[23] Dies ist unsere Zuflucht und eine beglückende Antwort: die

Gotteskindschaft. Sie gibt uns die Stärke gegenüber einem Milieu, das sich feindselig gegen die christliche Sicht des Lebens stellt.

Gott, unser Vater, bleibt uns immer nahe. Seine Gegenwart wirkt überall: in den Herzen der Menschen wie in den Ereignissen der Geschichte, im Kleinen wie im Großen. Überall erwartet er uns: *Fordere von mir, und ich gebe dir die Völker zum Erbe, die Enden der Erde zum Eigentum.* Besonders im Umgang mit dem eucharistischen Herrn – in der Kommunion oder vor dem Tabernakel betend – können wir auf dieses göttliche Versprechen zurückkommen: *Fordere von mir...*

Johannes Chrysostomos vergleicht die Verheißungen Christi mit den Verheißungen im Alten Testament: »Uns ist ja nicht ein Land verheißen, das von Milch und Honig fließt, kein langes Alter und reicher Kindersegen, nicht Brot und Wein, Schaf- und Rinderherden; nein, unser harrt der Himmel und sein Glück, wir werden Kinder Gottes sein und Bruder seines Eingeborenen, gemeinsam unser Erbe besitzen, mit ihm Ruhm und Herrschaft teilen und tausend andere Gaben empfangen.«[24]

Du wirst sie zerschlagen mit eiserner Keule, wie Krüge aus Ton wirst du sie zertrümmern. Nun denn, ihr Könige, kommt zur Einsicht, laßt euch warnen, ihr Gebieter der Erde. Dient dem Herrn in Furcht und küßt ihm mit Beben die Füße. Christus hat am Kreuz über seine Feinde triumphiert. Einige Väter wagen den Vergleich, die *eiserne*

Keule sei das Kreuz, ein Holz mit stählerner Kraft.[25]

Der Psalm endet mit einem Aufruf, Gott ganz zu vertrauen. *Wohl allen, die ihm vertrauen.* »In deinen Händen ruht der Menschen Schicksal. Nichts kann auf Erden deiner Macht entgleiten. Du sprichst das Urteil über alle Völker, voll des Erbarmens. Reiche entstehen, blühen und zerfallen, aber das deine überdauert alle, denn deine Herrschaft ist von Gott verliehen, ewigen Ursprungs.«[26]

[1] *Lk* 6,12-19. – [2] *Joh* 17,15. – [3] *Joh* 17,17. – [4] *Lk* 18,1. – [5] Th. Schnitzler, *Was das Stundengebet bedeutet*, Freiburg 1980, S. 142. – [6] *Allgemeine Einführung in das Stundengebet*, 101. – [7] ebd., 100. – [8] Basilius, *Homilie zu Psalm 1*, 2. – [9] II. Vat. Konz., Konst. *Sacrosanctum Concilium*, 90. – [10] Augustinus, *Bekenntnisse*, 9,6. – [11] J. Ratzinger, *Einführung in das Christentum*, München 1968, S. 176. – [12] *Apg* 4,23-31. – [13] *1 Kor* 10,4. – [14] *Apg* 4,29-31. – [15] P. Berglar, *Petrus – Vom Fischer zum Stellvertreter*, München 1991, S. 190. – [16] J. Escrivá, *Christus begegnen*, 185. – [17] *Katholischer Erwachsenen-Katechismus*, Bonn 1985, S. 127. – [18] Augustinus, *Erklärung der Psalmen*, 2,4. – [19] Hieronymus, *Erklärung der Psalmen*, 2. – [20] *1 Tim* 2,4. – [21] *Joh* 9,4. – [22] Johannes Paul II., Enz. *Dominus et vivificantem*, 46-47. – [23] J. Escrivá, *Christus begegnen*, 185. – [24] Johannes Chrysostomos, *Homilien über das Matthäusevangelium*, 16,5. – [25] vgl. Athanasius, *Kommentar zu den Psalmen*, 2,6. – [26] *Erste Vesper vom Christkönigssonntag, Hymnus.*

42

SELIG SEID IHR...

Die Bergpredigt nach Matthäus und Lukas.
Ein einziger Inhalt: Heiligkeit.
Treue als Geisteshaltung des Jüngers.

I. Die Bergpredigt ist uns in zwei unterschiedlichen Fassungen überliefert. Bei Matthäus umfaßt sie drei Kapitel[1], bei Lukas ist sie viel kürzer[2], aber er bringt einen erheblichen Teil der fehlenden Worte an anderen Stellen und in einem anderen Zusammenhang, so etwa das Vaterunser und die Sprüche vom Sorgen und Schätzesammeln. Bei Matthäus stehen acht Seligpreisungen am Anfang, bei Lukas[3] vier, denen vier Wehe-Rufe gleichsam als negative Bekräftigung folgen. Die Ähnlichkeiten sind zu groß, um anzunehmen, es könnte sich um zwei verschiedene Reden gehandelt haben; und »das Kerngeschehnis ist das nämliche. Bei Lukas steht es allein und deutlich umrissen da: jene denkwürdige Verkündigung am Berge, die sich den Hörern so tief eingegraben haben muß; die mit den Seligpreisungen beginnt und mit dem Gleichnis von den beiden Männern endet, deren einer sein Haus auf tragenden Stein, der andere auf lockeren Grund gebaut hat. Bei Matthäus hingegen wird es zur Ansatzstelle, um die sich eine Reihe von Lehren und Weisungen sammelt, die Jesus wohl zu der gleichen Zeit seines Wirkens und aus der nämlichen Grundstimmung freudigreicher Fülle heraus, aber bei verschiedenen Einzelgelegenheiten verkündet hat.«[4]

Die Unterschiede erklären sich dadurch, »daß Lukas, der für die bekehrten Heiden schrieb, vornehmlich Wert auf das legte, was sich auf die neue Vollkommenheit, auf das Gesetz der Liebe bezog. Matthäus bewahrte mit besonderer Treue alles, was der Rede ihren historischen Charakter gab, die Gegenüberstellung der beiden Lehren, des Alten und des Neuen Testamentes, und das Band, welches sie einte, die Liebe, welche hoch über aller Gesetzlichkeit stand und sich doch aus der alttestamentlichen Offenbarung entwickelte wie die Frucht, die erfüllt, was die Blüte verspricht.«[5]

Nach Matthäus spricht Jesus auf einem Berg, während Lukas die Rede auf ein Feld verlegt, auf das Jesus vom Berg hinabstieg. »Dabei will bedacht sein, daß im Aramäischen des palästinesischen Talmuds das Wort ›tur‹ – ›Berg‹ – auch für ›Feld‹ gebraucht wird.«[6] Beide Evangelisten stellen schon sprachlich die Feierlichkeit des Augenblicks heraus. Nach Matthäus *stieg er auf einen Berg. Er setzte sich und seine Jünger traten zu ihm. Dann begann er zu reden und lehrte sie.* Lukas fügt das Geschehen in den Tagesverlauf Jesu ein: *Er ging auf einen Berg, um zu beten. Und er verbrachte die ganze Nacht im Gebet zu Gott.*

Als es Tag wurde, rief er seine Jünger zu sich und wählte aus ihnen zwölf aus (...). Jesus stieg mit ihnen den Berg hinab. In der Ebene blieb er mit einer großen Schar seiner Jünger stehen, und viele Menschen (...) strömten herbei. (...) Er richtete seine Augen auf seine Jünger und sagte...[7]

Eine Überlieferung verlegt die Bergpredigt auf einen Hügel in der Nähe von Tabgha, etwa drei Kilometer von Kafarnaum entfernt. »Der Umgebung von Kafarnaum ist es eigen, daß vom Seeufer ein ziemlich gleichmäßiger, allmählicher Aufstieg zu einem Hügelland von etwa 250 Meter Meereshöhe hinaufführt.«[8] Wer das Glück gehabt hat, an jenem Ort zu weilen, wo Jesus den Zuhörern von damals die Urgründe seiner Botschaft verkündete, wird sich mit allen verbunden fühlen, die im Verlauf der Jahrhunderte dort hingepilgert sind. Viele haben ihre Eindrücke niedergeschrieben, wie jener Pilger aus dem 13. Jahrhundert: »Und dort sangen wir das Evangelium, und dort haben wir gepredigt, und dann haben wir uns auf das Gras gesetzt und haben gegessen mit Freude und mit Tränen der Freude.«[9]

II. Nach Matthäus stieg Jesus *auf einen Berg*. Das Geschehen am Berge Sinai drängt sich auf: dort Mose, hier Christus. »Dort werden die Grundforderungen des menschlichen Gewissens formuliert; hier zeigt sich der Geist, der die von Gott aus Gnade angenommenen Kinder beseelen soll. Dort spricht Gott unter dem Zucken der ihn verherrlichenden Blitze und als höchster und unumschränkter Herr. Er will mit Gewalt sein Gesetz in ein rebellisches Herz einschreiben. Hier spricht er in schlichtem Gespräch von Mensch zu Mensch, und seine erhabene Größe bleibt im Innern verborgen; seine Stimme ist vernehmbar in der lauteren Reinheit einer aufgeschlossenen und stillen Seele. Sie wird zur Tat im vertrauten Umgang mit jenem Geist, der Zugang zu den Tiefen Gottes selbst schenkt. (...) Das Evangelium von den Seligkeiten ist die Blüte, aus der alle Segnungen des Alten Testaments aufbrechen.«[10]

»Die Seligpreisungen stehen im Herzen der Predigt Jesu. Sie nehmen die Verheißungen wieder auf, die dem auserwählten Volk seit Abraham gemacht wurden. Die Seligpreisungen vollenden die Verheißungen, indem sie diese nicht mehr bloß auf den Besitz eines Landes, sondern auf das Himmelreich ausrichten.«[11] Christus schenkt denen, die ihm folgen, eine neue Lebendigkeit, ein neues Leben, das aus der Teilhabe an seinem göttlichen Leben kommt: *Wer an mich glaubt wird leben, auch wenn er stirbt, und jeder, der lebt und an mich glaubt, wird auf ewig nicht sterben.*[12] »Jenes Leben, was im eigentlichen Sinne ›aus uns‹ kommt, ist ja zum Tode, von Gott abgerissen, auf das Nichts zustürzend. Jenes hingegen, das aus Gottes Ewigkeit kommt und in seine Ewigkeit steigt, ist das Leben Christi. An ihm wird uns durch das Wort und durch das Brot Anteil gegeben.«[13]

Man hat die Seligpreisungen einen »Abriß des Evangeliums« genannt, »aber kein Abriß, der kürzt und vermindert, sondern der Gipfel, der alle Abhänge der Berge zusammenfaßt und überhöht«[14]. Jesus möchte eine Art Porträt des wahren Jüngers zeichnen. »Gott richtet diese Berufung an jeden Menschen persönlich, aber auch an die ganze Kirche, an das neue Volk derer, welche die Verheißung empfangen haben und im Glauben aus ihr leben.«[15] Der Herr verurteilt nicht das Streben nach Glück und Erfüllung; es entspricht ja einem Verlangen, das er selbst ins Menschenherz gesenkt hat. Aber er will, daß der Jünger sein irdisches Leben vom Ziel her sieht: »Die Wahrheit ist nur dann in den Seelen fruchtbar, ja sie kann nur dann verstanden werden, wenn der Wille oder, wie man auch sagt, das Herz schon für Gott aufgeschlossen ist. Wenn das Herz für Gott nichts übrig hat, bleibt der Verstand blind. Zuerst also muß der dem Menschen eigene Hang zu den zeitlichen Dingen durch ein ganz anderes Urteil über die wahren Werte ersetzt werden: es gibt Güter, welche nur in die Augen fallen und den Sinnen Freude machen, und andere, die wirklichen Wert haben. Man muß so eine Art Umkehrung der Werte vornehmen.«[16] Und da jedes Glück auf Erden vergänglich ist, stehen in der Fassung nach Lukas im heutigen Evangelium vier *Wehe*: *Weh euch, die ihr reich seid, denn ihr habt keinen Trost mehr zu erwarten. Weh euch, die ihr jetzt satt seid (...). Weh euch, wenn euch alle Menschen loben.*

Alle Seligpreisungen zielen auf ein einziges Ideal: Heiligkeit. Die Armen im Geiste, die Trauernden, die Barmherzigen, die um Christi willen Verfolgten, das sind verschiedene Facetten des Strebens nach Heiligkeit: »Jeden einzelnen ruft der Herr zur Heiligkeit, jeden einzelnen bittet er um Liebe: Junge und Alte, Ledige und Verheiratete, Gesunde und Kranke, Gebildete und Ungebildete, gleichgültig, wo sie arbeiten und leben.«[17] So gelingt ein Leben. Nicht indem man dem Leidvollen zu entfliehen trachtet, sondern indem man den Willen Gottes über alles liebt. »Auf welche Weise soll ich dich suchen, Herr? Denn wenn ich dich, meinen Gott, suche, suche ich das glückselige Leben. Ich will dich suchen, auf daß meine Seele lebe. Denn mein Leib lebt durch meine Seele, und meine Seele lebt durch dich.«[18]

III. *Selig..., denn sie werden...* Die Aussage umfaßt jedesmal Gegenwart und Zukunft, Weg und Vollendung. Nicht das notvolle Jetzt, sondern das Kommende ist das Seligsein. Und nicht einen Zustand nennt der Herr *selig*, sondern konkrete Menschen, fähig, in ein Freundschaftsverhältnis zu Gott zu treten, sich der Wirkkraft seiner Gnade auszusetzen.

Papst Leo der Große schreibt im 5. Jahrhundert: »Jesus sagt: ›Selig sind die Armen im Geist; denn ihnen gehört das Himmelreich.‹ Es wäre vielleicht zweifelhaft, von welchen Armen die Wahrheit spricht mit den Worten: ›Selig sind die Armen‹, wenn sie nicht durch einen Zusatz deutlich gemacht hätte, welche Art von Armen sie meinte. Es könnte scheinen, um das Himmelreich zu gewinnen, gehöre schon die Not, die viele unter schwerem und hartem Zwang erleiden. Er sagt jedoch: ›Selig sind die Armen im Geist‹ und zeigt dadurch, wem das Himmelreich zukommt: denen, die mehr die Demut des Herzens als der Mangel an Besitz empfiehlt.«[19]

Jede der Seligpreisungen charakterisiert die Geisteshaltung des Jüngers, aber eine faßt sie alle zusammen: *Selig, die ein reines Herz haben; denn sie werden Gott schauen.* »Diese Reinheit des Herzens meint nicht nur das Freisein von den Trübungen der Sinne, sondern die Lauterkeit des Innern überhaupt, den guten Willen vor Gott. Von dieser Gesinnung wird gesagt, daß sie Gott schaue; denn Gott zu erkennen, ist nicht Sache des bloßen Verstandes, sondern des lebendigen Blickes. Dieser Blick ist klar, wenn das Auge rein ist; die Wurzeln des Auges aber liegen im Herzen. Um Gott zu erkennen, hilft es nicht viel, den bloßen Verstand anzustrengen; das Herz muß lauter werden.«[20]

Die Reinheit des Herzens und die Klarheit des inneren Blickes sind auch Wegweiser zu jenem Glück, das auf Erden möglich ist. Jenseits der vergänglichen Güter und Tröstungen die ganze Hoffnung auf Gott setzen, sich Gott überlassen – das ist die Herausforderung. Wenn wir die Dinge dieser Welt nur zart und flüchtig berühren, können sie uns nichts anhaben, ja, sie vermögen uns zu beflügeln; wenn wir sie hingegen wie einen festen Besitz ergreifen, drohen sie uns zu fesseln und zu verschlingen. Das *Freut euch und jubelt!* ist sogar dann möglich, wenn man *beschimpft und verfolgt und auf alle mögliche Weise verleumdet* wird; denn *euer Lohn im Himmel wird groß sein.* Kein Ding auf Erden kann uns mit der Glückseligkeit erfüllen, die wir Menschen ersehnen; und kein Ding auf Erden kann uns den Frieden rauben, der aus dem Sich-Gott-Überlassen erwächst.

»Man soll den Reichen nicht wegen seiner Güter, den Mächtigen nicht wegen seiner Autorität und Würde, den Starken nicht wegen seiner körperlichen Gesundheit, den Weisen nicht wegen seiner Beredsamkeit seligpreisen. All diese Gaben sind für jene, die sie recht einsetzen, Instrumente für die Tugend, aber sie enthalten nicht selbst das Glück.«[21]

Jesus richtete seine Augen auf seine Jünger und sprach... Wir betrachten die Worte des Herrn in der nüchternen Atmosphäre unseres Alltags – vielleicht in einer Kirche, vor dem Tabernakel betend; vielleicht im Arbeitszimmer zu Hause, vielleicht im fahrenden Zug... »Die Seligpreisungen spiegeln das Antlitz Jesu Christi und seine Liebe. (...) Im Leben der Jungfrau Maria und aller Heiligen sind sie schon eröffnet.«[22]

[1] *Mt* 5-7. – [2] *Lk* 6,20-49. – [3] *Lk* 6,20-26. – [4] R. Guardini, *Der Herr*, Würzburg 1951, S. 75. – [5] M.-J. Lagrange, *Das Evange*

lium von Jesus Christus, Heidelberg 1949, S. 155. – [6] G. Kroll, *Auf den Spuren Jesu*, Stuttgart 1988, S. 227. – [7] *Lk* 6,12-13.17-18.20. – [8] G. Kroll, a.a.O. – [9] ebd. – [10] J. Perrin, *Die acht Seligkeiten als Botschaft der Freude*, Freiburg 1959, S. 10. – [11] *Katechismus der Katholischen Kirche*, 1716. – [12] *Joh* 11,25-26. – [13] R. Guardini, a.a.O., S. 441. – [14] J. Perrin, a.a.O., S. 9. – [15] *Katechismus der Katholischen Kirche*, 1719. – [16] M.-J. Lagrange, a.a.O., S. 156. – [17] J. Escrivá, *Freunde Gottes*, 294. – [18] Augustinus, *Bekenntnisse*, 10,29. – [19] Leo der Große, *Predigt über die Seligpreisungen*, 95,2. – [20] R. Guardini, a.a.O., S. 77. – [21] Basilius, *Predigt über den Neid*. – [22] *Katechismus der Katholischen Kirche*, 1717.

43

ÜBER DIE FEINDESLIEBE

Maßstäbe der Nächstenliebe.
Zeugen der Feindesliebe.
Verdienst und Gnade.

I. Das heutige Evangelium[1] läßt Erwartungen und Forderungen vernehmen, die in den Augen eines Aufgeklärten jedes vernünftige Maß übersteigen: *Liebet eure Feinde; tut denen Gutes, die euch hassen. Segnet die, die euch verfluchen; betet für die, die euch mißhandeln.* »Hier steht nicht ein edler Mensch und fordert uns auf, eine höhere Stufe der Sittlichkeit zu erklimmen, sondern Christus redet vom Leben des Kindes Gottes. Solange wir von der Welt her denken, müssen wir sagen: Dergleichen ist nicht möglich. Christus aber sagt: ›Bei Gott ist alles möglich‹ (*Mt* 19,26).

Es wird uns geoffenbart, daß Gott es fordert und daß er uns den Sinn und die Kraft gibt – seine eigene Kraft, durch die es vollbracht werden kann. Das aber können wir nur glauben. Wenn der Verstand sagt, es sei unmöglich, erwidert der Glaube: Es ist doch möglich! Der Glaube aber ›ist der Sieg, der die Welt überwindet‹ (*1 Joh* 5,4).«[2]

Wer glaubt, verankert Denken und Handeln in der Gottesliebe. Er schaut auf Christus und gewinnt von hierher die Maßstäbe seiner Liebe.

Was ihr für einen meiner geringsten Brüder getan habt, das habt ihr mir getan.[3] »Oft haben wir Christen es nicht verstanden, dieser Gabe zu entsprechen; manchmal haben wir sie verwässert, als wäre sie nichts als ein seelenloses, unbeteiligtes Almosengeben; manchmal auch haben wir sie auf eine mehr oder weniger formelhafte Wohltätigkeit verkürzt. Resigniert beklagte eine Kranke diese Verirrung mit den Worten: Ja, hier behandelt man mich mit *Nächstenliebe*, meine Mutter aber umsorgte mich mit Herzenswärme. Die Liebe, die im Herzen Christi wurzelt, verträgt solche Unterscheidungen nicht.«[4] Betend kommt Augustinus zu der Einsicht, die Mitmenschen seien »deine Diener, meine Brüder; du hast sie zu deinen Kindern erwählt und zu meinen Herren gemacht und mir befohlen, ihnen zu dienen, wenn ich mit dir und aus dir leben will.«[5]

Die christliche Nähe zum Nächsten reicht weit über die flache – nicht selten unverbindliche und sterile – Sicht einer vagen Mitmenschlichkeit hinaus, weil sie genährt wird von der eigenen beständigen Nähe zu Gott. Paulus sagt am Ende der heutigen Lesung: *Das Wort Christi wohne mit seinem ganzen Reichtum bei euch (...). Alles, was ihr in Worten und Werken tut, geschehe im Namen Jesu, des Herrn.* »Unsere Liebe ist weder Sentimentalität noch bloße Kameradschaft, noch der fragwürdige Eifer, anderen zu helfen, um die eigene Überlegenheit zu genießen. Sie bedeutet vielmehr, den Nächsten anzunehmen (...), in jedem Menschen das Bild Gottes zu ehren, darum bemüht, daß auch der andere dieses Bild betrachtet und sich dadurch Christus zuwenden kann.«[6] Und im gleichen Zusammenhang schreibt der selige Josemaría Escrivá: »Du und ich, wir sind imstande, den anderen mit verschwenderischer Liebe zu begegnen, weil wir durch die Liebe des Vaters zum Glauben geboren wurden. Bittet den Herrn mit Kühnheit um diesen Schatz, um die übernatürliche Tugend der Liebe, damit ihr sie dann auch bis in die winzigste Kleinigkeit hinein weiterschenken könnt.«[7]

II. Eine Art Scheu überkommt den Empfindsamen, wenn er über *die Liebe* sprechen muß. Der Begriff ist in der Umgangssprache so schillernd geworden – er reicht vom banalen Abenteuer bis zu höchster Hingabe, von der gröbsten Gier nach Lust und Befriedigung bis zur selbstlosen Entscheidung für das Leben. Und doch müssen wir uns jetzt dem Wort von der *Feindesliebe* im heutigen Evangelium stellen: *Liebt eure Feinde, tut denen Gutes, die euch hassen.*

Sagen wir nicht selbst zuviel darüber, lassen wir Christus sprechen, »das endgültige Amen der Liebe des Vaters zu uns; er übernimmt und vollendet unser Amen an den Vater«[8]. Folgen wir der Spur, die uns *der Jünger, den*

Jesus liebte[9], hinterlassen hat: *Gott ist die Liebe*[10], heißt es bei Johannes. Er war Zeuge des Augenblicks, als Jesus den Vater bat, daß *die Liebe, mit der du mich geliebt hast, in ihnen ist und damit ich in ihnen bin*[11]. Halten wir uns das Beispiel jener Zeugen vor Augen, die »durch das beredte und faszinierende Beispiel eines ganz von dem Glanz der sittlichen Wahrheit umgeformten Lebens jede Epoche der Geschichte«[12] erleuchten. Christus ist aus Liebe zu uns gestorben, als wir noch *Feinde* waren.[13] *Vater, vergib ihnen, denn sie wissen nicht was sie tun!*[14] Wie viele Menschen sind durch die Jahrhunderte diesem Beispiel gefolgt! Stephanus: *Herr, rechne ihnen diese Sünde nicht an!*[15] Ignatius von Antiochien fordert auf dem Weg zum Martyrium die Christen in Ephesus auf, für seine Feinde zu beten, »denn es besteht für sie Hoffnung auf Umkehr, daß sie zu Gott gelangen. Darum gewährt es ihnen, daß sie zumindest durch eure Werke belehrt werden. Antwortet auf ihren Zorn mit eurer Milde, stellt ihren Lästerungen euer Gebet entgegen, ihren Irrwegen die Festigkeit eures Glaubens, ihrer Grobheit eure Sanftmut. Verhaltet euch nicht wie sie; zeigen wir uns durch unsere Liebenswürdigkeit als ihre Brüder, und bedenken wir, daß der einzige, den wir nachzuahmen haben, der Herr ist.«[16] Thomas Morus äußert als Todgeweihter im Londoner Tower in einem Brief an einen Freund die Hoffnung, Gott möge »auch meine Feinde (sofern ich überhaupt welche habe) dorthin (führen), wo wir uns in Liebe vereint wiederfinden können. Dafür möchte ich Gott jetzt schon von Herzen danken.« Heiter verabschiedet er sich: »Seid mir nicht böse wenn ich Euch nicht in dieses Gebet einschließe. Ihr glaubt mir hoffentlich, daß ich für meine Freunde nichts Schlechteres erflehe als für meine Feinde.«[17]

Erst Christus erschließt uns, wie weit die Liebe gehen kann. In ihm gewinnt sie eine Reife, die auch den Feind nicht ausschließt. »In der alten Lehre hat es geheißen: Du sollst Liebe mit Liebe und Haß mit Haß erwidern. Das Gebot ging auf die Entsprechung des Gefühls; man möchte sagen, auf die Gerechtigkeit des Herzens. Ebendiese Gegenüberstellung aber zeigt, daß die dort genannte Liebe noch unfrei war. (...) Und nun sagt der Herr: Jene – angebliche – Gerechtigkeit des Herzens kann aus ihr selbst heraus gar nicht vollbracht werden. Der Haß, der sich dem Haß gegenüber berechtigt glaubt, wird sofort größer sein als jener, auf den er antwortet; so wird er unrecht tun, und damit das Recht zu neuem Haß schaffen. Die Liebe aber, die sich von der Liebe des Anderen abhängig macht, wird immer gehemmt, unsicher, unschöpferisch sein. (...) Die echte Gerechtigkeit des Empfindens wird erst möglich, sobald sie von einer Gesinnung übergriffen wird, dic sich nicht mehr durch die Entsprechung der Gefühle, sondern durch die freie Schöpferkraft des Herzens rechtfertigt. Darin erwacht erst die wirkliche Liebe.«[18]

Hören wir noch einmal Jesus: *Wenn ihr nur die liebt, die euch lieben, welchen Dank erwartet ihr dafür? (...) Wenn ihr nur denen Gutes tut, die euch Gutes tun, welchen Dank erwartet ihr dafür? (...) Wenn ihr nur denen etwas leiht, von denen ihr es zurückzubekommen hofft, welchen Dank erwartet ihr dafür?* »Dreimal stellt der Herr die Frage, was denn an unserer Liebe, *charis*, lateinisch: *gratia*, sei, wenn wir nur jene Liebe zeigen, wie sie auch die *Sünder* haben.

Es ist sehr schwer, dieses Wort *charis* ins Deutsche mit seinem vollen Gehalt zu übersetzen. Es geht hier wirklich um das Letzte und Größte der Liebe, das nach dem griechischen und lateinischen Wortsinn wirklich mit ›Grazie‹, Schönheit, Anmut, Gnade zu bezeichnen ist. Denn darum geht es, daß die Liebe wirklich nur von sich selbst aus, das heißt also, aus Liebe handelt. Nicht aus Dankbarkeit oder Vergeltung, nicht auf Verdienst schaut oder auf Würdigkeit, nicht sich Lohn erhofft oder Anerkennung und Wiederabstattung. (...) Liebe ist eben nichts anderes als diese einfach schenkende, ohne irgendwelche Nebenabsicht gebende Huld und Gnade, die letztlich nur aus Freude – auch diese ist in *charis* mitenthalten! – an ihrer eigenen Schönheit handelt.«[19]

III. *Die Liebe Gottes ist ausgegossen in unsere Herzen, durch den Heiligen Geist, der uns gegeben ist.*[20] Je mehr wir Gott *mit ganzem Herzen, mit ganzer Seele und mit all unseren Gedanken*[21] lieben, um so fruchtbarer umfaßt diese Liebe unsere Mitmenschen. Dann lieben wir sie nicht nur, »weil Gott sie liebt oder weil er will, daß wir sie lieben, sondern weil er uns seinen Geist gegeben und seine eigene Liebe zu ihnen in unsere Herzen gelegt hat«[22]. Dann ist die Liebe des Jüngers ein Widerschein der Liebe des Meisters. Sie gilt nicht nur denen, die ihm wohlgesinnt sind. »Bei manchen Menschen fällt es uns leicht, zu lieben, bei anderen ist es schwieriger; sie sind uns nicht sympathisch, sie haben uns verletzt und etwas zuleid getan; nur wenn ich Gott ehrlich liebe, wird es mir gelingen, sie zu lieben, weil sie Kinder Gottes sind und er mich darum bittet. Jesus hat uns auch deutlich gemacht, wie wir den Nächsten lieben sollen: Nicht nur mit Gefühlen, sondern mit unseren Taten.«[23]

In der Regel sind diese Taten unscheinbar und ereignen sich im gewöhnlichen Alltag. Da können wir dem Nächsten den *Becher frisches Wasser* reichen – eine Geste, von der der Herr sagt: *Er wird gewiß nicht um seinen Lohn kommen*[24]. »Das Glas Wasser oder das Stück Brot, das eine fromme Seele aus Liebe zu Gott einem Armen reicht, ist gewiß etwas Unbedeutendes, kaum der Rede wert; und doch vergilt es Gott und schenkt zum Lohn Wachstum in der Liebe.«[25] Drastisch schreibt Meister Eckhart: »Wäre der Mensch in solcher Verzückung wie Sankt Paulus, und wüßte ich (in solcher Verfassung) von einem siechen Menschen, der von dir eines Süppleins bedürfte, ich hielte es für sehr viel besser, du ließest aus Liebe von dieser Verzükkung ab und dientest dem Bedürftigen mit desto größerer Liebe.«[26]

Fragen wir uns also nach den kleinen Taten der Nächstenliebe in unserem Alltag, die uns bisweilen so schwer fallen können: Gibt es sie? Nicht nur, weil wir aus Konvention nicht anders können, sondern weil wir nicht anders wollen? Sind wir in den tausend Situationen unseres Lebens hellwach für die Anrufe der Liebe?

Solches Verhalten – so deutet der Herr an – ist gerade dort verdientsvoll, *wo ihr nichts dafür erhoffen könnt: Dann wird euer Lohn groß sein*. Verdienst aber ist hier nicht im landläufigen Sinne zu verstehen: »Gegenüber Gott gibt es von seiten des Menschen kein Verdienst im eigentlichen Sinn. Zwischen ihm und uns besteht eine unermeßliche Ungleichkeit, denn wir haben alles von ihm, unserem Schöpfer empfangen. (...) Der Mensch hat nur deshalb im christlichen Leben bei Gott ein Verdienst, weil Gott in Freiheit verfügt hat, den Menschen mit seiner Gnade mitwirken zu lassen. Ausgangspunkt für dieses Mitwirken ist immer das väterliche Handeln Gottes, das den Anstoß für das freie Handeln des Menschen gibt, so daß die Verdienste für gute Werke in erster Linie der Gnade Gottes und erst dann dem Glaubenden zuzuschreiben sind. Das Verdienst des Menschen kommt im Grunde Gott zu, denn seine guten Taten gehen in Christus aus den zuvorkommenden und helfenden Gnaden des Heiligen Geistes hervor.«[27]

Der heilige Augustinus, der wie kaum ein anderer das Wirken der Gnade im menschlichen Tun betont, sagt: »Die Gnade ist vorausgegangen; jetzt wird vergolten, was geschuldet ist (...). Die Verdienste sind Geschenke Gottes.«[28] Ein anderer Heiliger des Herzens, Bernhard von Clairvaux, bekräftigt: »Mein einziges Verdienst ist die Barmherzigkeit des Herrn. Ich werde nicht an Verdiensten arm sein, solange er nicht an Barmherzigkeit arm ist. Und da seine Barmherzigkeit groß ist, sind auch meine Verdienste groß.«[29]

Empfehlen wir uns am Ende dieser Zeit des Gebetes Maria, die die Kirche »unter den Titeln der Fürsprecherin, der Helferin, des Beistandes und der Mittlerin«[30] anruft.

[1] *Lk* 6,27-38. – [2] R. Guardini, *Der Herr*, Würzburg 1951, S. 82. – [3] Mt 25,40. – [4] J. Escrivá, *Freunde Gottes*, 229. – [5] Augustinus, *Bekenntnisse*, 10,4. – [6] J. Escrivá, *Freunde Gottes*, 230. – [7] ebd., 229. – [8] *Katechismus der Katholischen Kirche*, 1064. – [9] *Joh* 13,23; 19,26; 20,2; 21,7.20.24. – [10] *1 Joh* 4,16. – [11] *Joh* 17,26. – [12] Johannes Paul II., Enz. *Veritatis splendor*, 93. – [13] vgl. *Röm* 5,10. – [14] *Lk* 23,34. – [15] *Apg* 7,60. – [16] Ignatius von Antiochien, *Brief an die Epheser*, 10,1-3. – [17] P. Berglar, *Die Stunde des Thomas Morus*, Frankfurt 1987, S. 307. – [18] R. Guardini, a.a.O., S. 89. – [19] J. Dillersberger, *Lukas*, Bd. 3, Salzburg 1940, S. 104. – [20] *Röm* 5,5. – [21] vgl. *Mt* 22,37. – [22] R. Cantalamessa, *Das Leben in Christus*, Graz 1990, S. 229. – [23] Johannes Paul II., *Ansprache*, 22.5.1991. – [24] *Mt* 10,42. – [25] Franz von Sales, *Über die Gottesliebe*, Einsiedeln 1985, S. 90. – [26] Meister Eckhart, *Die Gottesgeburt im Seelengrund*, Freiburg 1990, S. 51. – [27] *Katechismus der Katholischen Kirche*, 2007-2008. – [28] Augustinus, *Predigt*, 298,4-5. – [29] Bernhard von Clairvaux, *Predigt über das Hohelied*, 61. – [30] II. Vat. Konz., Konst. *Lumen gentium*, 62.

44

SPLITTER UND BALKEN

Das Ziel fest im Auge.
Sehend werden.
Brüderliches Helfen.

I. *Wißt ihr nicht, daß die Läufer im Stadion zwar alle laufen, aber daß nur einer den Siegespreis gewinnt?*[1] Die sportfreudigen und wettkampflustigen Korinther, die alle zwei Jahre in der Nähe ihrer Stadt die Isthmischen Spiele erlebten, müssen dieses Bild gut verstanden haben. Paulus bezieht es auf sich selbst – *darum laufe ich nicht wie einer, der ziellos läuft* – und auf alle Christen, auch auf uns: *Lauft so, daß ihr ihn gewinnt.* Es ist reizvoll, einen von der Liturgie her sicherlich nicht beabsichtigten Kontrast zwischen der heutigen Lesung und dem Evangelium[2] zu sehen. Im Evangelium gebraucht der Herr ein gegensätzliches Bild: *Kann ein Blinder einen Blinden führen? Werden nicht beide in eine Grube fallen?* Oft hat der Herr die Pharisäer als Blinde bezeichnet und dabei nicht das Blindsein, sondern ihr vermeintliches Sehen verurteilt: *Wenn ihr blind wärt, hättet ihr keine Sünde. Jetzt aber sagt ihr: Wir sehen. Darum bleibt eure Sünde.*[3] Der Vorwurf läßt sich als Mahnung verstehen, unbefangen und ressentimentlos Menschen, Dingen und Situationen zu begegnen, ohne Vorurteile oder Vorverurteilungen.

Die Worte des heutigen Evangeliums sind Teil der Bergpredigt und in den gestrigen Zusammenhang eingebettet. Gestern hörten wir: *Seid barmherzig, wie es auch euer Vater ist!* Und im Anschluß daran: *Richtet nicht, dann werdet auch ihr nicht gerichtet werden.* »Der Sinn dieser Worte ist nicht: Richtet die Menschen nicht, dann werden sie auch euch nicht richten (wir wissen ja aus Erfahrung, daß es nicht immer so ist), sondern der Sinn ist vielmehr: Richte deinen Bruder nicht, damit Gott dich nicht richtet; ja, besser noch: Richte den Bruder nicht, denn Gott hat auch dich nicht gerichtet.«[4] Natürlich kann man im Leben nicht ganz ohne Urteilen und Richten auskommen. Viele Erfahrungen und Beobachtungen sind mit Wertungen verbunden. Aber sich ein Urteil über Sachverhalte, Meinungen oder Verhaltensweisen bilden ist etwas anderes als über einen Menschen richten.

Denn es könnte geschehen, was wir im heutigen Evangelium lesen: *Warum siehst du den Splitter im Auge deines Bruders, aber den Balken in deinem eigenen Auge bemerkst du nicht?* »Der Herr vergleicht die Sünde des Nächsten (die Sünde, über die gerichtet wird), wie auch immer sie aussehen mag, mit einem Splitter im Vergleich zu der Sünde dessen, der richtet (die Sünde des Richtens), die ein Balken ist. Der Balken ist die Tatsache des Richtens selbst, so schwerwiegend ist sie in den Augen Gottes.«[5]

Wie kannst du zu deinem Bruder sagen: Laß mich den Splitter aus deinem Auge herausziehen, während du den Balken in deinem eigenen Auge nicht siehst? Unsere Neigung zum Hochmut läßt uns leicht und leichtfertig Urteile fällen, die ungerecht sind. Es kann sein, daß man die kleinen Fehler des Nächsten aufbläht, um sie – vielleicht unbewußt – als Alibi für die eigene Erbärmlichkeit zu benutzen.

Du Heuchler! Zieh zuerst den Balken aus deinem Auge, dann kannst du versuchen, den Splitter aus dem Auge deines Bruders herauszuziehen. Stolz und Aufgeblasenheit neigen dazu, eigene Unzulänglichkeiten und Verfehlungen in die anderen zu projizieren. Die Demut hingegen schärft den Blick für die eigenen Armseligkeiten und schenkt uns Milde gegenüber denen des Nächsten. Man möchte sie dann verstehen, verzeihen und, wo möglich, helfen. Es gelingt dann, einen Sachverhalt richtig einzuschätzen, ohne gleich die daran beteiligten Personen zu verurteilen.

Das *Richtet nicht...* appelliert nicht nur an eine Demut, die das Verstehen erleichtert, sondern fördert eine Sachlichkeit, die wirklichkeitsgemäß ist. Jeder hat die Erfahrung gemacht, daß er sich in der Beurteilung eines Menschen geirrt hat. Verwunderlich ist das nicht, dringt doch nur Gott ins Herz und kennt die innersten Absichten der Menschen.

Die Demut ermöglicht das neidlose Anerkennen der Qualitäten anderer, mehr noch, wir können uns aufrichtig über sie freuen und werden fähig, ihre Schwächen nicht zu dämonisieren. Die heilige Theresia rät, »immer nur auf die Tugenden und guten Werke anderer zu sehen, ihre Fehler aber mit unseren großen Sünden zu bedecken. Wenn dies auch gleich anfangs nicht so vollkommen von uns geschieht, so werden wir uns dadurch doch allmählich eine große Tugend erwerben, nämlich die, daß wir alle Menschen für besser halten als uns selbst. Der Anfang ist alsdann schon gemacht, um mit der Gnade Gottes dahin zu gelangen.«[6]

II. Der Herr hat seine Jünger allmählich sehend gemacht für ihre eigenen Fehler. Es fällt nicht schwer, sie im Evangelium als zänkisch, streitsüchtig oder auch neidisch zu ertappen. Wie peinlich muß es gewesen sein, als sie miteinander stritten, wer von ihnen der Größte sei! Wahrscheinlich waren ihre Unarten mehr von unreifer Art als von tiefsitzender Bosheit. Man fühlt sich an den Ausspruch eines bedeutenden Forschers erinnert, der beim genüßlichen Erzählen seiner beruflichen Erfolge und Auszeichnungen dem Zuhörer augenzwinkernd zu verstehen gab, Eitelkeit sei das beste Heilmittel gegen Hochmut und Stolz.

Die Jünger hatten gewiß ihre Fehler, aber sie waren lernbereit. Und Jesus formte sie. »Das Tadeln der Seinen geschieht aus Liebe und immer verbunden mit dem Gnadengeschenk der Erleuchtung: daß sie den Tadel verstehen und an ihm wachsen. Wie hart fährt er Petrus, den gerade eben erst unter allen Aposteln Herausgehobenen, an, als dieser in so rührend-leibwächterhafter Art ihn vom Weg des Leidens abhalten möchte: ›Hinweg von mir, Widersacher, du bist mir ein Ärgernis, da du nicht nach Gottes Gedanken, sondern menschlich denkst!‹ (*Mt* 16,23). Niemals ist ein Mensch schrecklicher gerügt worden für verkehrte Liebe als hier Petrus. Unsere Phantasie reicht kaum aus, uns vorzustellen, wie diese Worte Petrus ins Innerste und unglaublich schmerzlich getroffen, aber auch was sie im Hinblick auf die eigene und der Kirche Zukunft bewirkt haben müssen. Daneben die gütige Zurechtweisung des Philippus, der ihn bittet: ›Zeige uns den Vater, und es genügt uns.‹ ›So lange Zeit bin ich unter euch – und du hast mich nicht erkannt, Philippus?‹ (*Joh* 14,8-9). Was schwingt da doch alles mit: etwas menschliche Traurigkeit, Enttäuschung, ja der so menschliche Schmerz, nicht erkannt zu werden von den nächsten, den geliebtesten Freunden. Dann wieder diese äußerst feinfühlige Korrektur bei Martha, der Schwester der Maria und des Lazarus: ›Martha, Martha, du machst dir Sorge und Unruhe um viele Dinge – eins nur ist nötig. Maria hat sich den besten Teil erwählt, der ihr nicht weggenommen wird.‹ (*Lk* 10,41-42). So spricht ein vertrauter Freund des Hauses. Er darf die Hausfrau mahnen, einmal die Küche sein zu lassen und lieber zuzuhören, weil die rechte Stunde dazu da ist.«[7]

Das Gebot der Nächstenliebe ist universal und schließt keinen aus, aber es kennt eine Rangordnung; es gilt zuallererst jenen gegenüber, die uns nahe stehen: der eigenen Familie, Freunden, Arbeitskollegen, Nachbarn... Auch wenn wir manchmal Menschen ob ihrer besonderen Qualitäten, Stärken und Begabungen bewundern, so hat doch jeder auch seine Schattenseiten: kann mißmutig, egoistisch, rechthaberisch, bequem sein. Jesus liebt seine Jünger so, wie sie sind – mit ihren Fehlern, die freilich die Bereitschaft einschließen, sich nicht mit ihnen abzufinden. *Du sollst deinen Nächsten lieben wie dich selbst!*[8] – das schließt ein: ihn lieben, wie er ist, und so, wie wir uns selbst lieben: mit unseren Fehlern, freilich auch dem Willen, sie auszurotten. Und wo es angebracht ist, durch die *brüderliche Zurechtweisung* zu helfen, die der Herr selbst empfiehlt[9].

Die brüderliche Zurechtweisung kann als Frucht der Liebe für beide Seiten nur wirksam sein, wenn sie liebevoll, sachlich und gelassen erteilt wird. Der feinfühlige Tadel unter vier Augen vermeidet die Bloßstellung des Getadelten und gibt ihm Gelegenheit, seinen Fehler nach und nach zu korrigieren. So wird übler Nachrede jeglicher Boden entzogen.

III. Um den Balken im eigenen Auge zu wissen erleichtert Kritik dort, wo sie zur Pflicht wird. Doch in diesem Wissen gerät sie nicht verletzend. Sie geschieht in Achtung vor der Würde des Menschen und seinen Absichten, die wir ja immer nur lückenhaft kennen können.

Ein redlicher Mensch urteilt nicht über Dinge, um deren Zusammenhänge er nicht weiß. Wer ein Urteil aufgrund eines bloßen Eindrucks fällt und weitergibt, begibt sich leichtfertig in die Gefahr übler Nachrede oder Verleumdung. Viel weniger darf man bloßen Gerüchten vertrauen, die dem Ansehen eines Menschen oder einer Institution schaden.

Und Kritik an der Kirche? In einem Text des Zweiten Vatikanischen Konzils heißt es über die Laien, sie hätten »die Möglichkeit, bisweilen auch die Pflicht (...), ihre Meinung in dem, was das Wohl der Kirche angeht, zu erklären«, und zwar »entsprechend dem Wissen, der Zuständigkeit und hervorragenden Stellung, die sie einnehmen«[10]. Sie sind also »berechtigt und manchmal sogar verpflichtet, sich zu all jenen Fragen, zu denen die kirchliche Autorität nicht definitiv Stellung genommen hat, ihre eigene Meinung zu bilden und diese auszudrücken (...). Dieses Recht hat seine tiefere Begründung letztlich in der Tatsache, daß Meinungsbildung und Meinungsäußerung ein Naturrecht darstellen.«[11]

Die Ausübung dieses Rechts setzt die Läuterung der Absicht im Gebet voraus. Betend lernt man, die Kirche trotz der Armseligkeit ihrer Glieder aufrichtig zu lieben. Man begreift, »daß die Kirche nicht die unsere ist, sondern die Seine. Folglich können sich die ›Reformen‹, die ›Erneuerungen‹ – so nötig sie auch sind – nicht in unserem eifrigen Bemühen um neue, verfeinerte Strukturen erschöpfen. Alles, was bei einer solchen Mühe herauskommen kann, ist eine Kirche ›von uns‹, nach unserem Maß, die zwar interessant sein kann, aber deshalb nicht schon von sich aus die wahre Kirche ist, jene, die den Glauben trägt und uns das Leben im Sakrament gibt. (...) Wahre ›Reform‹ ist dort, wo wir uns bemühen, das Unsere soweit wie möglich verschwinden zu lassen, damit das Seine, das Christus Gehörende besser sichtbar wird. Da in der Kirche unvermeidlich immer wieder sehr viel Unsriges entsteht, folgen daraus für jede Generation große Aufgaben wahrer Reform. Wegweiser müssen dabei die Heiligen sein, die die Kirche reformierten, nicht indem sie Pläne für neue Strukturen erarbeiteten, sondern indem sie sich selbst reformierten. Was die Kirche braucht, um in jedem Zeitalter auf die Bedürfnisse des Menschen zu antworten, ist Heiligkeit und nicht Management.«[12]

Im Glauben sieht man Christus auch dort am Werk, wo menschliche Unzulänglichkeit sein Bild verdunkelt. In Liebe sieht man die Fehler der anderen nie ohne ihre Tugenden und Qualitäten; in Demut vergißt man nie die eigene Begrenztheit. So gelangen wir zur Reue. Und wir danken Gott für die Menschen, die uns mit ihrer Kritik weiterbringen.

[1] *1 Kor* 9,24. – [2] *Lk* 6,39-42. – [3] *Joh* 9,41. – [4] R. Cantalamessa, *Das Leben in Christus*, Graz 1990, S. 233. – [5] ebd., S. 231-232. – [6] Theresia von Avila, *Leben*, 13,10. – [7] P. Berglar, *Petrus* –

Vom Fischer zum Stellvertreter, München 1991, S. 44. – [8] vgl. *Mt* 22,39. – [9] vgl. *Mt* 18,15. – [10] II. Vat. Konz., Konst. *Lumen gentium*, 37. – [11] A. Portillo, *Gläubige und Laien in der Kirche*, Paderborn 1972, S. 115. – [12] J. Ratzinger, *Zur Lage des Glaubens*, München 1985, S. 53-54.

45

FRÜCHTE VOM BAUM DES LEBENS

Der wahre Jünger Jesu.
Der Baum und die Früchte.
Vermittler der Früchte der Erlösung.

I. Bevor wir im heutigen Evangelium den Abschluß der Bergpredigt betrachten, wollen wir noch einmal auf die Evangelientexte der vergangenen Tage blicken. Am Anfang stand eine im Gebet verbrachte Nacht Jesu. Ihr folgte die Berufung der Zwölf. Sie »waren ausgewählt worden, um einmal die maßgebenden Führer zu sein, aber zur Stunde waren sie es noch nicht. Ihnen sollte jedoch zuerst die Lehre vom Reiche Gottes nahegebracht werden.«[1] In den Seligpreisungen zeichnet Jesus eine Art Portrait des wahren Jüngers. Wer sich ganz auf Jesus einläßt, bereit, ihm sein Leben zu überlassen, soll wissen, daß der Herr ihn allmählich befähigen wird, nicht mehr zu hassen, sondern zu lieben, nicht zu verfluchen, sondern zu segnen, nicht zurückzuschlagen, sondern für den Feind zu beten. So soll die Haltung *der Söhne des Höchsten* sein, denn *auch er ist gütig gegen die Undankbaren und Bösen.*

Zu allen Zeiten ist der Jünger Christi für die rätselhaft gewesen, die sich als Kinder dieser Welt brüsten: er bleibt unverständlich für sie, wiewohl doch – auf eine unerklärliche Weise – anziehend. Wir haben im Laufe dieser Meditationen immer wieder das Selbstverständnis der ersten Christen betrachtet. Das zeitgenössische Urteil: »Was im Leibe die Seele ist, das sind in der Welt die Christen«[2], zeugt nicht von eingeschüchterter Ängstlichkeit.

Die Seligpreisungen sind für einen Christen in der Welt weit mehr als nur eine Art Programm. Sie sind auch nicht »ein umfassender Sittenspiegel, eine Art neutestamentlicher Dekalog, sondern Darstellung des einen christlichen Paradoxes in verschiedenen Weisen der Verwirklichung gemäß der Verschiedenheit menschlicher Lebensschicksale; sie werden sich im allgemeinen nicht alle zusammen gleichermaßen vereint in einer Person antreffen lassen. Andererseits gehen von dieser allgemeinen Form wieder neue Konkretisierungen aus.«[3]

Wenn wir andere durch unser Zeugnis erreichen wollen, müssen wir uns von Christus ergreifen lassen. »Die innere Form alles Christlichen ist Jesus selbst. Wer so zu einem Menschen sprechen will, daß es dorthin gelangt, wo die eigentlichen Entscheidungen fallen, muß durch Christus kommen. Er muß sein Denken läutern lassen, indem er es in die Gedanken Christi einfügt. Er muß sein Reden wahr machen lassen, indem er es in sein Reden hineingibt. Dann denkt und redet er richtig, und der Gedanke kommt an die Stelle, wohin er soll. Er muß seine Absicht durch die Gesinnung Christi ausrichten, seinen Willen von Christi Liebe durchwirken lassen.«[4]

Was wir vor allem brauchen, ist eine innere Kraft, »Vorläufer zu sein, wenn es gilt, Überzeugungen zu wecken und Lebensformen einzuführen, die entschieden mit einer aufreibenden und freudlosen Konsumhektik brechen«[5]. Vom Dichter Paul Claudel ist das Wort überliefert: »Rede nie, wenn du nicht gefragt bist, aber lebe so, daß man dich fragt.«

Wie ein Fanal haben die Worte Josemaría Escrivás gewirkt, mit denen er sein Buch »Der Weg« eröffnete und die Herzen junger Menschen aufrüttelte: »Dein Leben darf kein fruchtloses Leben sein. – Sei nützlich. – Hinterlasse eine Spur. – Leuchte mit dem Licht deines Glaubens und deiner Liebe.

Tilge durch dein Leben als Apostel den zähen Unrat, den die verseuchten Prediger des Hasses verbreitet haben. – Entzünde alle Wege der Erde mit dem Feuer Christi, das du im Herzen trägst.«[6]

Eine solch unverhohlene Art der Nachfolge stößt gewiß auch auf Unverständnis. Ein verkopfter Glaube und ein träges Herz mögen sich besonders schwertun mit den Seligpreisungen, die gläubige Schlichtheit und eine freudige Hingabe verlangen. »Ein Christentum, das nicht mehr brennt, würde auch nicht mehr leuchten, nicht mehr Licht der Welt sein, es wäre nur noch fades, schal gewordenes Salz, nur wert, zertreten zu werden.«[7]

II. *Es gibt keinen guten Baum, der schlechte Früchte hervorbringt, noch einen schlechten Baum, der gute Früchte hervorbringt. Jeden Baum erkennt man an seinen Früchten...* Der Herr spricht sehr schlicht. Jeder kann es verstehen.

Mit dem Bild vom Baum assoziieren wir das Dunkle unter- und das Helle oberhalb: Wurzel und Krone, Erdreich und Licht. Uralte Menschheitsahnungen erfüllen sich im Baum des Kreuzes. Die Kirchenväter sprechen vom Lebensbaum, die Kunst stellt das aufblühende Kreuz dar, dessen Trauben und Ranken das Wort deuten: *Ich bin der Weinstock, ihr seid die Reben. Wer in mir bleibt und in wem ich bleibe, der bringt reiche Frucht; denn getrennt von mir könnt ihr nichts vollbringen.*[8] »Das Holz des Weinstocks ist um so verächtlicher, wenn es nicht im Weinstock bleibt, um so herrlicher, wenn es dort bleibt (...). Abgeschnitten nutzt es zu nichts mehr, weder dem Bauern noch dem Zimmermann. Eines von beiden kommt der Rebe zu, entweder der Weinstock oder das Feuer; wenn sie nicht im Weinstock ist, wird sie im Feuer sein; damit sie also nicht im Feuer sei, möge sie im Weinstock sein.«[9]

Dies also ist der Weg, um gute Früchte zu bringen. Jeder erhält *als Zweig vom wilden Ölbaum in den edlen Ölbaum eingepfropft* Anteil an der

Kraft seiner Wurzel (...). Nicht du trägst die Wurzel, sondern die Wurzel trägt dich.[10] »In ihm, dem Gottmenschen, steigt aus der Wurzel Gottes die neue Lebendigkeit auf, an welcher teilhaben sollen, die an ihn glauben (*Joh* 11,26). Jenes Leben, was im eigentlichen Sinne ›aus uns‹ kommt, ist ja zum Tode, von Gott abgerissen, auf das Nichts zustürzend. Jenes hingegen, das aus Gottes Ewigkeit kommt und in seine Ewigkeit steigt, ist das Leben Christi. An ihm wird uns durch das Wort und durch das Brot Anteil gegeben.«[11]

Wir rühmen uns des Kreuzes unseres Herrn Jesus Christus. In ihm ist uns Heil geworden und Auferstehung und Leben. Durch ihn sind wir erlöst und befreit.[12] In mystischer Deutung sagt Johannes Tauler, das Kreuz des Herrn – und das Kreuz im Leben eines jeden Christen – setze sich aus »vier Teilen zusammen: ein Teil oben, einer unten, zwei nach beiden Seiten. Der obere Teil bedeutet die wahre Liebe zu Gott, der linke Balken tiefe Demut. (...) Der rechte Kreuzesarm wahre Lauterkeit (...), der Fußteil, an den die Füße geheftet sind, versinnbildet wahren, vollkommenen Gehorsam. Er bedeutet wahre, willige Gelassenheit gegenüber allem, womit du verbunden bist nach eigenem Willen. Die Teile des Kreuzes werden in der Mitte zusammengefaßt durch das *fiat voluntas tua*.«[13]

Fiat voluntas tua, dein Wille geschehe... »Welch große Fortschritte würden wir doch binnen kurzer Zeit in der Heiligkeit machen, wenn wir die himmlischen Eingebungen voll und ganz aufnähmen! Doch eine Quelle mag noch so stark sein, ihre Wasser fließen nur in dem Maße in einen Garten, als die Wasserleitung sie fassen kann. Und obwohl der Heilige Geist, der seine Gnade gleich einem Quell lebendigen Wassers in unsere Seele ergießen möchte, uns von allen Seiten umgibt, so teilt er uns seine Gaben doch nur soweit mit, als wir dafür empfänglich sind und sie freiwillig annehmen. Darum mahnt uns der heilige Paulus, wir sollten *die Gnade Gottes nicht vergeblich empfangen* (*2 Kor* 6,1). In dem Maße, in dem unser Herz sich weitet und sich der göttlichen Barmherzigkeit wie ein leeres Gefäß darbietet, werden uns ohne Unterlaß Eingebungen zuteil, durch die wir in der Liebe wachsen.«[14]

III. Werfen wir noch einmal einen Blick auf die Bergpredigt und die Seligpreisungen. Sie »reden von inneren Haltungen und existentiellen Grundeinstellungen und decken sich daher nicht genau mit den Geboten. Andererseits besteht keine Trennung oder Diskrepanz zwischen den Seligpreisungen und den Geboten: beide beziehen sich auf das Gute, auf das ewige Leben. Die Bergpredigt beginnt mit der Verkündigung der Seligpreisungen, enthält aber auch den Bezug auf die Gebote (vgl. *Mt* 5,20-48). Gleichzeitig zeigt die Bergpredigt die Öffnung und Ausrichtung der Gebote auf die Perspektive der Vollkommenheit, die zu den Seligpreisungen gehört. Diese sind zunächst Verheißungen, aus denen indirekt auch normative Anweisungen für das sittliche Leben hervorgehen. In ihrer ursprünglichen Tiefe sind sie so etwas wie ein Selbstbildnis Christi und eben deshalb Einladungen zu seiner Nachfolge und zur Lebensgemeinschaft mit ihm.«[15] Aus ihnen erwächst die Kraft, der zeitlichen Ordnung die Lebenskraft des Glaubens einzuflößen, da der Glaube nichts wahrhaft Menschliches zerstört, sondern es läutert, stärkt und erhöht. Dies zeigt uns besonders deutlich die Nächstenliebe: Sie »entspringt einem Herzen, das liebt und das eben deshalb, weil es liebt, bereit ist, die höchsten Forderungen zu leben. Jesus zeigt, daß die Gebote nicht als eine nicht zu überschreitende Minimalgrenze verstanden werden dürfen, sondern vielmehr als eine Straße, die offen ist für einen sittlichen und geistlichen Weg der Vollkommenheit, deren Seele die Liebe ist (vgl. *Kol* 3,14).«[16] Diese verinnerlichte, radikale Liebe drängt dazu, auch für die Feinde zu beten – für jene, die Böses im Herzen tragen.

Jeden Baum erkennt man an seinen Früchten. Die Geschichte der Menschheit ist vom Kampf zwischen Gut und Böse geprägt. »Der einzelne Mensch muß, in diesen Streit hineingezogen, beständig kämpfen um seine Entscheidung für das Gute.«[17] Wohl wird er »unterscheiden zwischen dem Irrtum, der immer zu verwerfen ist, und dem Irrenden, der seine Würde als Person stets behält«[18], aber Liebe und Milde dürfen ihn keineswegs »gegenüber der Wahrheit und dem Guten gleichgültig machen«[19]. Entgegen einem immer weiter um sich greifenden sittlichen Relativismus lehrt die Kirche, daß es Einstellungen, Handlungen, Verhaltensweisen gibt, »die durch sich selbst und in sich, unabhängig von den Umständen, wegen ihres Objekts immer schwerwiegend unerlaubt sind«[20]. Wir dürfen nur jene Früchte weitergeben, die vom Lebensbaum stammen.

In Maria zeigen sich unübertrefflich die guten Früchte der Erlösung. Sie war »mit dieser höchsten Aufgabe und Würde beschenkt, die Mutter des Sohnes Gottes und daher die bevorzugt geliebte Tochter des Vaters und das Heiligtum des Heiligen Geistes zu sein. Durch dieses hervorragende Gnadengeschenk hat sie bei weitem den Vorrang vor allen irdischen und himmlischen Kreaturen.«[21] Sie war vom ersten Augenblick an ganz verfügbar für das Wirken der Gnade in ihr. »Als Antwort auf diese innere Verfügbarkeit seiner Mutter bereitete Jesus Christus sie immer tiefer vor, den Menschen ›Mutter in der Ordnung der Gnade‹ zu werden.«[22] Sie hat ihr ganzes Leben lang in einzigartiger Weise am Werk ihres Sohnes mitgewirkt, von der Verkündigung bis zum Stehen unter dem Kreuz. Deshalb nennt sie die Kirche Mittlerin mit einer Mittlerschaft, die »Mittlerschaft in Christus«[23] ist. Jedesmal, wenn wir das Avemaria beten, werden wir an die guten Früchte erinnert, die wir bringen sollen, indem wir uns die Lobpreisung Elisabets zu eigen machen: *Gebenedeit ist die Frucht deines Leibes, Jesus.*

[1] M.-J. Lagrange, *Das Evangelium von Jesus Christus*, Heidelberg 1949, S. 154. – [2] *Brief an Diognet*, 6. – [3] J. Ratzinger, *Auf Christus schauen*, Freiburg 1989, S. 61. – [4] R. Guardini, *Der Herr*, Würzburg 1951, S. 183. – [5] Johannes Paul II., *Ansprache an die Vollversammlung der Päpstlichen Kommission »Justitia et Pax«*, 11.11.1978. – [6] J. Escrivá, *Der Weg*, Nr. 1. – [7] J. Ratzinger, *Christlicher Glaube und Europa*, München 1981, S. 84. – [8] *Joh* 15,5. – [9] Augustinus, *Vorträge über das Johannesevangelium*, 81,3.23. – [10] vgl. *Röm* 11,17-18. – [11] R. Guardini, a.a.O., S. 441. – [12] Gründonnerstag, *Eröffnungsvers*. – [13] Johannes Tauler, *Predigt auf Kreuzerhöhung*, 60. – [14] Franz von Sales, *Über die Gottesliebe*, Einsiedeln 1985, S. 68-69. – [15] Johannes Paul II., Enz. *Veritatis splendor*, 16. – [16] ebd., 15. – [17] II. Vat. Konz., Konst. *Gaudium et spes*, 37. – [18] ebd., 28. – [19] ebd. – [20] Johannes Paul II., a.a.O., 80. – [21] II. Vat. Konz., Konst. *Lumen gentium*, 53. – [22] Johannes Paul II., Enz. *Redemptoris Mater*, 39. – [23] ebd., 38.

INHALT

Die Originalausgabe erschien
unter dem Titel »Hablar con Dios«
bei Ediciones Palabra

Imprimatur
Coloniae, die m. 11 octobris 1996
Jr.-Nr. 106 250 I 90
+ Klaus Dick, vic. eplis.

Printed in Germany 1996

Satz: Fotosatz Walter Hörner, Aachen
Druck und Bindung: Echter Würzburg

ISBN 3-925746-27-7 (Band 7)
ISBN 3-925746-20-X (Gesamtwerk)